Rudolph Lindau

Die kleine Welt

Novellen

D1731377

Literaricon

Rudolph Lindau

Die kleine Welt

Novellen

ISBN/EAN: 9783959134569

Auflage: 1

Erscheinungsjahr: 2017

Erscheinungsort: Treuchtlingen, Deutschland

Literaricon Verlag UG (haftungsgeschränkt), Uhlbergstr. 18, 91757
Treuchtlingen. Geschäftsführer: Günther Reiter-Werdin, www.literaricon.de.
Dieser Titel ist ein Nachdruck eines historischen Buches. Es musste auf alte
Vorlagen zurückgegriffen werden; hieraus zwangsläufig resultierende
Qualitätsverluste bitten wir zu entschuldigen.

Printed in Germany

Cover: Georges Seurat, Badeplatz in Asnières, 1883-84, Abb. gemeinfrei

Die kleine Welt

Novellen

von

Rudolf Lindau

— Neue Ausgabe —

Berlin W

F. Fontane & Co.

1894

Die kleine Welt.

Rudolf Lindau. IV.

I.

Als im Jahre 1859 die japanische Hafenstadt Yoko=
hama dem europäischen Verkehr geöffnet wurde, langte
dort, in einem der ersten von Schanghai kommenden Kauf=
fahrer, ein blondhaariger, helläugiger, hagerer, langer,
junger Irländer an. Während die Boote bereit gemacht
wurden, um die Fahrgäste ans Land zu setzen, stand er
leise pfeifend auf dem Verdeck und musterte aufmerksam
die in einem Halbkreis vor ihm ausgebreitete kleine
Stadt, die damals noch, mit ihren weit auseinander
liegenden, einstöckigen, aus weißem Holze zusammenge=
zimmerten Häusern, mehr einem Fischerdorfe als dem
Emporium des neugeborenen Handels zwischen Europa
und Japan glich. — In geringer Entfernung vom Landungs=
platze entdeckte das Auge des Reisenden eine Art Schuppen
über dem die englische Flagge wehte. Er merkte sich die
Stelle genau und stieg dann, ohne sein vergnügliches
Pfeifen zu unterbrechen, gelassen in das Boot, in dem die
Mehrzahl seiner Reisegefährten bereits Platz genommen
hatte. Wenige Minuten später sprang er leichten Fußes
in Yokohama ans Ufer, und ohne eine Frage an jemand
zu richten, wie ein Mann, der ganz genau weiß, was er

zu thun hat, bog er vom Hafenplatze links ab und begab sich gerades Weges nach dem von ihm bemerkten Gebäude, dem englischen Konsulate. — Ein alter Bewohner von Yokohama hätte nicht mit größerer Sicherheit auftreten können, als der Neuangekommene es that.

Vor der Thür des Amtsgebäudes stand ein vierschrötiger Schutzmann.

„Ist der Konsul drinnen?" fragte der Ankömmling, mit einer leichten Bewegung des Hauptes nach der offenen Thür zeigend.

Dem Beamten schien die Vertraulichkeit, mit der von seinem Vorgesetzten gesprochen wurde, zu mißfallen; er entgegnete ernst und würdevoll: „Herr Mitchell, Ihrer Majestät Konsul, befindet sich in seinem Arbeitszimmer."

Der Reisende, auf den diese Zurechtweisung nicht den geringsten Eindruck gemacht hatte, wollte darauf ohne weiteres in das Haus treten; aber der Schutzmann versperrte ihm mit seiner breiten Person den Eingang und sagte mürrisch: „Geben Sie mir Ihre Karte."

Der Angeredete blickte den Vertreter englischer Polizei in Japan zunächst etwas verwundert an, dann zog er mit einem stillen Lächeln eine Visitenkarte aus der Tasche und sagte: „Nun, so tragen Sie dies hinein."

Der Polizeibeamte entfernte sich ohne ein Wort zu sagen, kam nach einer halben Minute zurück und deutete mit der Hand auf eine Thür, die er soeben hinter sich geschlossen hatte und an der, auf einem Stücke Papier, die Notiz angeschlagen war: „Eintreten ohne anzuklopfen!"

Der Reisende überflog die wenigen Worte mit den Augen, und der geschriebenen Weisung folgend drehte er

sodann mit einer raschen, entschlossenen Bewegung den
Verschluß und trat sehr vernehmlichen Schrittes in ein
großes, helles Zimmer, in dem ein junger, blonder Mann
mit einem hübschen, vornehmen Gesichte saß, der auf=
merksam in einem großen, vor ihm aufgeschlagenen Register
zu lesen schien.

Der Angekommene wartete vielleicht fünf Sekunden;
dann, als er sah, daß er unbeachtet blieb, näherte er sich
dem Tische und sagte mit einer Stimme, die etwas laut
war, aber einen freundlichen, angenehmen Klang hatte:

„Ich komme hierher, um mich als britischer Unterthan
in das Konsulatsregister eintragen zu lassen.“

Gleichzeitig zog er einen Paß aus der Tasche, den
er unter den Augen des Lesenden auf dem Tische aus=
breitete.

Der Konsul hob den Kopf in die Höhe, und die
beiden jungen Männer sahen sich eine kurze Weile auf=
merksam an.

„Heute angekommen?“ fragte der Beamte.

„Vor zehn Minuten.“

„In der ‚Cadix‘? Kapitän M’c Gregor?“

„Ja.“

„Hat das Schiff die Post mitgebracht?“

„Ja.“

„An wen ist es konsigniert?“

„An Dana und Co.“

„Hm!“

Der Paß war mittlerweile geprüft und in Ordnung
befunden worden. Der Konsul schlug darauf ein anderes
dickes Buch auf in dem die erste Seite kaum halb voll=

geschrieben war und kopierte aus dem ihm vorliegenden Dokumente:

„Thomas Ashbourne, britischer Unterthan,
   Dublin (Irland), Civil=Ingenieur,"

dann schrieb er auf den Paß mit roter Tinte, groß und deutlich „Nr. 13".

Ashbourne legte den Kopf auf die linke Seite, zog die Augenbrauen in die Höhe, spitzte den Mund wie zum Pfeifen, und sah sich die ominöse Zahl äußerst nachdenklich an. Dies Mienenspiel hatte etwas komisch Zutrauliches, das zur Vertraulichkeit einlud; aber der Konsul Ihrer britischen Majestät galt damals in Japan, in den Augen der Eingeborenen und noch mehr in seinen eigenen, für eine gewichtige Persönlichkeit, und Herr Mitchell war keineswegs geneigt, mit dem ihm gänzlich unbekannten Herrn Thomas Ashbourne, wennschon derselbe, trotz seines verschossenen Reiseanzuges, wie ein geborener Gentleman aussah, ohne weiteres auf vertraulichen Fuß zu treten. Er begnügte sich mit einem Lächeln zu sagen:

„Fünf Dollars Gebühren, bitte!"

Ashbourne steckte die Hand in die Tasche, in der sich lose Münzen befanden, und zählte, ohne den Blick von seinem Paß abzuwenden, die verlangte Summe auf den Tisch.

„Darf ich mir die große Freiheit nehmen zu fragen," sagte er darauf mit förmlichster Höflichkeit, „was die Zahl 13, die Sie mir dort so schön hingemalt haben, zu bedeuten hat?"

„Ihre Matrikel=Nummer im Konsulats=Register."

„So?" meinte Aſhbourne bedächtig. „Da habe ich
ja eine herzlich ſchlechte Nummer gezogen, Herr Konſul."

„Irgend jemand mußte ſie ziehen."

„Ja, irgend jemand muß auch in dieſem Jahre er=
trinken oder gehängt werden . . . Alſo nun kann ich die
ſchlechteſte Nummer im ganzen Zahlenſyſtem mein Eigen
nennen! Das kommt daher, wenn man ſich bei jeder
Gelegenheit vergnügen will. — Weshalb habe ich auch
mit mir ſelbſt gewettet, daß ich, ohne jemand nach dem
Wege zu fragen, der Erſte aus der ‚Cadix‘ hier eintreffen
würde! Hätte ich mich meinen Reiſegefährten angeſchloſſen,
ſo wäre mein Name vielleicht fünf Minuten ſpäter ein=
getragen worden, aber dann hätte ein anderer möglicher=
weiſe die ſchlechte Nummer gezogen. — Ich hätte ſie ihm
gern gegönnt.

„Das iſt ein unchriſtlicher Wunſch", ſagte der Konſul,
ſeine amtliche Wichtigkeit unwillkürlich ſo weit vergeſſend,
um mit einem harmloſen Sterblichen wie ein einfacher
Menſch zu ſprechen.

„Das ſehe ich nicht ein, Herr Konſul. Unglück muß
vorkommen in der Welt; aber jeder hat das Recht zu
wünſchen, daß es nicht ihm zuſtoße. Ich überlaſſe das
ganze Quantum Elend, das täglich auf dieſer Erde ver=
zehrt werden muß, willig meinen Nächſten. Da kommen
drei von ihnen: Reiſegefährten . . . Ich darf nicht länger
ſtören . . . Ich habe die Ehre, Herr Konſul . . ."

Damit verbeugte er ſich, nickte freundlich und verließ
das Zimmer.

Die drei Perſonen, die nach Aſhbourne Einlaß bei dem
engliſchen Konſul erlangten, waren Kaufleute, die, ohne ein

unnützes Wort zu sprechen oder zu vernehmen, sub No. 14, 15, 16, als Herr Macbean aus Glasgow, Herr Haslett aus Manchester und Herr West aus London in das Konsulats= Register eingetragen wurden, und die sich sodann, vertraulich unter einander plaudernd — denn sie hatten während der sechstägigen Ueberfahrt von Schanghai nach Yokohama Zeit gehabt, Bekanntschaft zu machen — nach dem „Fremden= Viertel" zurückbegaben. — Hundert Schritte vor dem Kon= sulate begegneten sie einem allein gehenden jungen Manne, der stumm und ohne eine Miene zu verziehen den Hut vor ihnen lüftete, und dessen kalten Gruß sie in derselben Weise erwiderten. Als der Mann vorbei gegangen war, bemerkte Herr Macbean aus Glasgow:

„Ein schweigsamer Passagier, dieser Herr Jervis. Ich kann nicht sagen, daß ich sonderliches Gefallen an ihm gefunden habe."

„Ich auch nicht," stimmten die Herren West und Haslett, einer nach dem anderen, bei.

Der Mann hatte in der That kein gefälliges Aeußere, ob= gleich es schwer gewesen wäre zu sagen, was daran eigentlich mißfiel. Er war groß, schlank und wohlgebaut. Er schritt leicht und schnell, in strammer, guter Haltung einher, und sein Gang hatte etwas eigentümlich Elastisches, Springendes, wie der einer Katze. Das schlichte, glattgekämmte Haar war tief schwarz und glänzend, und stand in auffallendem Gegen= satz zu der zwar vom Wetter gebräunten, doch lichten nordischen Gesichtsfarbe und zu den hellen, grauen, unruhigen Augen. Die scharf geschnittenen Züge zeigten ein kühnes, edles Profil; aber wenn man das glattrasirte Gesicht mit der hohen, schmalen Stirn von vorn sah, so erschien es zwischen

den hervorstehenden Backenknochen von unverhältnismäßiger
Breite; der typisch irländische, gerade Mund mit schmalen,
festgeschlossenen Lippen und das mächtige Kinn gaben dem
Gesichte einen Ausdruck von großer Energie, Kälte und
Verschlossenheit.

Als Herr Jervis in das Zimmer des Konsuls getreten
war, fand er diesen schon wieder in das Studium des vor
ihm liegenden Buches vertieft. Herr Jervis wartete geduldig,
ohne sich zu rühren, daß es dem Herrn Beamten be=
lieben möge, sich um ihn zu bekümmern. Dieser schlug
endlich die Augen auf und fragte nachlässig, was zu
Diensten stehe.

Der Angeredete gab ähnlichen Bescheid, wie die andern
Fahrgäste der „Cadix" es kurz vorher gethan hatten.
Er sagte, er sei englischer Kaufmann und wünsche, sich
als solcher in Yokohama niederzulassen.

„Paß, bitte!"

Das verlangte Schriftstück wurde aus einer großen,
ledernen Brieftasche gezogen und dem Konsul gereicht. —
Herr Jervis mußte ein weit gereister Mann sein: der
Paß trug Stempel aus vieler Herren Länder, er war
vom Jahre 1850 datirt und ursprünglich für eine Reise
nach Ostindien ausgestellt, auch war er befleckt, zerrissen,
wiederzusammengeklebt und sah, alles in allem, durchaus
nicht wie ein „respektabeles" Legitimationspapier aus.

„Jervis . . . Jervis?" murmelte der Konsul vor
sich hin. Dann schlug er die Augen in die Höhe und
musterte den vor ihm Stehenden eine Sekunde. „Ich
kannte einen Namensvetter von Ihnen in Singapur,"
fuhr er fort, „das war im Jahre '54. Er hieß wie Sie:

‚James Jervis‘; ich erinnere mich dessen zufällig, weil
er in der fremden Gemeinde selten anders als ‚J. J.‘
genannt wurde   Vielleicht ein Verwandter von
Ihnen?“

„Nein, Herr Konsul.“

„Was mag aus ‚J. J.‘ geworden sein? — Er war
ein unruhiger Geist; und er trank etwas viel. Ich fürchte,
er wird ein schlechtes Ende genommen haben.“

Herr Jervis machte eine leichte Bewegung mit den
Achseln, als wolle er sagen: „das ist ohne Bedeutung für
mich“, und der Herr Konsul, der bereuen mochte, sich
ohne triftigen Grund in eine Unterhaltung mit einem
Unbekannten eingelassen zu haben, schloß das Gespräch
plötzlich, indem er kurzweg und trocken, die üblichen fünf
Dollars Gebühren verlangte. Diese wurden gezahlt, und
darauf empfahl sich der Neueingeschriebene mit einem
leisen „Guten Morgen“. — Vor der Thür blieb er eine
halbe Minute lang, dem ihn beobachtenden Schutzmann
den Rücken kehrend, nachdenklich stehen und rieb sich das
breite Kinn. Ein Ausdruck von Müdigkeit und Traurig=
keit, der sein hartes Gesicht weicher erscheinen ließ, lagerte
sich über sein Antlitz. Dann seufzte er leise und sagte
vor sich hin: „Vorwärts Marsch!“ und weit ausschreitend
folgte er seinem Reisegefährten auf dem Wege zur fremden
Niederlassung.

II.

Sechs Monate waren seit dem Tage, an dem Ashbourne und Jervis in Japan angekommen waren, vergangen. Die Reisegefährten der beiden: West, Haslett und Macbean führten, ohne sonderlich bemerkt zu werden, ein ruhiges Geschäftsleben in Yokohama. Ashbourne und Jervis aber hatten sich zu hervorragenden Stellungen in der fremden Gemeinde emporgeschwungen. Diese war in wenigen Monaten schnell gewachsen, und zählte zu Anfang des Jahres 1860 bereits über zweihundert Mitglieder: die Mehrzahl unter ihnen Engländer und Amerikaner. Es waren meist blutjunge Leute, sodaß Ashbourne und Jervis, die acht- bis neunundzwanzig Jahre alt sein mochten, zu den älteren gerechnet werden konnten; sie waren ver= gnügungssüchtig und thatenlustig, mit unermüdlichem Eifer darauf bedacht, möglichst schnell so viel wie möglich Geld zu verdienen und jederzeit zu Abenteuern aufgelegt, bei denen es etwas zu wagen gab.

Das Leben in Japan war damals nicht ganz geheuer. Mehrere Fremde waren innerhalb weniger Monate von bewaffneten Japanern, nur weil sie als Eindringlinge von den Eingeborenen gehaßt wurden, ermordet worden;

aber diese Unsicherheit des Verkehrs verhinderte die Fremden
nicht, weite Ausflüge in die Umgegend von Yokohama zu
unternehmen, die in den meisten Fällen nur bezweckten,
einen langen Ritt auf unsichern Wegen zu machen, etwas
Neues zu sehen — und besonders, einen schönen, von den
andern Mitgliedern der Gemeinde noch nicht gekannten
landschaftlichen Punkt zu entdecken. Die Ergebnisse solcher
Ausflüge wurden sodann des Abends im Klub, der bald
nach der Eröffnung des Hafens von Yokohama gebildet
worden war, von den glücklich Heimgekehrten vor=
getragen. Hatten diese etwas Schönes, Sehenswertes
gefunden, so wurden von andern Klub=Mitgliedern Ver=
abredungen getroffen, und am nächsten freien Tage machte
sich sodann eine kleine, laute und fröhliche Gesellschaft
auf den Weg, um das Neuentdeckte ebenfalls in Augenschein
zu nehmen. Man unternahm zu dem Zwecke weite und
niemals ganz ungefährliche Ritte, denn viele unter den
Eingeborenen blickten feindselig auf die großen, weißen
Männer, die lachend und schreiend durch die Straßen
zogen, dreist und ungebeten in die stillen Tempel und in
die friedlichen Häuser eintraten, und deren ganzes Ge=
bahren den Frauen und Kindern Schrecken einflößte. Aber
das kümmerte die Fremden nicht. Mit der schweren Reit=
peitsche in der Hand und dem großen Revolver im Gürtel
drangen sie, in geringer Anzahl, in dicht bevölkerte Land=
striche ein, alles was ihnen neu war, aufmerksam betrachtend
und prüfend und schlimmsten Falles darauf vorbereitet,
sich durch die Flucht auf ihren schnellen, kleinen japanischen
Pferden den Zornausbrüchen eines wütenden Volkshaufens
zu entziehen. Man war nicht übertrieben unvorsichtig,

man ritt in der Mitte der Straße und beobachtete das Gelände und die Leute zur Rechten und Linken des Weges, und man wiederholte diese Ausflüge fortwährend: einmal weil die Gefahr, die damit verbunden war, einen eigentümlichen Reiz für die jugendlichen Heißsporne hatte, und sodann: weil keiner von ihnen hinter dem andern zurückbleiben wollte.

Unter all diesen jungen Abenteurern standen nun Ashbourne und Jervis in hohem Ansehen, denn man verdankte den beiden mehr neue Mitteilungen über die Umgegend von Yokohama als allen anderen Mitgliedern der Gemeinde zusammengenommen.

Ashbourne hatte sich durch seine gemütliche Liebenswürdigkeit eine große Popularität erworben. Er war unter dem Namen „Djusanban", japanisch für „Nr. 13", bekannt, weil er bei jeder Gelegenheit über das große und unverdiente Mißgeschick klagte, Inhaber dieser Matrikel-Nummer geworden zu sein.

„Ihr werdet sehen, daß mir hier noch Unglück zustoßen wird", sagte er mit einer Miene, die es schwer machte zu erkennen, ob er scherze oder im Ernst sei. — Er hatte sich, da die Japaner nicht geneigt schienen, ihn in seiner Eigenschaft als Ingenieur zu beschäftigen, und da es ihm an Mitteln und an Neigung fehlte, kaufmännische Geschäfte zu unternehmen, entschlossen, eine Zeitung zu gründen, und dies auch zu stande gebracht. „Die japanische Sonne", das erste englische Blatt, das in Yokohama erschien, wurde zwar nur in einer Auflage von hundert Abzügen gedruckt, doch brachte sie ihrem Besitzer und Redacteur, Dank den hohen Abonnements- und Inseratenpreisen, eine Rente ein, die ihm gestattete, bequem und sorgenlos zu leben, die üblichen fünf Diener — „Comprador" (Hausmeister), „Kotzkoi" (Kammerdiener), „Momban" (Wächter und Portier), „Betto" (Stallknecht), „Kuli" (Hausdiener) — zu ernähren, und sich zum wenigsten ein Reitpferd zu halten. Herr Ashbourne war übrigens als Besitzer der „Sonne" eine einflußreiche Persönlichkeit und bildete gewissermaßen das Bindeglied zwischen den Beamten= und den kaufmännischen Kreisen.

Herr Jervis verdankte das Ansehen, dessen er sich erfreute, andern Umständen als sein Landsmann Ashbourne. Er hatte seit sechs Monaten, inmitten einer Gesellschaft junger Leute, die, so zu sagen, das Herz auf der Hand trugen, noch mit niemand vertrauliche Beziehungen angeknüpft, aber man war einstimmig darüber, daß er der verwegenste und beste Steeplechase=Reiter, der schnellste Läufer, ein vorzüglicher Ruderer und Schwimmer, und überhaupt bei allen athletischen Spielen, die unter den jungen Leuten sehr beliebt waren, der „Champion" sei. Dazu kam, daß er in der anspruchlosesten Weise, ruhig und kalt, ohne jede Prahlerei, auf allen Gebieten, wo es etwas zu wagen gab, Beweise vollständiger Furchtlosigkeit ablegte. Während selbst der leichtsinnige Ashbourne nicht ohne Notwendigkeit allein ausritt oder des Abends durch die japanische Stadt ging, ließ Jervis keinen günstigen Tag vorübergehen, ohne unbegleitet weite Ausflüge zu unternehmen, von denen er in vielen Fällen erst nach Einbruch der Nacht heimkehrte. Er hatte einen starken und schnellen tartarischen Pony, „Tautaï" genannt, aus Schanghai kommen lassen, den er mit unermüdlicher Sorg=

falt und großer Sachkenntnis zugeritten und seinem Willen gehorsam gemacht hatte. Das Tier, das ursprünglich störrisch und böse gewesen war, kam, sobald er es rief, stand wie eine Mauer, während er es bestieg, und jagte, durch einen leichten Schenkeldruck dazu aufgefordert, in gestrecktem Galopp, die japanischen Pferde an Schnelligkeit weit überflügelnd, mit seinem Reiter davon. Tautaï schreckte vor keinem Hindernis zurück und war von unermüdlicher Ausdauer.

„Jervis wird sich dennoch eines Tages von japanischen Offizieren zerhacken lassen", pflegte Ashbourne zu sagen, wenn von neuen Heldenthaten des Genannten die Rede war. „Er kann reiten, und er hat ein gutes Pferd; aber alles das nützt wenig, wenn man in der Dunkelheit meuchlings angefallen wird, — und Jervis setzt sich dieser Gefahr sieben Male in der Woche aus."

Stürmte es, so lag Jervis auf dem Wasser und segelte in einem kleinen Boote weit hinaus in die See, bis man ihn vom Ufer aus nicht mehr erkennen konnte.

„Herr Jervis wird uns, wenn er vorher nicht tot= geschlagen wird, früher oder später die Zerstreuung bereiten, zu ertrinken," bemerkte Ashbourne, der ihn eines Tages vom Klubfenster aus durch ein Fernrohr beobachtet hatte. „Ich habe einen Nekrolog über ihn für die ‚Sonne‘, fix und fertig in der Mappe. — Auf das Segeln verstehe ich mich nämlich auch ein wenig, denn ich bin am Meere groß geworden; und ich behaupte, es heißt den Tod heraus= fordern, bei diesem Wetter in einer solchen Nußschale hinauszugehen."

„Wer gehängt werden soll, ertrinkt nicht,‘‘ meinte

Macdean, der die Abneigung, die Jervis ihm bereits auf der Ueberfahrt von Schanghai nach Yokohama eingeflößt, nicht überwunden hatte.

„Weshalb wollen sie Jervis hängen lassen?" fragte Ashbourne lachend.

„Ich weiß nicht," antwortete der Schotte mürrisch; „der Mann sieht mir aber aus, als ob er es verdienen könnte."

Auch im Handel und beim Kartenspiel, zwei Be= schäftigungen, die einen guten Teil der Zeit der jungen „Pioniere der Civilisation" — so nannte die „Sonne" die Mitglieder der fremden Gemeinde von Yokohama — in Anspruch nahmen, zeigte sich Jervis waghalsig. Er schien nicht unbedeutende Geldmittel zu seiner Verfügung zu haben. Niemand wußte, woher er sie nahm, aber das erregte keinen Verdacht, da ein jeder in Geschäftssachen etwas geheimnisvoll that; mehr als einer ärgerte sich jedoch über das Glück, das Jervis bei seinen kaufmännischen Unternehmungen wie auch beim Kartenspiel treu blieb.

Aber Furchtlosigkeit imponirt jungen Leuten nun einmal mehr als alle andern Eigenschaften, und Jervis war, Dank seiner Verwegenheit, wenn auch keineswegs das beliebteste, so doch eines der angesehensten Mitglieder der fremden Gemeinde. Er schien wenig Wert darauf zu legen, und seine Gleichgültigkeit in dieser Beziehung hatte für seine Genossen beinah' etwas Verletzendes. Kein Triumph, kein Lob vermochten ein Lächeln oder eine freudige Erregung auf sein kaltes, hageres Gesicht hinaufzuzaubern. — Er hatte aus Amerika, — wo er, wie dies aus einigen Äußerungen, die ihm entschlüpft waren, hervorging, längere

Zeit gelebt hatte, — die Gewohnheit mitgebracht, mit einem scharfen Taschenmesser an einem Stückchen Holz zu schnitzeln, und er saß, wenn jemand in seiner Gegenwart seine Verwegenheit pries, ruhig und anscheinend teilnahmlos da und arbeitete mit seinem Messer als ob es sich um eine Beschäftigung handele, die seine ganze Aufmerksamkeit in Anspruch nähme.

Zu Anfang des Monats April sollte das erste große Frühlingsrennen in Yokohama stattfinden. — Die Offiziere des englischen Regiments, das zu der Zeit in Japan lag, und eine große Anzahl der jungen Beamten und Kaufleute von Yokohama interessirten sich mit Leib und Seele für dies Ereignis. Auf dem Rennplatze sah man jeden Morgen einige zwanzig Reiter, eifrigst damit beschäftigt, ihre Pferde und sich selbst zu trainiren. Ashbourne, der von seinen Mitbürgern einstimmig zum Sekretär des Rennklubs er= nannt worden war, herrschte dort als Meister. Er ritt nicht nur seine eigenen zwei Pferde, sondern hatte auch noch für ein halbes Dutzend andere zu sorgen, da er mehreren seiner Freunde versprochen hatte, bei dem kommenden Rennen für sie zu reiten.

Auch Jervis war während der frühen Morgenstunden häufig auf dem Rennplatz zu erblicken; aber, wie es schien, als Zuschauer allein, denn er hatte seinen kurzbeinigen, langen „Tantaï" nicht ein einziges Mal auch nur in Galopp gesetzt, sondern ritt im Schritt oder in leichtem Trab von einer Stelle der Rennbahn zur andern, selten einen Rat erteilend, überhaupt wenig sprechend, und mit einem unfreundlichen, man hätte fast sagen können hämischen oder neidischen Ausdruck auf dem Gesichte.

Eines Tages näherte er sich in dieser Weise Ashbourne, der vergeblich bemüht war, sein Pferd einen Abfall hinunterzureiten. Diese Art Hindernis ist in Japan, bei dem terrassenförmigen Boden der Reisfelder, ein sehr gebräuchliches, und die Hindernis-Bahn wird stets über mehrere dieser sogenannten „Drops“, die gewöhnlich acht bis zwölf Fuß tief sind, geleitet. Die meisten japanischen Ponys nehmen dies Hindernis, wenn es nicht zu schwierig ist, d. h. wenn die Terrasse nicht geradezu mit einem senkrechten Abfall endet, in äußerst geschickter Weise. Das Pferd wird zu dem Zweck in mäßiger Gangart bis an den Rand der Terrasse geritten, und gleitet dann auf den Hinterbeinen soweit hinunter, bis es, um das Gleichgewicht nicht zu verlieren, abspringen muß. Es kommt häufig vor, daß es dabei stürzt, aber nur in den seltensten Fällen wird dadurch dem Reiter oder dem Pferde Schaden zugefügt, da der Boden überall weich und elastisch ist.

Ashbourne stand am Rande eines solchen Abfalls, seinen Pony mit Peitsche, Spornen und Stimme anfeuernd, hinunterzuspringen. Aber das Tier fürchtete sich und stand mit ausgespreizten, steifen Vorderbeinen, schnaufend, und bei jedem Sporenstich wütend ausschlagend, trotzig da.

„Soll ich Sie führen?“ fragte Jervis, nachdem er die vergeblichen Bemühungen Ashbournes eine Zeitlang beobachtet hatte.

„Wenn Ihr Chinese keine Furcht hat — ja; aber es ist ein häßlicher Sprung! Tautaï wird ihn auch nicht machen wollen.“

„Kommen Sie zwanzig Schritt zurück; wir wollen gleichzeitig anreiten.“

Ashbourne folgte, und die beiden ritten darauf in kurzem Galopp bis an den Rand des Abfalls. Tautaï nahm das Hindernis ohne zu zaudern; Ashbournes Pony machte davor kurz Halt und antwortete mit Kopfschütteln und Ausschlagen auf die gestrenge Behandlung, die ihm sein Ungehorsam zuzog.

„Soll ich Ihnen den Pony herunternehmen?" fragte Jervis von unten hinauf.

Ashbourne zuckte verdrießlich die Achseln und antwortete nicht.

Jervis machte einen kleinen Umweg, um wieder auf die Anhöhe gelangen zu können und hielt bald darauf neben Ashbourne. „Lassen Sie es mich versuchen," sagte er.

Die beiden wechselten die Pferde, trabten eine kleine Strecke zurück und ritten dann in kurzem Galopp auf den Rand des Abfalls los. Dort wiederholte sich derselbe Auftritt wie bei dem ersten Versuche das Hindernis zu nehmen Tautaï machte den Tiefsprung leicht und sicher, während der japanische Pony oben stehen blieb und, fest entschlossen dem gegebenen guten Beispiele nicht zu folgen gleichgültig, als ginge ihn die Sache gar nichts an, um sich blickte.

Ashbourne rief lachend hinauf: „Soll ich Ihnen den Pony herunternehmen?"

„Das werde ich selbst besorgen", antwortete Jervis.

Er sprengte zurück, riß das Pferd in brutaler Weise ein halbes Dutzend Mal um sich selbst herum, und ihm dann die Sporen in die Weichen schlagend, jagte er in gestrecktem Carriere dem Tiefsprung zu. — Das Pferd stürmte wütend mit seinem Reiter davon und war im Nu am Rand des Abfalls. Dort bäumte es sich — aber zu spät: ein grausamer, doppelter Sporenstich sandte es vorwärts, einen Augenblick schwebten Roß und Reiter in der Luft, und dann rollten beide zu Boden, dicht neben Ashbourne, der ein erstaunter Zeuge des verwegenen Sprunges gewesen war. Jervis war sofort wieder auf den Beinen und packte die Zügel des störrischen Pferdes, das sich ebenfalls unverletzt erhoben hatte. — Die Sattelgurte waren zerrissen und das Zaumzeug verwirrt: das war der ganze Schaden.

„Achtung vor Ihrem Reiten!" sagte Ashbourne. „Das macht Ihnen niemand nach. Sie hätten sich den Hals brechen können."

„Das sieht nur gefährlich aus, ist es aber nicht," antwortete Jervis, „wenigstens nicht für den Reiter, wenn er, bis das Pferd stürzt, im Sattel bleibt. Aber die Beine Ihres Ponys habe ich riskirt, das gebe ich zu."

Er war Ashbourne darauf behilflich, das Sattel- und Kopfzeug des gefallenen Pferdes wieder in Ordnung zu bringen, und er ging dabei mit so sachverständiger Sicherheit zu Werke, daß Ashbourne, der gewissermaßen nur Zuschauer war, bemerkte, Jervis hantire alles zum Pferde Gehörige wie ein alter Groom. — Darauf machten sich die beiden auf den Weg nach Yokohama.

Es war ein heißer Tag. Die heftige Bewegung hatte die jungen Leute warm gemacht. Sie zogen fast gleichzeitig jeder ein Tuch aus der Tasche, um sich die Schweißtropfen von der Stirn zu trocknen. Als sie sodann die einen Augenblick unterbrochene Unterhaltung fortsetzend, sich wieder gegen einander wandten, lachte Ashbourne laut auf und rief:

„Sie sehen aus wie ein Neger! Was haben Sie ge=
macht? Ihre Stirn ist schwarz, als hätten Sie sich bemalt."

Jervis schwieg eine Sekunde, dann sagte er in gleich=
gültigem Tone: „Es wird feuchte Erde aus dem Reisfelde
sein, die ich in den Haaren hatte."

Bald darauf verließ er seinen Begleiter unter dem
Vorwande, er wolle noch einen kleinen Galopp querfeldein
machen; und ohne eine Antwort abzuwarten setzte er über
einen Graben an der Seite der Straße und ritt schnell
davon.

Ashbourne sah ihm nachdenklich nach. Etwas eigen=
tümlich Befangenes in Jervis' Wesen, für das er keine
Erklärung finden konnte, beschäftigte seine Gedanken.

Jervis aber, nachdem er eine halbe Meile über ver=
ödete Felder und Wege geritten war, gelangte an ein in
den Bergen vereinzelt gelegenes Theehaus, wo er bekannt
und gern gesehen zu sein schien, und wo ihm die junge,
hübsche Wirtin auf sein Verlangen Wasser, einen Spiegel
und ein Handtuch gab. Er ging darauf in ein kleines
Zimmer, in dem er sich einschloß und aus dem er erst
nach geraumer Zeit, das Gesicht gereinigt und die schwarzen,
glänzenden Haare sorgfältig geordnet, wieder hervortrat.

III.

Der Renntag war vorüber. Aßhbourne hatte in acht
von den zwölf Rennen, welche auf der Karte standen,
mitgeritten und davon nicht weniger als drei gewonnen.
Jervis, der von vielen Seiten aufgefordert worden war,
zu reiten, hatte alle Anerbieten unter dem Vorwande
abgelehnt, es verursache ihm Kopfschmerzen, wenn er bei
starker Hitze eine große Anstrengung mache. Man be=
trachtete dies als eine leere Entschuldigung, da man wußte,
daß die glühendste Sonne Jervis nicht abhielt, seine
täglichen, langen, einsamen Spazierritte fortzusetzen; aber
man konnte ihn füglich nicht zwingen, gefällig zu sein
und mußte sich mit dem von ihm gegebenen Bescheide
begnügen. — Jervis hatte sich übrigens bei dem Rennen
beteiligt und zwar in hervorragender Weise: als der einzig
sachkundige Sportsman der Gemeinde, der nicht mitritt,
hatte er das Richteramt übernommen.

Am Abend waren die Mitglieder des Renn=Klub=
Vorstandes, sowie einige junge Beamte und hervorragende
Mitglieder der kaufmännischen Gemeinde zu einem fest=
lichen Gelage bei Aßhbourne versammelt. Es ging während
des langen Mahles sehr heiter und laut her. Nachdem

die üblichen Toaste auf „Abwesende Freunde", „Die
Alten in der Heimat", „Mädchen und Frauen" getrunken
worden waren, ließ dieser „den Sekretär und freundlichen
Wirt," jener „den Starter," ein dritter „den Richter"
leben, und schließlich war unter den zwanzig jungen Leuten,
die sich bei Ashbourne versammelt hatten, nicht ein einziger
mehr, auf dessen „spezielles" Wohl nicht ein oder mehrere
„spezielle" Gläser geleert worden waren. Den anwesenden
Schotten zu Gefallen hatte man verschiedene Male mit
„schottischen Ehrenbezeugungen" getrunken, d. h. die vollen
Gläser waren von den auf Stühlen und dem Tisch
stehenden Gästen, in einem langen Zuge ausgetrunken
worden. Die Stimmung der Gesellschaft war denn auch
gegen elf Uhr eine sehr laute geworden: alles schrie und
lachte durcheinander. Jervis allein, obgleich er bei jedem
Toast sein Glas mit geleert hatte, verhielt sich ruhig und
anscheinend teilnahmlos. Während seine Tischgenossen mit
aufgelösten Halsbinden, wirren Haaren und glänzenden
Augen gestikulirten und sprachen, saß er, wie bei einem
Gala=Diner, ernst und steif da, und nicht ein Härchen
war auf seinem glänzenden, glattgekämmten Scheitel ge=
krümmt.

Da erklang Ashbournes laute, frische Stimme: „Silen=
tium, meine Herren! Silentium!"

Der Ruf wurde mehrere Male wiederholt und Ruhe
endlich hergestellt.

„Meine Herren," begann der Wirt, „ich habe soeben
eine Wette gemacht, und zwar um ein zweites fröhliches
Mahl gleich dem, welches uns jetzt vereinigt. An
Ihnen liegt es zu entscheiden, ob Macbean oder ich die

Ehre haben soll, der Gastgeber zu sein. Wollen Sie richten?"

„Ja! Ja!" aus zwanzig heisern Kehlen!

„Nun so hören Sie!"

„Hört! Hört!"

„Sie dürfen mich nicht unterbrechen; die Geschichte ist etwas lang und verwickelt."

„Zur Sache!"

„Sehr wohl also: Ich habe soeben meinem verehrten Freunde, Macbean, die schon alte, ihm aber wunderbarer Weise noch nicht bekannte Theorie von der „Kleinen Welt" auseinandersetzen wollen. — Sie wissen natürlich alle, was ich damit meine?"

„Kein Mensch weiß wovon Sie sprechen! Sie wissen es selbst nicht!"

Ashbourne setzte sich mit komischer Entmutigung nieder; als er jedoch von allen Seiten aufgefordert wurde, weiter zu sprechen, und die Ruhe von neuem hergestellt war, erhob er sich wieder und fuhr fort. Er setzte zunächst auseinander, was seine Theorie bedeute: Die Welt sei so klein geworden, daß jedermann in derselben jedermann kennen müsse, und um dies mit dem augenblicklich zur Verfügung stehenden Material zu beweisen, habe er sich anheischig gemacht, festzustellen, daß er mit jedem einzelnen seiner Gäste, bevor er ihn in Yokohama persönlich kennen gelernt, durch gemeinschaftliche Bekannte in irgend welchen Beziehungen gestanden, ihn also gewissermaßen bereits gekannt habe. — „Macbean behauptet," schloß er, „es werde mir nicht gelingen, diese alten prae=Yokohamaschen Beziehungen nachzuweisen; und diese Verneinung gegen=

über meiner Bejahung bildet den Gegenstand der Wette. — Ich werde nun mit Erlaubnis der verehrten Herren Anwesenden, zur Beweisführung schreiten."

Aber die „verehrten Anwesenden" hörten nicht mehr zu, da Ashbourne lang und ausführlich gesprochen hatte. Das Frage= und Antwortspiel, das sich gleich darauf zwischen ihm und seinen Nachbarn entwickelte, vergnügte die jungen Leute jedoch wieder, und bald beteiligten sich sämtliche Gäste mit Aufmerksamkeit an der Ashbourneschen Beweisführung seiner Theorie.

Der Anfang des Verhörs der Anwesenden — denn zu einem solchen hatte sich die Sache gestaltet — war Ashbourne günstig. Nachdem er nur wenige Fragen an seinen Nachbar zur Rechten, den englischen Konsul, gerichtet hatte, wurde festgestellt, daß dieser mit Ashbournes älterem Bruder in Rugby auf die Schule gegangen war. Bei dieser Gelegenheit hörten die Anwesenden zum ersten Male, daß Ashbourne einen Bruder habe.

„Sie werden ihn alle bald kennen lernen," sagte Ashbourne. „Ich erwarte ihn in wenigen Wochen, und er soll Ihre Prozesse führen. Er ist nämlich Advokat, und ein ganz vorzüglicher, wie Sie, wenn Sie ihm etwas zu thun geben, schnell in Erfahrung bringen werden. Er hatte eine gute Praxis in Limerick; aber meine lieben Landsleute, besonders die prozeßlustigen unter ihnen, zahlen schlecht, und mein Bruder Dan, der sich nicht darauf versteht, seine Klienten auszupressen, kam nicht recht vor= wärts. Er hat sich auf mein Zureden entschlossen, zu mir nach Yokohama zu ziehen, um in Japan sein Glück zu versuchen."

Ashbournes Nachbar zur Linken, der holländische Konsul, erwies sich, gleich seinem englischen Kollegen, nach wenigen Minuten schon, als einer, der dem alten Bekanntenkreise Ashbournes — in dem ausgedehnten Sinne, den man diesem Begriff geben wollte — angehörte. Er war, ehe er nach Japan versetzt wurde, in Batavia angestellt gewesen und hatte dort häufig und freundschaftlich mit einem englischen Kaufmann verkehrt, der mit einer Nichte Ashbournes verheiratet war.

Bei dem dritten, Herrn Haslett, hielt es etwas schwerer, das alte Bindeglied zu finden; nach längerem Hin- und Herreden gelang dies jedoch ebenfalls in befriedigender Weise. — Nachdem darauf noch zwei andere der Anwesenden in systematischer Weise von Ashbourne ausgefragt worden waren, konnte die Wette als zu seinen Gunsten entschieden betrachtet werden. Ashbourne hatte nämlich, während er seine Fragen stellte, und um den Antwortenden Anhaltepunkte zu geben, seine Lebensgeschichte, wenn auch bruchstückweise, so doch vollständig erzählt. Er hatte dabei auch viele seiner Verwandten und Bekannten, Lehrer und Mitschüler namhaft gemacht, und da traf es sich denn, daß während er den einen seiner Gäste noch ausfragte, andere ihm bereits ins Wort fielen, um festzustellen, daß sie mit diesem oder jenem Mitgliede aus Ashbournes altem Bekanntenkreise, längst vor der Yokohama-Zeit, in Verbindung gestanden hätten.

Die Unterhaltung war bei diesen Gelegenheiten wieder eine allgemeine und laute geworden, jeder sprach mit seinem Nachbar, bemühte sich, einen „alten" Bekannten in ihm zu

erkennen, und begrüßte die Thatsache, wenn sie aus Licht
gezogen war, mit Lachen und freudigem Rufen.

„Hört!" rief der eine, „Gilmore und ich sind Vettern.
Wir haben es soeben herausgefunden!"

„Ich bin bei Wests Onkel in die Schule gegangen,"
berichtete ein anderer.

Ein dritter: „Macbeans Cousine war meine erste un=
glückliche Liebe."

Von allen Seiten ertönten ähnliche Rufe, und bald
herrschte wiederum wirres Lärmen an der Tafel. Macbean
erklärte sich für besiegt. Der mürrische Schotte hatte nicht
nur zugestehen müssen, daß er durch einen nahen Ver=
wandten mit Ashbournes Familie seit langen Jahren in
indirekten Beziehungen stehe, andere der Anwesenden hatten
ihm ebenfalls klar und deutlich bewiesen, daß er sich, seit
seiner frühesten Jugend, unbewußt in denselben gesell=
schaftlichen Kreisen bewegt habe wie sie.

Das ununterbrochene Fragen und Antworten hatte
die Aufmerksamkeit der Gäste so sehr in Anspruch ge=
nommen, daß keiner von ihnen das eigentümliche Be•
nehmen Jervis' während dieses langen Zwischenspiels be=
merkt hatte. — Er hatte eine Weile stumm dagesessen,
anscheinend nur damit beschäftigt, einen Kork, in den zwei
Gabeln gesteckt waren, auf einem Weinflaschenrand zu
balanciren. Während er jedoch dies harmlose Spiel trieb,
hätte man bemerken können, daß ihm dicke Schweißtropfen
auf der Stirn perlten. Er hatte sich darauf erhoben und
war, wie einer, der frische Luft schöpfen will, auf die
offene Veranda getreten.

Als Jervis nach einigen Minuten in das Zimmer

zurückkam, hatte der Lärm seinen Höhepunkt erreicht. Jeder der Anwesenden hatte bereits einige „alte" Bekannte unter seinen Tischgenossen gefunden und zeigte sich bemüht, seine Entdeckungsreise in der „kleinen Welt" fortzusetzen.

Der junge Gilmore, ein Freund Ashbournes, der besonders glücklich gewesen war, indem er außer einem Vetter noch ein halbes Dutzend Freunde und Bekannte seiner zahlreichen, über die ganze Welt zerstreuten Familie aufgefunden hatte, sah sich in diesem Augenblick nach einem neuen Opfer eines plötzlich in ihm erwachten Forschungstriebes um. Sein Blick fiel auf den eintretenden Jervis.

„Halt!" rief er, die Hand freundschaftlich auf Jervis' Schulter legend. „Nun kommt die Reihe an uns! Wenn wir nicht Vettern sind, so müssen wir zum mindesten alte Freunde sein. — Also: auf welchen Schulen waren Sie? Wo leben Ihre Eltern? Wo waren . . ."

Er verstummte plötzlich. Aus Jervis' blassem Gesichte blitzten ihm ein Paar Augen so boshaft stechend und ergrimmt entgegen, daß Gilmore das Wort auf der Zunge erstarb.

„Was fehlt Ihnen?" fragte er schüchtern und zurückhaltend.

Einige der Gäste waren Zeugen dieses Auftritts gewesen und blickten neugierig auf Gilmore und Jervis. Die andern wurden dadurch ebenfalls aufmerksam, und ganz plötzlich trat eine Stille ein, die um so auffallender war, als sie unmittelbar auf das laute Lachen und Lärmen der letzten Minuten folgte. Aller Augen waren jetzt auf die beiden jungen Leute gerichtet.

„Was fehlt Ihnen?" wiederholte Gilmore seine Frage inmitten tiefen Schweigens.

Jervis blickte um sich. Ein Ausdruck verzweifelter Hilflosigkeit, vollständiger Verwirrung malte sich auf seinem Gesichte. Dann zog ein peinlich erzwungenes Lächeln über sein Antlitz und er sagte mit schwerer Zunge:

„Was soll mir fehlen? . . . Was Ihnen allen morgen fehlen wird: . . . Der Wein war zu gut."

Darauf näherte er sich schwankenden Schrittes der Thür und verschwand.

———

IV.

Die Erklärung, welche Herr Jervis dafür gegeben, daß er sich am Abend des Renntages zuerst aus der Gesellschaft seiner zechenden Genossen zurückgezogen hatte, war eine sehr annehmbare gewesen; doch hatte sie weder Ashbourne noch dessen Gäste befriedigt. Gilmore hatte nicht wenig dazu beigetragen, Jervis' Antwort auf die an ihn gerichtete Frage zu einer nicht glaubwürdigen zu stempeln.

„Der Mann sah mich an," erzählte Gilmore, „als ob er mich mit seinen Augen totstechen wollte. In meinem Leben habe ich nicht einen so bösen Blick gesehen. Ich war wie erstarrt; es überläuft mich noch in diesem Augenblick kalt, wenn ich nur daran denke. Hätte ich Jervis eines Verbrechens angeklagt. anstatt eine harmlose Frage an ihn zu richten, so hätte er mich nicht ergrimmter ansehen können, als er es that. — Er wäre vom Wein überwältigt gewesen? — Das glaube ich nicht! So intensiv, bewußt böse blickt kein trunkener Mensch. Ich möchte wetten, daß er der Nüchternste von uns allen war."

„Was mag ihn verdrossen haben?"

„Gilmores Frage vielleicht. Er könnte ja möglicher=

weise Grund haben, nicht von seiner Vergangenheit
sprechen zu wollen. — Ich bin von Ashbournes Theorie
angesteckt worden: Jedermann sollte jedermann kennen.
Ich mißtraue einem Menschen, von dem ich gar nichts
weiß."

Der argwöhnische Macbean hatte diese letzten Bemerkungen gemacht. Die jungen Leute, mit denen er
sprach, sahen sich unter einander an. Es waren brave,
harmlose Menschen; böse Zungen befanden sich nicht unter
ihnen. Einige mochten sich wohl eigentümliche Gedanken
machen, die nicht gerade schmeichelhaft für Herrn Jervis
waren; ein jeder jedoch behielt für sich, was er in dieser
Beziehung dachte. — Aber Jervis' Ansehen hatte Schiff-
bruch erlitten. Das fühlte jeder, und das empfand er
selbst am deutlichsten, als er am nächsten Tage mit
seinen Genossen wieder im Klub zusammentraf. Man
vermied ihn nicht absichtlich, aber es war, als bewege er
sich in einer Atmosphäre, welche die anderen von ihm
abstoße und ihn isolire. Niemand hatte ihm etwas zu
sagen, und niemand näherte sich ihm. Wenn er auf eine
Gruppe zutrat, so verstummte das heitere Geplauder, als
ob man sich das Wort gegeben habe, in seinem Beisein
nicht weiter zu sprechen. Er erschien wie ein Fremdling
inmitten einer aus gleichartigen, sympathisirenden Ele-
menten zusammengesetzten Gesellschaft. Er störte dort.
Die jungen Leute hatten sich plötzlich klar gemacht, was
es eigentlich war, wodurch ein jeder von ihnen verhindert
gewesen, sich Jervis vertraulich und freundschaftlich wie
den andern Gemeindemitgliedern, anzuschließen. Jeder
von diesen war ihnen zum wenigsten ein „Bekannter".

Von Jervis wußte niemand woher er kam, wohin er ging. Er gehörte nicht zu ihrer „kleinen" und doch so viel umfassenden Welt: er war ein Fremder, der einzige Fremdling in der aus allen Teilen der Erde zusammengewürfelten bunten Gesellschaft.

Der Sommer schränkt in heißen Ländern die Geselligkeit etwas ein. Die weiten Ausflüge in das Innere des Landes werden beschwerlich, die langen Abende in den Klubräumen verkürzt, denn viele der Mitglieder haben die Gewohnheit angenommen, sich frühzeitig zurückzuziehen, um am nächsten Morgen die frischen, ersten Stunden, die schönsten des Tages, genießen zu können. — Nachdem der Renntag vorüber war, hatten auch die Zusammenkünfte der jungen Sportsmänner auf dem Rennplatz vorläufig ihren Zweck verloren, und die Bahn war verödet.

Jervis war nicht gesellig und hatte seine Persönlichkeit nie in den Vordergrund gedrängt. Die andern hatten ihn aufgesucht, weil seine Kühnheit ihnen gefiel; aber ohne einen klar ausgesprochenen Grund wurden diese ihm gegenüber nun zurückhaltender, und nach kurzer Zeit erschien Jervis beinahe gänzlich vereinsamt. Es war, als scheute man sich, ihn anzureden; er selbst aber hatte nicht die Gewohnheit, jemand zuerst anzusprechen. Kalt grüßend, kreuzte er sich auf der Straße mit seinen ehemaligen Genossen. Oftmals kam es vor, daß man ihn tagelang gar nicht sah, denn er machte nach wie vor lange Ausflüge zu Pferde und hatte seine Besuche im Klub, die kurz vor dem Renntage ziemlich regelmäßig gewesen waren, nach und nach eingestellt.

Jervis wohnte, von seinen japanischen und chinesischen

Dienern umgeben, in einem kleinen Hause, am Rande eines weiten, damals noch unbebauten Platzes, „das Moor" benannt. Bis kurz vor Ankunft der Fremden hatte dort Wasser gestanden, dessen Ausdünstungen während des Sommers bösartige Fieber erzeugten. Es war deshalb mit großem Kostenaufwand kanalisirt worden und fand nun seinen Abfluß in die nahe See. — Das Moor, dessen schwarze, fruchtbare Erde sich schnell mit einem weichen, grünen Rasenteppich überzogen hatte, trennte damals das europäische Yokohama von einem verrufenen japanischen Stadtviertel, dem sogenannten Yankiro, wo sich Schenke an Schenke reihte, die des Abends und während der Nacht mit lärmenden Japanern und zechenden Europäern, namentlich Matrosen, gefüllt waren. — Schlägereien waren im Yankiro an der Tagesordnung, und nicht selten endeten sie mit schweren Verwundungen. Die achtbaren Mitglieder der fremden Gemeinde: Beamte, Offiziere und Kaufleute — ließen sich nicht gern in diesem Viertel sehen; doch kam es vor, daß die älteren Einwohner dem Neuangekommenen den Ort zeigten, um ihn mit den dort herrschenden fremdartigen Sitten und Gebräuchen bekannt zu machen.

Straßenbeleuchtung ist erst seit kurzem in Yokohama eingeführt worden; im Jahre 1860 war es dort in dunklen Nächten finster, öde und unheimlich. Der eigentliche Straßenverkehr hörte mit Sonnenuntergang auf, und wer des Abends noch ausgehen wollte, der nahm entweder selbst eine Laterne, oder — und dies war das Gebräuchlichere — er ließ sich von einem oder mehreren japanischen Bedienten begleiten, von denen ein jeder eine jener Papierlaternen trug, die in ganz Japan und auch in China allgemein gebräuchlich sind. Auf den Laternen der Beamten prangte in bunten Farben das Wappen des Landes, dem der Besitzer angehörte; die Kaufleute ließen ihre Namen oder einfach die Nummer des von ihnen bewohnten Hauses darauf malen. Man erkannte auf diese Weise auch des Nachts, von weitem schon, die Personen, die noch in den Straßen waren, und wenn man einen Bekannten antraf, so gesellte man sich gern zu ihm, denn die Wege waren unsicher, und man mußte immer gewärtig sein, aus einer dunklen Ecke einen lauernden Samurai oder Lonin (bewaffnete Edelleute) zum Anfall bereit, hervorspringen zu sehen. Kein Europäer ging des Abends aus, ohne einen Revolver schußbereit in der Hand zu halten.

Ashbourne war Jervis' unmittelbarer Nachbar. Die Häuser der beiden waren nur durch die geräumigen, mit manneshohen Bretterverschlägen umgebenen Höfe von einander getrennt. Über diese Bretterwände hinweg konnte, wer auf der erhöhten Veranda stand, die Fenster des Nachbarn erblicken.

Eines Abends hatte sich, wie dies häufig vorkam, eine kleine Gesellschaft bei Ashbourne versammelt. In den hellen Zimmern war es sehr warm, auch wurde man dort von den nach Licht schwärmenden Mosquitos geplagt; die Gäste hatten sich deshalb auf die dunkle und ver= hältnismäßig kühle Veranda zurückgezogen, und sich dort auf großen, indischen Bambus=Sesseln ausgestreckt. — Die jungen Leute rauchten, tranken Thee oder „Soda und Brandy", und unterhielten sich träge von gleich=

gültigen Dingen; denn sie waren müde und abgespannt, und die meisten von ihnen hatten ein schweres Tagewerk hinter sich.

Es war spät geworden, die Nacht dunkel, schwül und still. Während der langen Pausen in der schleppenden Unterhaltung hörte man das ununterbrochene, dumpfe Rauschen und Brausen des nahen Meeres, und von den benachbarten Höfen her das kurze, trockene Klappen. welches durch Zusammenschlagen von zwei flachen Holzstücken hervorgebracht wird, und wodurch die japanischen Wächter, die in regelmäßigen Zwischenräumen ihre Runden machen müssen, zu erkennen geben, daß die ihrer Obhut anvertrauten Gebäude von ihnen in Augenschein genommen worden sind. — Man gewöhnt sich schnell an dies weitschallende Geräusch und wird sodann durch dasselbe nicht einmal im leisen Schlaf gestört; aber es schreckt Diebe und Brandstifter zurück, indem es diesen sagt, daß der Wächter auf seinem Posten ist. — Vom Yankiro herüber, über das weite, öde Moor, erklangen die hellen, schrillen Töne der Sampsin, der dreisaitigen, japanischen Guitarre.

Der Wächter des nächsten Nachbarhauses hatte soeben seine Runde beendet. Einer der Anwesenden hatte bei dem Geräusch den Kopf dorthin gewandt.

„Bei Jervis ist alles erleuchtet," bemerkte er. „Was mag der Mensch zu so später Stunde ganz allein noch treiben?"

„Er studirt japanisch," antwortete Macdean. „Wir haben denselben Lehrer."

„Er scheint sich überhaupt zum Japaner ausbilden zu wollen," ergänzte Ashbourne. „Ich sehe ihn in seinem

3*

Hause immer nur in Kimono (japanisches Gewand) und
in Sandalen einhergehen, auch nimmt er Fechtstunden
bei einem alten, herrenlosen Edelmann, der sich hier
umhertreibt. — Vorgestern früh, als ich an seiner Thür
vorüberging, hörte ich im Hofe Lärmen und Schreien.
Ich trat hinein, und da sah ich Jervis und einen Japaner,
Masken vor den Gesichtern, mit hölzernen Säbeln, unter
Rufen und Stampfen, wie besessen auf einander einhauen.
Jervis kam mir entgegen und fragte höflich, was ihm die
Ehre meines Besuches verschaffe. Als ich erwiderte, Neugierde allein habe mich hereintreten lassen, erzählte er
mir, er finde Vergnügen an allen körperlichen Übungen,
und habe jetzt zur Abwechslung angefangen, Fechtstunden
bei einem Japaner zu nehmen. Der Samurai, der zuhörte, als ob er englisch verstände, wiederholte darauf
mehrere Male: „Herr Jervis ist sehr geschickt und stark
in der That.' Er hätte seinen Schüler gewiß gern vor-
geführt, denn er schlug ihm vor, in meiner Gegenwart
einen Gang zu machen; aber Jervis lehnte dies kühl ab.
— Auf der Veranda kauerte ein hübsches japanisches
Mädchen vor einem Kohlenbecken, auf dem Wasser ge-
wärmt wurde. Ihr gegenüber saß eine alte Frau. Die
beiden tranken Thee, rauchten und plauderten. Neben
ihnen auf der Matte stand eine Koto (japanische Zither).
Stühle und Sessel sah ich nicht. Das Ganze machte
vielmehr den Eindruck einer japanischen als einer europäischen Wirtschaft. . ."

„Da kommen Leute vom Yankiro über das Moor
herüber," unterbrach Macdean.

In einiger Entfernung erblickte man Laternen. Die

Träger derselben konnte man nicht sehen, und die Laternen, die sich hüpfend und schaukelnd in der Dunkelheit bewegten, erschienen wie große Irrlichter.

„Wir wollen sehen, wer da geht," sagte Ashbourne

Er trat in das Zimmer und kehrte bald mit einem großen Opernglas bewaffnet wieder zurück. Er blickte eine kurze Weile nach den Laternen und sagte dann:

„Nummer ... Nummer 28 und ... 32 — West und Dr. Wilkins. Wir wollen sie rufen. Sie sollen berichten, was sie zu so später Stunde noch draußen zu thun haben."

Darauf setzte er beide Hände an den Mund und rief in die stille Nacht hinaus: „West! ... Wilkins!" Dann wartete er einige Sekunden und wiederholte den Ruf, bis schwach die Antwort zurückscholl: „Wir kommen!"

Die Laternen näherten sich darauf in gerader Linie dem Hause Ashbournes. In einer kleinen Entfernung von demselben hielten sie eine kurze Weile still, dann kamen sie wieder vorwärts; bald darauf wurden sie durch den Thorweg getragen, und West und Wilkins, von ihren Dienern gefolgt, traten auf die Veranda. — Dr. Wilkins erzählte, er sei nach dem Yankiro gerufen worden, um einen englischen Matrosen zu verbinden, der in einer Schlägerei von einem Malayen einen Messerstich bekommen habe. West, der gerade bei ihm gewesen sei, als man ihn gerufen, habe ihn begleitet.

„Und mit wem unterhielten sie sich in der Nähe des Hauses? Warum machten Sie plötzlich Halt?"

„Wir trafen Jervis an und wünschten ihm guten Abend. Er ging allein in der Dunkelheit spazieren."

„Er wird sich eines Tages von einem Ronin tot=

schlagen lassen. Ich habe es ihm schon verschiedene Male prophezeit."

„Ich sagte ihm soeben auch, er handele sehr unvorsichtig. Er lachte und antwortete: ‚Wer hält mich in der Dunkelheit für ein Tobjin?‘ (Spottwort für die Fremden). Er sah in der That wie ein Japaner aus. Er trug einen Kimono, in seinem Gürtel steckte ein schwerer Säbel, und um das bloße Haupt hatte er ein Tuch gewunden, so daß man nur seine hellen Augen sehen konnte. — Er ist ein eigentümlicher Mensch, er gleicht keinem von uns, ich könnte ihn nicht zum Freunde haben."

V.

Herr Jervis schien wichtige Mitteilungen aus China zu erwarten, denn jedesmal, sobald ein Dampfboot von dort angekommen, erblickte man ihn unter den ersten, welche bei dem Kaufmann, an den das Schiff consignirt war, erschienen, um seine Briefe in Empfang zu nehmen. Er ließ sich dann auch die Passagierliste zeigen und entfernte sich, nachdem er sie durchgelesen hatte. Alles dies war gebräuchlich und erregte bei niemand auch nur das geringste Aufsehen.

Eines Tages, zu Anfang des Monat Juni, fand er sich, bald nachdem die „Cadix" vor Anker gelegt worden war, bei Herrn Dana ein, um seine Briefe abzuholen. — Im Komptoir des Genannten traf er mit dem Kapitän M'c Gregor zusammen, den er seit dem vergangenen Jahre, von seiner Ueberfahrt von Schanghai her, persönlich kannte:

„Gute Reise gemacht, Kapitän?"

„Ausgezeichnete: fünf Tage und siebzehn Stunden."

„Viel Passagiere an Bord?"

„Sieben Weiße, und vor dem Mast einige zwanzig Chinesen."

„Bekannte?"

„Macdean. Sonst nur neue Leute, auch ein Bruder von Ashbourne darunter."

„Guten Morgen, Kapitän."

„Guten Morgen, Herr Jervis."

Herr Jervis vergaß wunderbarer Weise seine Briefe mit= zunehmen, obgleich sie auf den Tisch für ihn bereit gelegt waren, und ging, aufmerksam vor und hinter sich blickend, schnellen Schrittes, schnurstracks nach Hause. Als er sich seiner Wohnung näherte, kamen ihm von dem anderen Ende der Straße zwei Herren langsam entgegen: Thomas Ash= bourne und sein Bruder Daniel. Sie unterhielten sich eifrig mit einander und bemerkten Jervis zunächst nicht; aber plötzlich erblickte Daniel ihn, und zwar in dem Augenblick, als Jervis, der seine Schritte noch mehr beschleunigt hatte, über den Straßendamm ging, um in sein Thor einzu= treten. — Die Entfernung zwischen Jervis und den beiden Brüdern war ungefähr zweihundert Schritte. Daniel blieb stehen, und mit der einen Hand die Augen schützend — denn die Mittagssonne stand blendend über Yokohama — sagte er sinnend:

„Wer ist doch das?"

„Wer?"

„Der Mann, der soeben in jenes Haus getreten ist."

„Das wird Jervis gewesen sein. Ich habe ihn nicht gesehen, aber er wohnt dort und empfängt nur selten Besuch. Er wird sich seine Briefe von Dana geholt haben."

„Jervis?"

„Ja. Kennst du ihn?"

„Nein, ich kenne keinen Jervis; oder ich erinnere mich

deſſen nicht. Aber der Mann ſchien mir bekannt. Es wird
eine Ähnlichkeit ſein; ich weiß in dieſem Augenblick nicht
einmal, an wen ſie mich erinnert.“

„Du wirſt Jervis bald kennen lernen, denn er iſt
unſer nächſter Nachbar. Hier ſind wir zu Hauſe. Will=
kommen Dan unter meinem Dache!“

Die Brüder, von denen Daniel vier bis fünf Jahre älter
zu ſein ſchien als Thomas, ſahen ſich nicht ähnlich. Daniel
hatte braunes Haar und dunkle Augen; Thomas war blond.
Doch glichen ſie ſich in den Figuren: ſie waren beide
hochgeſchoſſen, hager und hatten daſſelbe gelaſſene Schlendern
im Gang.

„Hier iſt dein Zimmer,“ ſagte Thomas, den Neuan=
gekommenen in ein niedriges, aber freundliches, lichtes
Gemach führend, in dem ein großes, ſchönes Ningpo=Bett,
ein Tiſch und einige Stühle ſtanden. — „Und hier, gleich
nebenan haſt du dein Bad. Der Diener, den ich für dich
genommen habe, hört auf den bequemen Namen To und
verſteht kein Wort engliſch. Ich werde dich ihm gleich
vorſtellen, und dann mußt du zuſehen, wie du mit ihm
fertig wirſt. Dort“ — die Beiden waren aus dem Zimmer,
deſſen offene Schiebethüren auf die Veranda führten, auf
dieſe getreten — „ſiehſt du den Stall. — In dem kleinen
Häuschen, neben dem Thorweg, ſchlummert der Momban,
den du heute Nacht in Ausübung ſeiner Thätigkeit kennen
lernen wirſt. — Und nun kleide dich zunächſt um, denn
es wird mir ſelbſt ordentlich warm, dich in einem wollenen
Anzuge zu ſehen. To hat einen leinenen Anzug für dich
bereit gelegt. Meine Kleider werden dir wohl paſſen.“

Der Genannte war unhörbaren Schrittes in das Zimmer

getreten und begrüßte nun ehrerbietigst seinen neuen Herrn, indem er sich auf die Knieen niederließ und den Boden mit der Stirn berührte. Thomas bedeutete ihm, was er zunächst zu thun habe, und entfernte sich sodann, um seinen Bruder bei dessen Toilette nicht zu stören. Nach einer halben Stunde erschien dieser im Wohnzimmer durch ein kühles Bad erfrischt, und in einem von Thomas' weißen Anzügen.

„To scheint mir ein perfecter Kammerdiener zu sein", sagte Daniel. „Wir haben uns ganz gut mit einander verständigt. Aber Jnish wird eifersüchtig auf ihn werden, wenn ich mich von einem andern als von ihm bedienen lasse."

„Wer ist Jnish?"

„Mein alter irländischer Diener."

„Wenn du mich um Rat gefragt hättest, so würde ich dir gesagt haben, den Mann in Limerick zu lassen. Die einheimischen Diener sind die besten der Welt; fremde verkommen hier regelmäßig. Ich prophezeie dir, daß Jnish dich verlassen und eine Matrosenschenke eröffnen wird. Alle europäischen Diener, die mit ihren Herren nach Japan kommen, sind vorherbestimmt, als Schankwirte zu enden."

„Für Jnish stehe ich ein", erwiderte Daniel. „Der Mann ist mir mit Leib und Seele ergeben. Er war Bursche eines Freundes von mir, des Lieutenant O'Brien, der kläglich ums Leben gekommen ist. Jnish war damals vor Gram über den Tod seines Herrn ganz tiefsinnig geworden und mußte das Regiment verlassen. Ich nahm ihn zu mir, da O'Brien viel auf ihn gehalten hatte, und gab mir Mühe, ihn zu heilen. Es ist mir gelungen, und seitdem hängt Jnish so sehr an mir, daß es grausam gewesen wäre, ihn zu verlassen."

„Trinkt Meister Jnish?"

„So wenig wie man dies von einem Irländer und alten Soldaten nur erwarten kann."

„Das ist mehr als genug. Verbiete ihm, des Abends auszugehen, denn sonst wird man ihn eines Tages, ehe er viel älter geworden ist, erschlagen nach Hause tragen. Die japanischen Officiere behandeln trunkene Europäer mit charakteristischer Lieblosigkeit."

„Inish geht überhaupt nie aus. Er ist menschenscheu. — Da kömmt er übrigens, der ungerecht Beargwohnte."

Inish, von einem Matrosen der „Cadix" begleitet und von einem japanischen Kuli gefolgt, der einen mit Gepäck beladenen kleinen Wagen zog, war in den Hof getreten. Er schüttelte dem Matrosen, der ihm dem Weg gezeigt hatte, kameradschaftlich die Hand, worauf sich dieser entfernte, näherte sich sodann der Veranda, auf der er seinen Herrn erblickt hatte, und militärisch grüßend fragte er kurz, wohin das Gepäck geschafft werden solle. Sobald ihm das Zimmer gezeigt worden war, beeilte er sich, ohne weiter ein Wort gesagt zu haben, das Gepäck hineinzutragen. Bei den großen schweren Koffern, die er nicht allein fortschaffen konnte, bedeutete er dem Japaner durch eine stumme Gebärde mitanzufassen.

„Nun, glaubst du, daß Inish Händel haben wird?" fragte Daniel.

„Er macht den Eindruck eines friedfertigen, stillen Menschen", antwortete Thomas.

„Du wirst ihn selten hören oder sehen", fuhr Daniel fort. „Er arbeitet von früh bis spät, und scheint sich nirgends wohler zu befinden, als in meinem Zimmer oder in seiner Kammer."

Die Brüder hatten sich während des Nachmittags viel zu erzählen, denn sie waren viele Jahre lang von einander getrennt gewesen; um sieben Uhr aßen sie sodann zusammen, und gegen neun Uhr begaben sie sich nach dem Klub, wo Daniel Ashbourne von seinem Bruder vorgestellt wurde und überall die freundlichste Aufnahme fand. Er war bemüht, dies zu rechtfertigen, und gewann alle Herzen durch die liebenswürdige, harmlose Art seines Auftretens. Gegen Ende des Abends stritt man sich förmlich darum, wer zuerst das Vergnügen haben sollte, ihn als Gast an seinem Tische zu bewirten.

„Ich habe das erste Anrecht", sagt Macdean. „Ich bin vielen von Ihnen noch eine Mahlzeit schuldig .. Erinnern Sie sich nicht? Meine verlorene Wette: die kleine Welt?"

„Das ist richtig", entschied Herr Mitchell; und es wurde beschlossen, daß dieselben Herren, die am Renntage Tom Ashbournes Gäste gewesen waren, am nächsten Tage bei Herrn Macdean zu Mittag speisen sollten, damit dem Neuangekommenen, Herrn Daniel Ashbourne, auf diese Weise Gelegenheit geboten werde, die hervorragendsten Mitglieder der fremden Gemeinde genauer kennen zu lernen. — Man trennte sich darauf. Thomas Ashbourne übernahm es, seinen Nachbar Jervis, der nicht übergangen werden durfte, in Macdeans Namen einzuladen. — Jervis ließ jedoch auf die Bestellung, die ihm am frühen Morgen durch Ashbournes japanischen Diener gemacht wurde, zurückantworten, er bedaure, die Einladung nicht annehmen zu können: er sei unwohl.

Das Gastmahl, das zur festgesetzten Stunde stattfand, verlief in angenehmer Weise. Es wurde dabei getrunken,

wie man vor fünfzig Jahren noch in der besten Gesellschaft
in Deutschland trank, wie man heute aber, ohne sich in
schlechte Gesellschaft zu begeben, nur noch in England trinken
kann. Nachdem die Tafel von allem Eßbaren gereinigt war,
und „Port, Sherry und Claret" einige Male die Runde um
den Tisch gemacht hatten, befand sich die Gesellschaft denn
auch wieder in der beliebten „Stimmung nach dem Essen",
die der gastfreundliche Macbean seit Beginn des Mahles
bemüht gewesen war zu erwecken.

„Es scheint mir", rief einer der Gäste, „daß wir heute
noch vergnügter sind, als bei der letzten Versammlung."

„Danke verbindlichst!" rief Thomas Ashbourne lachend
zurück.

West, der die kleine Ungeschicklichkeit begangen hatte,
versuchte, sich zu entschuldigen: „Ich habe mich schlecht aus=
gedrückt", erklärte er. „Sie haben mich mißverstanden,
Ashbourne. Ich meinte, daß wir heute alle, ohne Ausnahme,
vergnügt sind, während das letzte Mal Herr Jervis wie
der steinerne Gast zwischen uns saß."

„Was fehlt Jervis eigentlich?" fragte ein anderer, sich
an Dr. Wilkins, den Arzt der fremden Gemeinde, wendend.

Dr. Wilkins war als ein „langatmiger" Mann bekannt,
d. h. er sprach gern und viel.

„Das will ich Ihnen sagen, meine Herren", begann er.

„Nein, das wollen wir nicht hören" wurde er unter=
brochen; worauf er sich damit begnügte, seinem geduldigen
Nachbarn zur Linken, dem friedliebenden Gilmore, weit=
läufig auseinanderzusetzen, Jervis leide an einem schwer
zu erklärenden Nervenübel, das er sich durch zu große
körperliche und geistige Anstrengungen zugezogen habe.

„Jervis wäre nervös?“ fragte Gilmore ungläubig. „Der Mensch reitet doch, als ob er gar nicht wüßte, was Nerven sind.“

„Sie irren sich — Gestatten Sie mir . . .“ und der Doktor vertiefte sich in eine wissenschaftliche Abhandlung, der Gilmore nur mit halben Ohren zuhörte, da eine Unterhaltung am andern Ende des Tisches ihn mehr in Anspruch nahm.

Dort hatte nämlich Macbean dem Neuangekommenen, Daniel Ashbourne, der als Ehrengast zu seiner Rechten saß, soeben erklärt, welcher Art die Wette gewesen sei, die er verloren und die ihm den Vorzug verschafft habe, der Erste zu sein, Herrn Daniel Ashbourne zu bewirten. Bei dieser Gelegenheit war die Rede auf die „kleine Welt“ gekommen, und Ashbourne jr. hatte sich dadurch veranlaßt gefühlt, sein Steckenpferd wieder einmal zu besteigen. Er sprach mit großem Eifer und mit einem ihm eigentümlichen halb-komischen Ernste.

„. . . und diese schöne Theorie, meine Herren“, hörte Gilmore ihn reden, „diese hochphilosophische Theorie von kaum zu berechnender Tragweite, deren Entdecker ich mir zu sein schmeichele . . .“

„Wovon ist eigentlich die Rede?“ unterbrach Mitchell, der, gleich Gilmore, den Anfang der Ashbourneschen Auseinandersetzungen nicht vernommen hatte.

„Ashbourne behauptet, jedermann könne nur als derjenige leben, der er nun einmal ist; und er nennt dies eine ,philosophische Theorie‘. Das ist eine sehr pompöse Bezeichnung für eine einfache Sache, die niemand je bezweifelt hat.“

„Sie sind ein kurzsichtiger Schotte, Macdean! Sie
haben die Sache nie bezweifelt, weil sie überhaupt nie
darüber nachgedacht haben."

„Nun so geben Sie Ihre Theorie zum besten."

Ashbourne entschuldigte sich: er habe schon zu lange
gesprochen, er fürchte die Gesellschaft zu ermüden, — er
wolle nur das Facit seiner Auseinandersetzungen wieder=
holen: es sei heute für anderthalb tausend Millionen
Menschen Platz in der Welt, aber dies nur unter der aus=
drücklichen Bedingung, daß jeder den ihm angewiesenen,
einzigen Platz in derselben einnehme. Verlasse er diesen,
so sei nirgends auf der Erde, in der menschlichen Gesell=
schaft, Raum für ihn.

„Und was wird bei deiner Theorie aus dem flüchtigen
Verbrecher, der seinen Platz aufgegeben hat?" fragte Daniel
Ashbourne.

„Der flüchtige Verbrecher?" rief Thomas. „Er ist
der stärkste Beweis für die Richtigkeit meiner Theorie! —
Der Mann, der einen falschen Namen angenommen, seinem
„Ich", seinem Platz in der Welt entsagt hat, existirt
menschlich nicht mehr. Eine Fiction der Doppelgänger
eines unberechtigten Daseins, treibt sich irgendwo in der
Welt umher; aber es ist diesem Truggebilde nicht gestattet,
ein gesellschaftlich=menschliches Leben zu führen."

„Das ist alles sehr schön und schwer verständlich; aber
als Jurist sage ich dir, daß wenn wir einer solchen Fiction
habhaft werden, wir ihr schnell beweisen, daß sie noch
existirt, indem wir sie einsperren, oder, wenn ihr Doppel=
gänger es verdient hat, sie aufhängen."

„Ich glaube überhaupt nicht an flüchtige Verbrecher."

„Eine neue Theorie, ohne Zweifel! Was willst du sagen?"

„Die Welt ist zu klein Es ist unmöglich, sich dort lange zu verstecken. Flüchtige Verbrecher werden eingeholt, oder sie stürzen beim Davonlaufen und brechen sich den Hals. — Dann findet man ihre Leichen. — Nichts geht verloren in der Welt!"

„Ich könnte eine Geschichte erzählen von einem flüchtigen Verbrecher, den man seit langen Jahren weder lebendig noch tot wiedergefunden hat."

Die Gesellschaft, die an den Ashbourneschen Theorien, wie er sie nach Tische zum Besten zu geben liebte, kein sonderliches Gefallen fand, war gern bereit, zur Abwechselung „eine Geschichte" zu hören. So erscholl von allen Seiten der Ruf: „Bitte, sprechen Sie!"

Daniel Ashbourne räusperte sich, und es wurde still. Die einen waren geneigt die angekündigte Geschichte zu hören, die andern wollten dem Ehrengaste das Vergnügen nicht rauben, das Wort zu haben.

VI.

„Als ich mich, im Jahre 1854 in Limerick als Advokat niederließ," begann Daniel Ashbourne, „fand ich dort ein Infanterie=Regiment, mit dessen Offizieren ich schnell bekannt wurde. Es waren leichtlebige, liebenswürdige Leute, meist Irländer, lustige Tafelgenossen, eifrige Spieler und berühmt als die besten Reiter in der Grafschaft. Es befand sich nicht einer unter ihnen, der auf den Jagden nicht geradeaus geritten wäre ,wie die Krähe fliegt'. — Der beste und verwegenste unter diesen guten und kühnen Reitern, und von all' seinen Kameraden als solcher anerkannt, war ein Lieutenant Namens Edwin Hellington. Er war jüngerer Sohn einer vornehmen und reichen Familie, empfing eine gute Zulage von zu Hause, und konnte sich Pferde halten. Irgendwie gelang es ihm immer, sich in dieser Beziehung das Beste zu verschaffen, was auf den Markt kam. Sein Blick und sein Urteil waren merkwürdig sicher, sobald es sich um Pferde handelte, und der geriebenste Roßhändler hätte den jungen Burschen nicht hinter's Licht führen können. Er war sehr gesucht bei allen Herrenreiten, und gewann sich, da er hoch wettete, im Laufe des ersten Jahres, wo ich in Limerick war, eine bedeutende Summe Geldes.

Ein guter Reiter zu sein, war ein Ehrentitel im Regiment; die Offiziere waren nicht neidisch, und hätten Hellington gern gegönnt, was er sich, auf die Gefahr hin, sich Arme und Beine zu brechen, im Laufe der Saison zusammenritt. Aber Hellington war nicht beliebt. Er führte ein zurückgezogenes Leben, beteiligte sich selten an gemeinschaftlichen Vergnügungen, war nie auf einem Ball zu sehen, und trieb sich, wenn er frei vom Dienste war, auf einsamen Wegen umher, wo er seine Pferde zuritt.

Während es mir ein Leichtes gewesen war, sämtlichen Offizieren des Regiments, vom Oberst hinunter bis zum jüngsten Lieutenant, vorgestellt zu werden, konnte ich Hellington, so zu sagen, immer nur von weitem erblicken. Einer seiner Kameraden, ebenfalls ein Lieutenant, Charles O'Brien bei Namen, der nach Hellington für den besten Reiter im Regimente galt, und mit dem ich mich besonders befreundet hatte, sagte mir eines Tages, als ich den Wunsch ausgesprochen hatte, mit seinem berühmten Rivalen bekannt zu werden: „Ich kann Sie vorstellen; aber ich sage Ihnen im voraus, Sie werden einen unangenehmen Gesellen kennen lernen."

Ich sah mir Hellington an jenem Tage zum ersten Male genauer an: er hatte ein kaltes, grausames Gesicht, rotes Haar, eine blendend weiße, hohe Stirn und kleine, helle Augen, die seitwärts und von unten blickten und schnell beweglich, doch aufmerksam von einem Punkt zum andern wanderten. Ein rötlich blonder Bart, der Wangen, Lippen und Kinn bedeckte, ließ die Form des Mundes und des Gesichtes nicht genau erkennen. Einen Moment begegneten sich unsere Augen, und er mochte bemerken, daß ich ihn beobachtete. Er warf mir einen so scharfen, bösen Blick zu, daß ich mich gewissermaßen körperlich dadurch verletzt fühlte, und die Augen unwillig von ihm abwandte, ohne ferner Lust zu verspüren, mit ihm in Verbindung zu treten.

Einige Wochen später fand das große Offiziers-Rennen statt. — Das „Ereignis“ des Tages war ein Hindernis-Rennen, zu dem die bekanntesten Pferde der Grafschaft und die besten Reiter des Regiments genannt worden waren. — Hellington, der bei diesem Rennen ein „dunkles“ (unbe= kanntes) Pferd ritt, das mit bewunderter Aktion die Tribünen passiert hatte, machte von Anfang an eine furcht= bare „Pace“ und führte. — „Zu schnell, um zu dauern“, sagten die einen — „Er weiß schon, was er zu thun hat“, meinten die andern. — Das Pferd schien in der That unermüdlich, und bewahrte, so lange die Zuschauer es erblicken konnten, eine Entfernung von mehr als zehn Längen zwischen sich und den andern. — Dann ver= schwanden sämtliche Reiter hinter einem kleinen Gehölz.

Als sie nach einigen Minuten wieder sichtbar wurden, waren mehrere Pferde dicht beisammen.

„Weiß und blau gewinnt!“ hörte man rufen; „O'Brien führt! — Was ist aus Hellington geworden?“

Aller Augen waren einen Augenblick nach der Stelle gerichtet, an der die Reiter hinter dem Gehölz hervor= gebrochen waren. — „Hellington ist auch einmal zu Schaden gekommen“, hieß es. — Dann richtete sich die allgemeine Aufmerksamkeit wieder auf die kleine Gruppe, die sich nun der Tribüne, vor welcher der Sieges-Pfosten stand, näherte.

4*

„Blau und weiß gewinnt! Hurrah für O'Brien!"

Währenddem sich viele nach dem Sattelplatz drängten, um den glücklichen Reiter wiegen zu sehen, bemerkten diejenigen, die auf und vor der Tribüne geblieben waren, wie endlich Hellington, letzter von allen, in kurzem Jagdgalopp dahergesprengt kam. — Sein Pferd war grausam gespornt worden, aber der Reiter saß unversehrt im Sattel, und auf seinem hellen Anzuge war nicht ein Fleckchen zu entdecken. Der Mann konnte unmöglich gestürzt sein. — Nachdem er den Pfosten passirt hatte, machte er Kehrt und ritt durch das Gitter. — Dort kam ihm sein Groom entgegen und nahm das Pferd beim Zügel. — Wie der Herr, so der Knecht! Hellingtons Groom hatte eine Galgenphysiognomie.

„Was ist geschehen, Herr?" fragte er finster.

„Verdammter Schwindel ist geschehen!" antwortete Hellington barsch.

Er war blaß und seine Augen glänzten wie die einer Schlange. „Zur Wage!" befahl er

Dort war es leer geworden, denn man hatte längst festgestellt, daß O'Briens Pferd gewonnen habe; aber die Mitglieder des Vorstandes, welche nach dem Rennen zu wiegen hatten, waren noch auf ihrem Posten. — Hellington, mit Sattel und Zügel über dem Arm und mit der Reitgerte in der Hand stellte sich, ohne ein Wort zu sagen, auf die Wage.

„Richtiges Gewicht?" fragte er, sich an den Vorstand wendend; und als dies bejaht worden war, setzte er hinzu: „Ich protestire gegen das Rennen."

Ähnliche Verwahrungen waren bei einem Herrenreiten

zwar nichts Gewöhnliches, aber auch nicht unerhört. Nach wenigen Minuten waren die Schiedsrichter, an ihrer Spitze der Oberst der Regiments, Colonel Wicklow, in einem kleinen Zimmer versammelt, um die Klage zu hören und eine Entscheidung zu treffen. — Draußen wunderte man sich, weshalb es so lange dauerte, ehe die Nummer des Gewinnenden aufgezogen wurde.

Inzwischen klagte Hellington vor den Schiedsrichtern darüber, daß während der letzten zwei Rennen die Bahn an einer Stelle geändert worden, wo dies früher nie ge- schehen sei, und daß man die Änderung in so unvoll- kommener Weise angedeutet habe, daß nur ein Eingeweihter sicher sein konnte, keinen Irrtum zu begehen. Er, Hellington, sei von der Änderung nicht unterrichtet worden und habe sich verritten, und diesem Umstande allein sei es zuzuschreiben, daß er das Rennen nicht gewonnen habe.

Colonel Wicklow bedeutete Herrn Hellington, daß die Art und Weise, wie er seine Bemerkungen mache, unge- bührlich sei, da sie die bona fides des Vorstandes in Zweifel zu ziehen scheine: Hellingtons Schuld sei es, daß er nicht ebenso gut unterrichtet wie die andern, abgeritten sei. — Aber Hellington schüttelte den Kopf und zuckte mit den Achseln und erwiederte trotzig, daß, wenn man ihn daran erinnern wolle, daß er vor seinem militärischen Vorgesetzten stehe, so habe er nichts mehr zu sagen; er habe jedoch bisher immer in dem Glauben gelebt, daß auf der Rennbahn jedermann gleiche „Chancen" haben solle, und dies sei nicht der Fall gewesen, denn O'Brien habe die neue Bahn gekannt und er nicht.

„Lieutenant Hellington, Sie zwingen mich, wenn Sie

so fortfahren, Ihnen das Wort zu entziehen", sagte der Oberst.

„Zu Befehl, Colonel Wicklow!" antwortete Hellington, machte kurz Kehrt und verließ das Zimmer.

Er war im allgemeinen ein sehr zurückhaltender Mensch; aber es kochte in ihm, und zum ersten Male, seitdem er im Regimente bekannt war, schien er die Herr= schaft über sein jähzorniges Temperament verloren zu haben. Er hatte sich einen Überrock über seinen Jockey= Anzug gezogen und einen Hut aufgesetzt, denn er wollte noch in einem der nächsten Rennen reiten, und er stellte sich nun breitbeinig und mit der Reitgerte auf seine Stiefel schlagend vor den Stall hin, und unterhielt sich mit lauter Stimme mit seinem Groom, der zischend und pfeifend damit beschäftigt war, das Pferd trocken zu reiben.

Einige Offiziere, die in der Nähe waren, entfernten sich, damit ein Kamerad sich in ihrer Gegenwart nicht bloßstelle, denn es war augenscheinlich, daß Hellington vor Zorn wie trunken und kaum noch zurechnungsfähig war.

Nach einer halben Stunde, als das nächste Rennen vorüber war, wurde zum letzten Hindernis=Rennen ge= läutet. — O'Brien und Hellington stiegen beinahe gleich= zeitig zu Pferde.

„Diesmal werde ich Sie nicht aus den Augen ver= lieren, O'Brien!" sagte Hellington mit einem höhnischen Lächeln.

O'Brien, der von seinen Freunden gebeten worden war, sich mit Hellington auf nichts einzulassen, that als ob er nicht gehört hätte und ritt ruhig auf die Bahn hinaus.

Während des ersten Teiles des Rennens und auch nachdem bereits zwei Hindernisse genommen waren, blieben die Pferde so dicht zusammen, daß man sie mit einem Laken hätte bedecken können, dann löste sich O'Brien von der Gruppe und kam um eine Pferdelänge voraus.

„Hellington läßt O'Brien führen", hieß es. „Seht doch, wie er zurückhält!"

Die beiden, die jetzt den andern um eine geringe Entfernung vorgekommen waren, näherten sich einer Mauer, die sie beinahe gleichzeitig nahmen. — Das nächste Hindernis war eine feste Barrière mit einem Graben dahinter. O'Brien ritt in scharfer Gangart darauf los; zu seiner Linken, dicht am Sattel war der Kopf von Hellingtons Stute.

Von der Tribüne war es nicht möglich, die Lage genau zu erkennen, da O'Briens Pferd das seines Nachbarn zur Hälfte deckte. — Zwanzig Schritt vor der Barrière sah man O'Brien etwas nach rechts abbiegen, gleich darauf hob sich sein Pferd zum Sprunge; aber in demselben Augenblick machte es eine viertel Wendung nach rechts, stieß mit dem linken Vorderfuß gegen die Barrière und brach am Rande des Grabens zusammen. — Hellington flog mit hochgehobener Reitgerte vorüber. — O'Brien wurde aus dem Sattel geschleudert, und man sah ihn mit weit ausgestreckten Armen, mehrere Schritte vor seinem Pferde auf das Gesicht fallen. Er erhob sich jedoch wieder und lief auf sein Pferd zu, das er am Zügel packte, und das sich nun mühsam aus dem Graben emporarbeitete. — O'Brien sprang in den Sattel und ritt unter dem Zujauchzen der Tribünen weiter; aber die

andern Pferde hatten ihn weit überholt: Kapitän Glenarm
führte, Hellington, dessen Pferd unruhig geworden zu sein
schien und schlecht ging, war vierter geworden, man
näherte sich dem Ziele, und O'Brien, der auf die Hoffnung
zu siegen verzichten mußte, ritt, nachdem er das letzte
Hindernis genommen hatte, in kurzem Galopp am Pfosten
vorüber und kehrte dann im Schritt nach dem Sattelplatz
zurück. Dort erklärte er, nachdem er gewogen worden
war, Hellington habe ihn angeritten; zur Bestätigung
seiner Aussage berief er sich auf das Zeugnis aller derjenigen Herren, die, hinter ihm, Augenzeugen des Vorfalls
gewesen sein mußten.

Die beiden wurden darauf ins Zimmer gerufen, in
dem sich der Vorstand versammelt hatte. O'Brien wiederholte seine Aussage. Hellington antwortete, er stelle nicht
in Abrede, daß er O'Brien gedrängt habe; er könne aber
nichts dafür. Sein Pferd sei gegen seinen Willen nach
rechts gegangen. Es sei ein sehr launisches Tier; jedermann, der es einigermaßen kenne, werde dies bestätigen.

Die Zeugen bestärkten jedoch den Vorstand mehr und
mehr in der Annahme, daß Hellington seinen Nachbar
geflissentlich angeritten habe. Kapitän Glenarms Aussage
war geradezu vernichtend für Hellington. — Er erklärte,
Hellington habe, nach seiner festen Überzeugung, das
Rennen in der Hand gehabt, er wisse absolut keine Erklärung dafür, daß er vierter angekommen sei.

„Hellington hätte", fuhr Glenarm fort, „jeden Augenblick die Führung nehmen können; aber es war, als ob
er an O'Brien klebte. Dicht vor der Barrière hielt
dieser scharf nach rechts hinüber. Ich vermute, er that

es, um Raum zu haben. Nach meiner aufrichtigen Über=
zeugung war Hellington zu der Zeit vollständig Herr
seines Pferdes, das ruhig und stark ging. Ich kann mir
nicht vorstellen, daß es ihm bei seiner notorischen Sicher=
heit und Ruhe nicht ein Leichtes gewesen wäre, die
Barrière drei bis vier Schritte links von O'Brien zu
nehmen. Dieser befand sich im Augenblick des Sprunges
auf der äußersten Rechten der Bahn; Hellington dagegen
hatte zu seiner Linken den ganzen Weg frei, da ich, der
dritter ritt, in dem Augenblick mehrere Pferdelängen hinter
ihm war. — Ich kann nicht bestimmt behaupten, Lieute=
nant Hellington habe den Lieutenant O'Brien absichtlich
angeritten, aber, wenn er dies nicht gethan, so hat er
ohne besonnenes Urteil, unvorsichtig und schlecht geritten."

Hellington sollte schlecht geritten haben! Kein Mensch
glaubte daran. — Das Rennen wurde dem Kapitän
Glenarm zugesprochen; der Vorstand enthielt sich jeder
Meinungsäußerung über Lieutenant Hellingtons Be=
tragen, im Publikum erklärte man sich mit großer Ent=
rüstung gegen ihn.

Am Abend desselben Tages begab sich Herr Donegha,
der Major des Regiments, zu Lieutenant Hellington, um
ihm im Auftrage des Renn=Klub=Vorstandes den freund=
schaftlichen Rat zu erteilen, aus dem Jockey=Klub von
Limerick auszutreten. Hellington verstand sehr wohl, daß
der Rat gleichbedeutend mit einem Befehle sei, und schrieb,
ohne sich nötigen zu lassen, den verlangten Brief.

Donegha, ein Vollblut=Irländer, ein äußerst gutmütiger,
leichtlebiger Mensch, ein enthusiastischer Bewunderer der
Reitkunst, und in Bezug auf Türfmoral von einer Nach=

sicht, die beinah schon über das äußerst Erlaubte hinaus=
ging, wollte dem unglücklichen, jungen Mann, der mit
zusammengepreßten Lippen, finster blickend vor ihm stand,
etwas Tröstliches sagen. Er streckte ihm die Hand ent=
gegen und sichtlich bewegt murmelte er:

„Es thut mir furchtbar leid, Hellington, daß Ihnen
dies zugestoßen ist."

Hellington aber, als bemerke er Doneghas Hand nicht,
biß die scharfen, kleinen Zähne noch fester zusammen und
sagte leise:

„Hören Sie, was ich sage, Major Donegha: es wird
andern auch noch leid thun."

Vorläufig sollte Hellington aber allein bereuen, daß
er sich in blinder Wut, wie ein „Blackguard" benommen
hatte, denn am folgenden Tage trat ein Ehrengericht, aus
Offizieren der Garnison bestehend, zusammen und ent=
schied nach kurzer Beratung, daß ein Offizier, der wegen
einer einem Gentleman nicht ziemenden Handlung von
dem Vorstand des Klubs aufgefordert worden sei, seine
Entlassung einzureichen, nicht ferner die Ehre haben könne,
in einem Regiment Ihrer Majestät der Königin fortzu=
dienen, und daß Lieutenant Hellington, um einen öffent=
lichen Skandal zu vermeiden, aufgefordert werden sollte,
freiwillig seinen Abschied zu nehmen.

Man war zunächst nicht ganz einig darüber, auf
welche Weise der Ausspruch des Ehrengerichts dem
Lieutenant Hellington mitzuteilen sei. Schließlich siegte
die mildere Auffassung, wonach ein Kamerad Hellingtons
diesen vertraulich von dem Vorgefallenen in Kenntnis
setzen sollte.

Hellington nahm den Bericht darüber mit scheinbarer Ruhe auf und sagte:

„Ich wußte, daß es so kommen würde. Ich stand zu vielen im Wege. Nun ist die Bahn frei für den zweitbesten Mann. — Hier, nehmen Sie mein Entlassungs= gesuch gefälligst gleich mit sich, und vergessen Sie nicht zu erwähnen, daß es geschrieben und versiegelt auf meinem Pulte lag, als Sie zu mir kamen."

Hellington bereitete sich noch an demselben Tage darauf vor, Limerick zu verlassen. Jedermann — denn die Sache war Stadtgespräch geworden — hatte dies erwartet, und Hellingtons Wirtin war deshalb nicht überrascht, als dieser sie ersuchen ließ, ihm ihre Rechnung einzuhändigen. — Sodann hatte er mit seinem Groom eine Unterredung:

„Ich verlasse Limerick morgen früh", sagte er diesem. „Wollen Sie ein gutes Geschäft machen, so will ich Ihnen die braune Stute verkaufen. Ich gönne Ihnen den Ge= winn darauf lieber als dem Händler, denn ich bin immer mit Ihnen zufrieden gewesen."

„Herr, nehmen Sie mich mit", sagte der Groom. „Ich habe nichts, was mich hält. Ich folge Ihnen, wohin Sie gehen."

„Ich kann Sie nicht mehr gebrauchen", antwortete Hellington. „Aber seien Sie unbesorgt: Sie werden leicht einen andern Herrn finden."

„Keinen wie Sie, Herr! Keinen, der sich so auf Pferde versteht!"

„Es geht nicht; aber vielleicht treffen wir uns später einmal wieder . . . Wollen Sie die Stute nehmen?"

„Ich kann sie nicht bezahlen, Herr. Das Tier ist, nach dem was wir aus ihm gemacht haben, zweihundert Pfund wert."

„Und hundert mehr, mein guter Bursche! Aber davon spreche ich nicht. Ich habe die Stute für neunzig Pfund gekauft, und dafür sollen Sie sie haben."

Er sann einen Augenblick nach und fügte plötzlich hinzu: „Ich will sie Ihnen schenken!"

Er winkte darauf dem Mann zu, ihn zu verlassen, und dieser, der aus Erfahrung wußte, daß sein Herr unter allen Umständen auf Gehorsam drang, kehrte sinnend nach dem Stall zurück.

Am nächsten Morgen, in aller Früh, verließ Hellington Limerick. Er ließ sein Gepäck, das übrigens nicht schwer war, in seiner alten Wohnung, sagte der Wirtin, er werde es in einigen Tagen nachkommen lassen, und reiste ab, ohne von einer lebenden Seele Abschied genommen zu haben.

Im Laufe des Tages wurde im Offiziers-Kasino noch viel von ihm gesprochen, und dann vergaß man ihn. Er war; „ein Mann über Bord!" Man hatte ihm nachgeblickt, so lange er noch auf der Oberfläche war — nun war er untergegangen! Seine ehemaligen Kameraden vermuteten, er sei nach Dublin gereist, um sich von dort nach England einzuschiffen; aber niemand konnte mit Bestimmtheit sagen, was aus ihm geworden sei.

Eine Woche später, in tiefer Nacht, erwachte O'Briens Bursche von einem eigentümlichen Geräusch, das aus dem anstoßenden Zimmer, in dem sein Herr schlief, zu kommen schien. Er richtete sich verschlafen im Bette auf und vernahm nun, daß die Thür nebenan geöffnet wurde, und daß jemand vorsichtig die Treppe hinunterschlich. Gleich darauf kreischte die Hausthür in den Angeln ... Ein schnell davon eilender Schritt in der Straße ... und dann wurde alles wieder still.

Der Bursche, der aus schwerem Schlaf aufgeschreckt worden war, hatte sich nur langsam Rechenschaft von dem was er hörte, abgelegt. In dem Zimmer war es finster, Er tastete nach den Streichhölzern, die vor seinem Bette standen, — aber plötzlich blieb er atemlos, unbeweglich sitzen. Aus dem Nebengemach drang ein tiefes, entsetzliches Stöhnen an sein Ohr. — Er sprang auf und lief halbnackt in das Zimmer seines Herrn. Auch dort war es finster — und vom Bette her ertönte das schauerliche Röcheln, das ihn erschreckt hatte.

„Herr Lieutenant."

Keine Antwort.

„Lieutenant O'Brien, guter Herr, um Gottes Willen sprechen Sie!"

Immer nur das tiefe Stöhnen und Ächzen.

Dem Burschen überlief es kalt. Er stürzte in sein Zimmer, kleidete sich in fieberhafter Hast an, und eilte die Treppe hinunter, um Kapitän Glenarm, der in demselben Hause wohnte, zu wecken.

Dieser fuhr aus tiefem Schlaf empor, als laut an sein Zimmer gepocht wurde, aber sprang mit einem Satz aus dem Bette, als er O'Briens Burschen mit zitternder Stimme sagen hörte:

„O, Kapitän, kommen Sie herauf! Man hat meinen Herrn ermordet!"

„Wer? Wer? . . .“

Der Bursche wußte nicht zu antworten; er war noch immer bemüht, Licht anzuzünden. Glenarm riß ihm die Streichhölzer aus der Hand, steckte eine Kerze an, und von dem Burschen gefolgt, trat er in O'Briens Zimmer.

Alles stand dort am gewohnten Platze; aber auf dem Bette, das Gesicht mit Blut übergossen, verglasten Auges um sich starrend, lag mit eingeschlagenem Schädel der junge O'Brien.

Glenarm ergriff die warme Hand des töblich Getroffenen. Dann wandte er sich zu Inish, dem Burschen, der die Hände ringend hinter ihm stand.

„Lauf zu Doktor Morrisson, was du laufen kannst, mein Sohn! und sag dem ersten Schutzmann, dem du begegnest, er solle hierher kommen: es sei ein Mord verübt worden. Aber vor allen Dingen schaffe den Doktor herbei! Verstehst du?“

Glenarms Bursche war inzwischen auch wach geworden, und wurde von seinem Herrn an Colonel Wicklow abgesandt, um dort von dem, was er gesehen hatte und wußte, Bericht zu erstatten.

Eine Stunde später waren der Doktor, mehrere Offiziere und drei Polizeibeamte im Zimmer des sterbenden O'Brien versammelt. Der Arzt hatte festgestellt, daß dem Verwundeten mit einem stumpfen Instrumente, wahrscheinlich mit einem sogenannten „Life-Preserver“ der Schädel zerschmettert worden sei.

„Er ist nicht bei Bewußtsein,“ sagte er, „und er wird auch nie wieder zur Besinnung kommen. Er kann möglicherweise noch einige Stunden atmen; aber das junge Leben ist unrettbar verloren."

Einer der Polizeibeamten hatte den Burschen Inish vernommen und von diesem das wenige, was dieser wußte, in Erfahrung gebracht. Er hatte darauf seinen Kame= raden mit flüsternder Stimme Anweisungen erteilt, und diese waren davongeeilt, die noch frische Spur des Mörders zu verfolgen.

Colonel Wicklow, Kapitän Glenarm und zwei andere Offiziere, die mit dem Oberst gekommen waren, standen mit bleichen Gesichtern ratlos da.

„Wollen Sie meine Meinung hören?" fragte der alte Wicklow finster. Und ohne eine Antwort abzuwarten, fuhr er fort: „Das hat der Schurke Hellington, und kein anderer, gethan! O'Brien war der beliebteste Offizier in meinem Regiment — nichts ist hier berührt. Kein Dieb hat die Schandthat verübt: sie ist ein Werk heimtückischer Rache!"

„Was sagten Sie, Herr Oberst? Hätten Sie die Güte zu wiederholen?"

Die Worte waren von einem großen knochigen Mann in Civilkleidern ausgesprochen, der unbemerkt in das Zimmer getreten war.

„Polizei=Inspektor Hudson ist mein Name," fügte dieser hinzu, einen fragenden Blick des Obersten beantwortend.

Noch ehe der Tag graute, war Hellingtons Person= beschreibung nach allen Häfen von Irland, Schottland und England telegraphisch mitgeteilt worden. In Limerick selbst sprach man an jenem Tage kaum von etwas anderem, als von der Ermordung O'Briens. Niemand bezweifelte, daß es der Polizei gelingen werde, des Mörders habhaft

zu werden, und eine Volksmasse versammelte sich vor dem
Haupt=Telegraphen=Amt, gewärtig, jeden Augenblick zu er=
fahren, Hellington sei gefunden — aber der Telegraph
schwieg. Das Volk verlief sich, und auch am nächsten
Morgen brachten die Zeitungen keine Nachrichten von der
Gefangennahme des Mörders. Es hieß in der Stadt, die
Polizei habe den Zeitungen Schweigen auferlegt, damit
das Werk der Verfolgung nicht durch eine Unvorsichtigkeit
der Presse erschwert werde. Wie dem auch sei, man er=
fuhr nichts von Hellington — man wußte nur, daß man
ihn vergeblich suchte. — Die Beweise seiner Schuld
häuften sich indessen mehr und mehr. Man entdeckte das
Haus, in dem er in Dublin, nachdem er Limerick ver=
lassen, mehrere Tage unter seinem richtigen Namen ge=
wohnt hatte. Es wurde festgestellt, daß Hellington am
Abend vor dem Morde Dublin verlassen hatte und nicht
wieder dorthin zurückgekehrt war, mehrere Eisenbahnbeamte
endlich der Linie „Dublin=Limerick" hatten einen Reisenden
bemerkt, auf den Hellingtons Personbeschreibung zu passen
schien. Der Umstand, daß dieser seit der Ermordung
O'Briens spurlos verschwunden, und daß der an ihn ge=
richtete öffentliche Aufruf, sich zu gestellen, ohne Antwort
geblieben war, genügte übrigens, um selbst im Geiste Un=
parteiischer den auf Hellington ruhenden schweren Verdacht
zur Gewißheit zu steigern. — Aber der Mörder war und
blieb verschwunden! Die „Times" brachte einen Leitartikel
über ihn, in allen Blättern las man unter der Überschrift
„Der Mord von Limerick" ausführliche biographische
Notizen über den ehemaligen Lieutenant Hellington, die
„Illustrated London News" veröffentlichten sein Bild nach

einer Photographie, die man bei dem Groom gefundenhatte.
— Alles vergebens! Die Frage nach dem Verfolgten
klang über die ganze Erde; aber aus keinem Winkel kam
Antwort zurück.

Einmal glaubte man eine richtige Spur gefunden zu
haben: In einem kleinen Fischerdorfe auf der Westküste,
an zehn Stunden nordwestlich von Limerick, war in der
Nacht nach dem Morde ein Boot und zwei Ruder abhanden
gekommen. Viele Wochen später wurde man eines Fischers
habhaft, der mit seiner Familie auf der kleinsten der Aran=
Inseln, auf der Westküste von Irland, in einem halbver=
wilderten Zustande lebte. — Dieser sagte aus, vor langer
Zeit, er wisse den Tag nicht mehr, sei eines Morgens ein
fremder Mann bei ihm erschienen, und habe ihm den
wenigen Mundvorrat, der gerade in seinem Besitz war,
einen kleinen Mast und ein altes Segel abgekauft. Er
habe dafür mit englischem Gelde reichlich bezahlt und sei
dann mit dem Boote, in dem er gekommen, verschwunden.
Am nächsten Tage seien mehrere Schiffe, Kurs nach Westen
vorbeigesegelt. Es sei wohl möglich, daß der Mann im
Boote von einem derselben aufgenommen worden sei. Wie
der Fremde ausgesehen habe, darüber wußte der Fischer
wenig zu sagen. — „War er jung gewesen?“ — „Ja!“
— „Groß oder klein?“ — „Nicht groß und nicht klein.“
— „Schwarz oder blond?“ — Das wußte der Fischer
nicht mehr. „Der Mann sah wild und verzweifelt aus,
er flößte mir Furcht ein, und ich war froh, als er wieder
gegangen war.“

Lloyd's, Veritas und andere Schiffsregister wurden
darauf sorgfältig von sachverständigen Leuten geprüft.

Man stellte, soweit man es vermochte, fest, welche Schiffe
an den ersten Tagen nach dem Morde möglicherweise in
Sicht der kleinen Aran=Insel erschienen waren, und man
telegraphirte an die verschiedenen Bestimmungshäfen dieser
Schiffe. — Erfolglos! — Hellington war und blieb ver=
schollen. — Seitdem sind fünf Jahre verflossen. Der
arme O'Brien ist vergessen; und von Hellington hat man
nie wieder etwas gehört."

Der Erzähler schwieg. — Eine tiefe Pause trat ein.

„Er wird ertrunken sein," sagte Macdean endlich.

„Das ist sehr wohl möglich," antwortete Daniel
Ashbourne.

„Wenn er noch lebt, so wird er auch gefunden werden,"
versicherte Thomas Ashbourne. „Es giebt keinen Raum in
der Welt für jemand, der seinen Platz darin verloren hat."

Es war spät geworden. Niemand schien aufgelegt, sich
mit dem unermüdlichen Herausgeber der „Sonne" in einen
neuen Wortwechsel einzulassen, und die Gesellschaft trennte
sich schweigsamer als dies gewöhnlich der Fall war.

VII.

Dr. Wilkins hatte keine ausgedehnte Praxis, denn der Gesundheitszustand der jungen fremden Gemeinde ließ wenig zu wünschen übrig; seine Patienten konnten sich deshalb auch rühmen, mit großer Sorgfalt gepflegt und auf das regelmäßigste besucht zu werden. Jervis hatte, seitdem er sich krank gemeldet, täglich zum mindesten ein Mal den Besuch des Arztes empfangen.

An dem Tage nach dem Essen bei Macbean, wo der ältere Ashbourne die Geschichte des verschollenen Hellington erzählt hatte, erschien Wilkins zur gewöhnlichen Stunde, um zehn Uhr Morgens, bei Jervis, und nachdem er sich gewissenhaft nach dem Befinden seines Patienten erkundigt hatte, zündete er einen Manilla-Cheroot an, bat um ein Glas „Soda und Brandy", und machte es sich sodann auf der kühlen Veranda bequem, indem er sich behaglich in einer dort angebrachten Hängematte ausstreckte.

„Nun wäre ich mit meinem Tagewerke fertig", sagte er gähnend. „Ein Klima wie das dieser gesegneten Hafenstadt habe ich mir nie träumen lassen! Kein Mensch will krank werden! Lebensversicherungsgesellschaften sollten Agenten nach Yokohama schicken; Aerzte machen hier traurige

5*

Geschäfte. Gestern Abend haben wir wieder bis drei Uhr morgens zusammengesessen, und als ich heute früh ausging, begegnete ich den beiden Ashbournes und Gilmore, die schon von einem langen Spazierritt zurückkamen und die so vergnügt und munter aussahen, als hätten sie ihre vorschriftsmäßigen sieben Stunden Schlaf gehabt."

„Bis drei Uhr waren Sie bei Macdcan? — Wer hat gewonnen?"

„Wir haben nicht gespielt."

„Und was haben Sie während der ganzen Nacht angefangen?"

„Dem ältesten Ashbourne zugehört, der uns Mord= geschichten aus Irland erzählt hat."

Jervis antwortete nicht. Er saß auf einem Bam= bussessel, der niedriger war als die Hängematte und etwas hinter dieser stand, so daß der Doktor sein Gesicht nur sehen konnte, wenn er sich halb nach ihm umwandte.

Wilkins wartete eine Minute, um aufgefordert zu werden, die „Mordgeschichte" zu erzählen. Als Jervis schwieg, be= gann der redselige Doktor aus freien Stücken. Er sprach nicht so ausführlich wie Ashbourne es gethan hatte, doch erwähnte er alle Hauptpunkte der Erzählung. — Jervis unterbrach ihn mit keiner Silbe; Wilkins war angenehm berührt durch die geduldige Aufmerksamkeit seines Zuhörers.

„Also Herr Ashbourne kannte den Mann persönlich?" fragte Jervis leise, als Wilkins endlich schwieg.

„Kannte ihn? — Wie ich Sie kenne, hatte ihn hun= dert Mal angetroffen", antwortete Wilkins, sich umwendend, um dem Frager ins Gesicht zu sehen. „Halloh!" fuhr er fort, sich emporrichtend, „was fehlt Ihnen?"

„Mir fehlt nichts."

Aber Wilkins war darauf bedacht, seinen Doktor=
pflichten getreulichst zu genügen, und die Antwort seines
Patienten befriedigte ihn nicht Er erhob sich, befühlte
Puls und Stirn des Kranken, ließ ihn ein Brausepulver
einnehmen und entfernte sich erst, als Jervis den Wunsch
geäußert hatte, sich niederzulegen, um zu schlafen.

„Legen Sie sich in die Hängematte", verordnete
Wilkins; „da haben Sie kühle und frische Luft. Ich werde
vor dem Essen noch einmal vorkommen. Gute Besserung!"

Als Wilkins gegangen war, blieb Jervis eine lange
Weile unbeweglich sitzen, die sonst so unruhigen Augen
starr zu Boden gerichtet. Dann atmete er tief auf, strich
mit der Hand die Schweißtropfen fort, die auf seiner
Stirn perlten, erhob sich schwerfällig und ging in sein
Zimmer. Dort fand ihn Wilkins, als er gegen sechs
Uhr wiederkam. Jervis mußte sich einer neuen, sorgfältigen
ärztlichen Prüfung unterwerfen. Nachdem sie beendet
war, sagte Wilkins, er werde in einer halben Stunde
sechs Pulver schicken, von denen der Kranke zwei sofort,
zwei vor dem Schlafengehen und zwei morgen früh nehmen
sollte. Er wiederholte diese Verordnung verschiedene
Male, als ob es höchst wichtig sei, sie genau zu befolgen,
und Jervis antwortete ernst und nachdenklich: „Ja wohl,
Doktor, ja wohl!"

Die Pülverchen wurden pünktlich gebracht; aber Jervis
rührte sie nicht an. Er setzte sich um sieben Uhr zu Tische,
aß wenig und zog sich später wieder auf sein Zimmer
zurück, wo er allein blieb. Als der Diener Licht brachte,
hieß er es ihn wieder hinaustragen und befahl, auch den

Salon dunkel zu lassen, da die Mosquitos ihn gestern
abend belästigt hätten.

Im Nachbarhause, bei Ashbourne, waren die Zimmer
wie gewöhnlich hell erleuchtet, und von Jervis' Veranda
aus konnte man deutlich sehen, was dort vorging. Der
Kranke schien lebhaften Anteil daran zu nehmen, denn er
hatte ein Opernglas vor den Augen und blickte unverwandt
hinüber. — Die beiden Brüder waren allein, und unterhielten sich längere Zeit mit einander. Gegen neun Uhr
setzte sich Thomas an ein Pult und begann zu schreiben,
worauf Daniel seinen Hut nahm und, von einem japanischen
Diener gefolgt, das Haus verließ.

Am nächsten Morgen erschien Wilkins wieder bei
Jervis. Dieser sah matt und niedergeschlagen aus. Wilkins,
um ihn zu zerstreuen, erzählte, es sei gestern abend im
Klub sehr heiter zugegangen. Dan Ashbourne sei ein
frischer, liebenswürdiger Mensch und habe die Gesellschaft
stundenlang durch seine Geschichten aus Irland unterhalten
und erheitert.

„Und was sagt Thomas Ashbourne dazu, wenn ein
anderer als er so lange das Wort nimmt"? — fragte
Jervis.

„Tom hatte für „die Sonne" zu arbeiten, und Dan
war allein gekommen. Wir haben uns alle gefreut, ihn
zu sehen; ich bin überzeugt, er wird Ihnen auch gefallen;
übrigens wünscht er sehr, Sie kennen zu lernen, denn er
ist ein richtiger Irländer und interessirt sich lebhaft für
Sie, seitdem man ihm gesagt hat, Sie wären der beste
Reiter im ‚Settlement.' — Wenn Sie es wünschen, bringe
ich ihn morgen hierher und mache Sie mit ihm bekannt."

„Nein, lieber nicht," antwortete Jervis ruhig. „Ich fühle mich in diesem Augenblick nicht wohl genug, um mit Vergnügen eine neue Bekanntschaft zu machen. Ich werde hoffentlich bald wieder ausgehen können, und dann wird sich die Vorstellung ganz von selbst ergeben."

„Wie Sie wollen," sagte der nachgiebige Doktor. Nach einer Pause setzte er hinzu: „Wenn Sie heute Abend aufgelegt sein sollten, einen kleinen Spaziergang zu machen, so würde ich Sie mit Vergnügen abholen. Ich habe nämlich Dan Ashbourne versprochen, ihn in die Geheimnisse des Yankiro einzuweihen, weil ein Fremder dies besser kann als der eigene Bruder. Wir haben uns um neun Uhr Rendezvous nebenan gegeben; da könnte ich Sie von der Veranda aus rufen."

„Nein, ich danke vielmals. Ein anderes Mal, Doktor."

Als Wilkins sich entfernt hatte, ging Jervis lange Zeit in tiefe Gedanken versunken auf der Veranda auf und ab. Einer seiner Diener trat zu ihm, um eine Bestellung auszurichten, aber er schrak vor dem wilden, finstern Ausdruck des Gesichts seines Herrn zurück, und entfernte sich auf den Fußspitzen ohne gewagt zu haben, zu sprechen.

Nach einer halben Stunde ließ Jervis den Portier rufen, und beauftragte ihn, nach Yedo zu gehen, um dort verschiedene kleine Einkäufe für ihn zu machen. Der Momban bemerkte, es sei schon spät am Tage, es werde ihm unmöglich sein, bis zur Nacht auf seinen Posten zurückzukehren. Jervis entgegnete, es genüge, wenn er am nächsten Tage wieder in Yokohama sei; bis dahin werde sich das Haus ohne ihn behelfen.

Dem Portier kam es sehr gelegen, einen freien Tag

in Yedo zu seiner Verfügung zu haben, und eine halbe
Stunde nachdem er Jervis' Befehle erhalten hatte, nahm
er reisefertig von seinem Herrn Abschied.

Als es dunkel wurde, ließ Jervis seinen chinesischen
Comprador, den ersten Diener des Hauses, zu sich be=
scheiden, und sagte diesem:

„Der Momban ist heute Nacht nicht hier. Achten
Sie darauf, daß um zehn Uhr alle Lichter im Hause und
im Stall ausgelöscht seien. Es könnte sonst leicht ein
Unglück geschehen. Die Leute sind unvorsichtig mit Feuer.“

Der Comprador versicherte, er werde selbst nachsehen,
daß der Befehl pünktlich ausgeführt werde.

Um neun Uhr saß Jervis auf der dunkeln Veranda
und blickte, wie am vorhergehenden Abend, unverwandt
nach dem hellerleuchteten Nachbarhause hinüber. In einem
der Zimmer dort befanden sich drei Personen: die beiden
Brüder Ashbourne und Dr. Wilkins. — Gegen halb zehn
Uhr setzte sich Thomas Ashbourne an seinen Arbeitstisch,
und die beiden andern entfernten sich. Jervis hörte sie
sprechend an seinem Hause vorübergehen und sah sie, von
zwei Dienern gefolgt, den Weg betreten, der über das
Moor zum Yankiro führte. — Das Geräusch der Schritte
verhallte schnell auf dem weichen Boden. Eine kurze
Weile sah Jervis die beiden Laternen, dann verschwanden
auch diese in der schwülen Nacht, und es wurde unheim=
lich still und öde. — Der Himmel war schwarz, die
Meeresbrandung toste dumpf und drohend wie vor einem
nahen Gewitter. — Der Comprador hatte die befohlene
Runde gemacht. — Nirgends in dem Hause, in dem
Jervis schnell atmend auf der Veranda stand und auf=

merksam auf jedes Geräusch lauschte und dann wieder in
die Nacht hinausspähte, war ein Lichtfunke zu entdecken.
Haus und Hof lagen in schwarzer Nacht wie begraben.

*　　*　　*

Gegen Mitternacht traten vier Männer, zwei Euro=
päer und zwei Eingeborene, aus dem Yankiro und machten
sich von dort langsam auf den Weg nach Yokohama. —
Die Diener gingen voran, um den schmalen unebenen
Pfad mit den Laternen, die sie trugen, zu beleuchten. —
Die beiden Europäer unterhielten sich lebhaft: oder viel=
mehr der eine sprach mit großem Eifer, während der
andere aufmerksam zuhörte und seinen Begleiter nur von
Zeit zu Zeit durch eine Frage unterbrach.

Sie waren in der Mitte des Moors angelangt, als
der Sprechende sich plötzlich schnell umwandte. Er ge=
wahrte eine dunkle, springende Masse, hörte im selben
Augenblick einen dumpfen Schlag, vernahm einen kurzen ent=
setzlichen Schrei und sah seinen Genossen zusammenbrechen,
wild mit den Armen um sich schlagen, einige Schritte
vorwärts taumeln und auf das Gesicht zur Erde fallen.

„Mörder! Hilfe!"

Die beiden Diener sprangen herbei und hielten die
Laternen in die Höhe. Dreißig Schritt von ihnen flog
eine Gestalt über das Moor.

Ein . . . zwei Revolverschüsse in kurz auseinander
folgenden Zwischenräumen! . . . Die Gestalt stürmte un=
gehindert weiter — und war in der Dunkelheit ver=
schwunden.

*　　*　　*

Thomas Ashbourne, der bei offenen Thüren und Fenstern arbeitend an seinem Tische saß, fuhr erschreckt in die Höhe. Er hatte einen furchtbaren Schrei gehört. Nun erscholl deutlich durch die stille Nacht der Ruf: „Mörder! Hilfe!" und gleich darauf krachten zwei Schüsse.

Ashbourne lief auf die Veranda und erblickte Laternen, die zunächst unruhig innerhalb eines kleinen Raumes hin- und herschwebten und dann unbeweglich blieben. In wenigen Sekunden war Thomas im Freien und jagte dem Platze zu, wo die Laternen standen.

Auf der Erde lag ein Mensch mit einer weitklaffenden Wunde im Rücken, daneben kniete Wilkins und standen die beiden Diener.

„Man hat ihn ermordet!" sagte Wilkins, das bleiche, entsetzte Gesicht erhebend.

Der Gefallene, um den sich eine große Blutlache gebildet hatte, rührte sich nicht.

„Was soll ich thun, Doktor?" schrie Thomas Ashbourne. „Um Gotteswillen helfen Sie. — Oh Dan, mein Bruder!"

Er kniete nieder und ergriff eine erkaltende Hand, die sich in den feuchten, schweren Boden eingekrallt hatte. Wilkins antwortete nicht. Der Hieb, wie mit einer Fleischer-Axt geführt, hatte den Rücken von der linken, zerhackten Schulter bis zur Mitte des Rückgrats gespalten. Rettung war unmöglich. Der Ermordete lag bereits im Sterben. Ein leises Pfeifen, Gurgeln und Zischen, ein dumpfes Röcheln drang aus seiner Brust, es zuckte in den Gliedern, dann streckten sie sich zum letzten Male und lagen regungslos.

VIII.

Sämtliche Mitglieder der englischen Gemeinde, mit nur wenigen Ausnahmen, waren in dem geräumigen Gerichtssaale des englischen Konsulats von Yokohama versammelt. Dort tagte nämlich unter dem Vorsitz des Herrn Mitchell ein Gerichtshof, um „in Sachen der Ermordung des Advocaten Daniel Ashbourne aus Limerick in Irland" eine öffentliche Untersuchung anzustellen. — Die Zeugen, soweit man sie ermittelt hatte, warteten, unter Aufsicht eines Beamten, in einem abgesonderten Zimmer. Es waren die Herren Dr. Wilkins, James Jervis, Walter Macbean, Arthur Gilmore und der chinesische Comprador des Herrn James Jervis.

Herrn Thomas Ashbourne, dem Bruder des Ermordeten, und dem Diener Patrick Inish war es aus Rücksichten der Menschlichkeit gestattet worden, bei verschlossenen Thüren vernommen zu werden. Konsul Mitchell hatte ihre Aussagen jedoch gleich nach Beginn der öffentlichen Sitzung verlesen. Es ging daraus hervor, daß Herr Daniel Ashbourne in keinerlei Streit mit irgend einem Japaner geraten war, so daß der Gedanke, der Mord könne möglicherweise ein Werk persönlicher Rache sein, von vorn herein ausgeschlossen wurde.

Dr. Wilkins, der Hauptzeuge, sagte, nach einer ausführlichen Erzählung des Vorfalls auf dem Moor und in Beantwortung der von dem Gerichtshof an ihn gerichteten Fragen, aus, Daniel Ashbournes Benehmen, den Bewohnern des Yankiro gegenüber, sei ruhig und wohlwollend gewesen, er, Wilkins, könne versichern, daß der Ermordete im Yankiro weder Mann noch Weib Grund zur Erbitterung gegen ihn gegeben habe.

Wie erklärte Dr. Wilkins, daß weder er, noch Daniel Ashbourne, noch die Diener das Nahen des Mörders bemerkt zu haben schienen?

„Die Nacht war dunkel. Die Laternen erhellten nur die kurze Strecke Weges zwischen den voranschreitenden Dienern und uns. Der Mörder konnte sich hinter unserm Rücken an uns heranschleichen, ohne gesehen zu werden. — Ich unterhielt mich sorglos mit Herrn Ashbourne, auch die Diener vor uns sprachen halblaut unter einander. Ich könnte mir erklären, daß wir ein leichtes Geräusch überhört haben würden Bei dem weichen Boden des Moors und da man festgestellt hat, daß der Mörder auf Sandalen ging, ist es aber wahrscheinlich, daß er sich uns lautlos genähert hat. Das kleine Geräusch, welches mich plötzlich aufmerksam machte, ist, meines Erachtens, beim Ausholen zum Hieb durch die Bewegung des Gewandes, das der Mörder trug, verursacht worden."

„Was haben Sie von dem Fliehenden gesehen?"

„Es war ein Mann, der wie ein Hirsch in mächtigen Sätzen davonsprang und im Nu in der Nacht verschwunden war. Ich hatte keine Zeit auf ihn zu zielen, obgleich ich den Revolver in der Hand bereit trug, und ich mußte ihm aufs Geratewohl nachfeuern. — Er lief in der Richtung nach der japanischen Stadt. Er trug das gewöhnliche, lange japanische Kleid dunkler Farbe und schien mir, für einen Eingeborenen, groß zu sein. Ich wäre demnach geneigt, ihn für einen S'mo (Ringer) zu halten."

„Und Sie sagen, Dr. Wilkens, daß der Mörder sich eines japanischen Schwertes bedient habe?"

„Unzweifelhaft! Es gibt heutzutage gar keine europäische Waffe, mit der ein Hieb von der Wucht des Schlages, der Daniel Ashbourne zu Boden streckte, geführt werden könnte."

„Haben Sie noch etwas hinzuzufügen?"

„Nein, Herr Konsul."

Nach Dr. Wilkins wurde Herr James Jervis in den Saal gerufen. Er war leidend, wie Dr. Wilkins im ersten Teile seiner Vernehmung zu bemerken Gelegenheit gehabt hatte, und der Gerichtshof erteilte ihm die Erlaubnis, sich zu setzen. Herr Jervis sah in der That sehr angegriffen aus. Er beantwortete die ersten üblichen Fragen, die zur Feststellung seiner Persönlichkeit an ihn gerichtet wurden, mit leiser Stimme, aber kurz und bündig und ohne Zaudern.

„James Jervis, Sie schwören, die Wahrheit zu sagen, die ganze Wahrheit, nichts als die Wahrheit?"

„So wahr mir Gott helfe!"

„Küssen Sie die Bibel!"

Jervis gehorchte.

„Was wissen Sie", fuhr Herr Mitchell fort, „die Ermordung Daniel Ashbournes betreffend.

„Ich schlief, als ich durch Rufen und Schreien, das ich aber nur undeutlich vernahm, geweckt und gleich darauf durch zwei schnell hintereinander abgefeuerte Pistolenschüsse

vollständig wach gemacht wurde. Ich trat an das Fenster
und erblickte grade vor mir, ungefähr in der Mitte des
Moors, mehrere Laternen. Ich kleidete mich darauf schnell
an. Da ich mich unwohl fühlte und nicht ahnte, daß ein
so großes Unglück vorgefallen sei, so weckte ich den Betto
(Stallknecht), als den schnellsten unter meinen Leuten,
und befahl ihm, nach der Stelle zu laufen, wo die Laternen
standen, und mir sofort Bericht von dem zu erstatten, was
er gesehen habe. Der Mann war verschlafen; es dauerte
mehrere Minuten, ehe ich ihn das Haus verlassen sah. —
Die andern Diener waren mittlerweile ebenfalls wach ge=
worden, und mein Comprador hatte sich zu mir auf die
Veranda gesellt. — Da erblickten wir in geringer Entfernung
einen Mann, der in schnellstem Laufe vorbeischoß. Er lief
in der Richtung von der japanischen Stadt nach den
Hügeln. Wir konnten ihn nur eine Sekunde sehen: während=
dem er das schmale Lichtfeld, das vor dem Hause lag, durch=
schritt. Es war ein Japaner oder ein Chinese, es war
kein Europäer, das konnte ich, selbst während des kurzen
Augenblickes, in dem ich ihn sah, an seinen Gewändern er=
kennen. — Ich rief meinen zweiten Betto und befahl ihm,
dem Fliehenden so schnell er könnte nachzulaufen. Ich ver=
sprach ihm ein reichliches Geldgeschenk, wenn er mir be=
richten würde, was aus dem Mann geworden sei. — Der
Betto war eine halbe Minute später auf der Fährte des
Flüchtigen; aber nach einer Viertelstunde kehrte er atemlos
zurück und sagte, er sei bis nach Homura (ein Dorf in der
Nähe von Yokohama) gelaufen, ohne ein lebendes Wesen
zu erblicken. Bald darauf kam auch mein erster Stallknecht
zurück und brachte mir die Nachricht von der Ermordung

meines Nachbarn. Er hatte geholfen, die Leiche nach dem
Hause des Herrn Thomas Ashbourne zu tragen. — Das
ist alles, was ich von dem Vorfalle weiß."

Der anwesende chinesische Comprador des Herrn Jervis,
der, da er den Zeugeneid nicht leisten konnte, einfach „zur
besseren Aufklärung des Gerichtshofes" vernommen wurde,
bestätigte die von seinem Herrn gemachten Aussagen.
Ueber das Aussehen des Mannes, der am Hause vorbei=
geeilt war, konnte er so gut wie nichts sagen: „Es flog
etwas vorbei wie ein Schatten; ich erkannte nicht einmal,
daß es ein Mensch war. In demselben Augenblick, in dem
Herr Jervis mich darauf aufmerksam machte, war es auch
schon verschwunden; man hörte seine Schritte nicht."

Herr Macdean, Ashbournes zweiter Nachbar, trug
ebenfalls nur wenig zur Erleuchtung des Gerichtshofes
bei. — Er war durch den Lärm auf dem Moor aufgeweckt
worden, hatte sich schnell angekleidet und war auf die
Laternen zugelaufen. Dort hatte er Dr. Wilkins, Herrn
Thomas Ashbourne und zwei japanische Diener angetroffen.
Bald darauf war der Betto des Herrn Jervis dazu ge=
kommen, und alle zusammen hatten sie die Leiche Daniel
Ashbournes nach dessen Wohnung getragen. Der fliehende
Mörder war ihm nicht zu Gesicht gekommen; aber er
erinnerte sich nun, von seinem Zimmer aus ein Geräusch
vernommen zu haben, wie wenn jemand über eine Bretter=
wand klimme. Er hätte in dem Augenblick nicht darauf
geachtet, da er bedacht gewesen wäre, so schnell wie möglich
auf das Moor zu gelangen.

Herr Gilmore endlich sagte aus, er habe den englischen
Klub wenige Minuten vor zwölf Uhr verlassen, um nach

Hause zu gehen. Beim Einbiegen in eine Seitenstraße sei er von einem Japaner beinah umgerannt worden. Er habe geglaubt man wolle ihn anfallen, aber der Mann sei mit einem Satze auf die andere Seite der Straße gesprungen, und gleich darauf verschwunden. Es sei ein großer, schlanker Mann gewesen. Das Gesicht habe er nicht sehen können, da es, nach japanischer Sitte, mit einem Tuche bis auf die Augen verhüllt gewesen sei.

Dies schloß die Vernehmungen. Der Gerichtshof zog sich zurück, erschien nach einer viertel Stunde wieder und erklärte, „daß nach den übereinstimmenden Aussagen aller vernommenen Zeugen, Daniel Ashbourne aus Limerick in Irland, in der Nacht vom 12. zum 13. Juni, gegen zwölf Uhr, auf dem Moor von Yokohama, von einem Unbekannten, der sich nach verübter That zunächst nach der japanischen Stadt, westlich vom Moor, gewandt, dann aber nach den Hügeln, östlich vom Moor, geflüchtet zu haben scheine, und der sich bis jetzt der Verhaftung entzogen habe, meuchlings angefallen, und mittels eines scharfen und schweren Instruments, wahrscheinlich eines japanischen Schwertes, ermordert worden sei."

IX.

Daniel Ashbourne wurde am nächstfolgenden Tage in
aller Frühe beerdigt. Sämtliche Mitglieder der englischen
Gemeinde und auch viele Deutsche und Amerikaner hatten
sich zum Begräbnis eingefunden. — Als erster Leidtragen=
der, unmittelbar hinter dem Sarge, schritt gebeugten
Hauptes, der unglückliche Bruder des Ermordeten, ihm zur
Seite der Diener Patrick Inish. Dann folgten in langer
Reihe die Mitglieder der fremden Gemeinde.

Jervis hatte am vorhergehenden Abend seinem Arzte
erklärt, er fühle sich zu unwohl, um der Beerdigung bei=
wohnen zu können; Wilkins war der Meinung gewesen,
sein Patient werde wohlthun, sich nicht von der Feierlich=
keit auszuschließen. „Man hat Sie gestern im Konsulate
gesehen, und man weiß, daß Sie ausgehen können, man
würde allerhand unfreundliche Bemerkungen über Ihr Fort=
bleiben machen. Folgen Sie meinem Rate: gehen Sie.
Ich werde nicht von Ihrer Seite weichen." — Jervis
hatte darauf nach einigem Nachdenken gesagt, er werde
kommen, wenn es ihm irgend möglich sei. — Er war er=
schienen, und jedermann konnte ihm wohl ansehen, daß es
ihm nicht leicht wurde, den steilen Hügel, auf dessen Gipfel

der Kirchhof lag, hinaufzuklimmen. Er sah bleich und
verstört aus, und mehrere Male blieb er schwer atmend
stehen und legte die Hand auf die Stirn, auf der der
Schweiß perlte. Man war ihm dankbar dafür, sich auf=
gerafft zu haben, um Daniel Ashbourne die letzte Ehre
zu erweisen, und viele seiner Genossen, die ihn seit Wochen
vermieden hatten, näherten sich ihm, um ihm die Hand zu
drücken und sich nach seinem Befinden zu erkundigen.

Der Kirchhof war ein wunderbar friedlicher, schöner
Platz, ein Hain, der früher zu einem japanischen Tempel
gehört hatte, dessen verfallene Ueberreste man in der Nähe
erblickte. — Uralte Bäume erhoben sich darauf und bildeten
mit ihren mächtigen Zweigen ein großes Laubdach, unter
dem es geheimnisvoll schattig und still war. — Wenn
man den Kirchhof, der vom Thale gesehen, einer Citadelle
glich, betrat, so erblickte man vor sich das Meer, links
die Stadt von Yokohama und rechts die Berge vom Hakkoni
mit dem das ganze Land beherrschenden, alles hoch
übergipfelnden Krater von Fusi=yama. — Nach diesen
drei Richtungen hin fiel der Hügel steil ab, dem Meere
und der Stadt zu bildete er eine fast senkrechte Mauer.
Verkrüppelte Bäume und hartes Gesträuch hatten dort ihre
Wurzeln in die Felsritzen geschlagen, und fette schwarzgrüne
Moosarten die ganze Wand mit einer üppigen, weichen
Decke überzogen. Am Fuße des Hügels erhoben sich einige
kleine Fischerhütten. — Der Steg, welcher auf der dem
Meere entgegengesetzten vierten Seite von der Ebene zum
Kirchhof führte, kroch in kurzem Zickzack die steile Höhe empor.
Die fremde Gemeinde von Yokohama hatte den Friedhof
mit einer hohen steinernen Mauer umgeben lassen und

zwei japanische Wächter angestellt, die in einer Hütte neben der Eingangsthür wohnten und die Gräber vor Entweihung bewahren sollten.

Der Sarg, in dem Daniel Ashbourne ruhte, stand nun über der offenen Gruft. Der Prediger hielt eine kurze Anrede, verlas die Gebete für die Toten und bedeutete dann durch ein Zeichen, daß die Leiche hinabgesenkt werden solle. Als dies geschehen war, traten die Anwesenden an das offenene Grab, um nach altem Brauch eine Hand voll Erde auf den Sarg, „Staub zu Staub" zu streuen. Thomas Ashbourne und Patrick Inish, die dies vor den andern gethan hatten, waren bei Seite getreten und sodann am Rande des Grabes stehen geblieben. Ashbourne starrte trocknen Blickes auf den mit frischen Blumen und grünen Zweigen bedeckten Sarg, Inishs Augen ruhten mechanisch auf der Stelle, wo in langsamer, feierlicher Reihenfolge die Gemeindemitglieder, einer nach dem andern, erschienen, sich, gleichsam wie zum letzten Gruß, der Gruft zu neigten, und dann lautlos zurücktraten

Die feierliche Prozession dauerte seit mehreren Minuten inmitten einer schauerlichen Stille, die durch das dumpfe Herabrollen der Erde auf den Sarg nur noch ergreifender wurde. Man hörte kurzes, verhaltenes Schluchzen, vom Meer herauf, ganz leise und sanft, wie Pendelbewegung einer weit entfernten, ungeheuren Uhr, erscholl der regelmäßige Ruderschlag, der ein Boot an der Klippe vorbeitrieb.

Inish sah wie in einem Traume die fremden Gestalten am Grabe seines Herrn auftauchen und verschwinden. — Aber urplötzlich kam wildes Leben in seine

6*

starren Züge. Die Augen öffneten sich unnatürlich weit
und folgten schaudernden Blickes einer schwankenden Ge=
stalt, die jetzt langsam vom Grabe zurücktrat. — Jnishs
Brust hob und senkte sich in furchtbarer Aufregung, er
öffnete den Mund, die Lippen bewegten sich krampfhaft.
— Aber kein Laut entrang sich seiner Brust. So stand
er einen Augenblick, ein Bild stummen Entsetzens. Endlich,
den Arm ausstreckend, und mit drohendem, zitterndem
Finger auf Jervis weisend, stammelte er kaum vernehm=
bar: „Hell . . . Hellington!" Und dann, als sei er auf
einmal von einem Bann erlöst, die Friedhofsruhe schrecklich
unterbrechend, schrie er laut und wild: „Mörder! Mörder
Hellington! Hilfe!"

Aller Augen waren eine Sekunde auf Jnish geheftet
und folgten dann der Richtung, nach der sein zitternder
Finger wies. Dort war jemand aus dem weiten Kreise
derer, die das Grab umstanden zurückgetreten und ver=
schwand nun in großen Sätzen hinter den Bäumen. Die
weiße fliehende Gestalt tauchte hie und da, einem gehetzten
Tiere gleich, in den Lichtungen auf und näherte sich pfeil=
schnell der Mauer, an derjenigen Stelle, wo sie den Fried=
hof nach Yokohama hin abgrenzt.

Alle stürmten dem Fliehenden nach. Die Grabstätte
war plötzlich verödet. Der Prediger allein stand dort
auf den Fußspitzen und streckte den Hals aus, um die
Jagd nach dem Verfolgten nicht aus den Augen zu ver=
lieren. — Ein einziger Mann hatte sich der davoneilenden
Volksmasse nicht angeschlossen, und lief der Ausgangsthür
zu. Das war der Konsulats=Schutzmann, ein erprobter·
Londoner Polizist, der in seinem Leben schon manchen

Verbrecher abgefangen, und der ruhig, inmitten der all=
gemeinen Aufregung, sich Rechenschaft davon abgelegt hatte,
daß der Flüchtige nur auf einem Wege, auf dem, der vom
Kirchhof nach Yokohama führte, entkommen könnte.

Jervis hatte einen weiten Vorsprung vor seinen Ver=
folgern. Jetzt war er nur noch wenige Schritte von der
hohen Mauer entfernt: einer Katze gleich sprang er daran
in die Höhe, seine Hände hatten den Rand berühren können
und zogen ihn schnell empor, den zehnten Teil einer
Sekunde saß er rittlings auf der Mauer, dann glitt er
auf der andern Seite ab — und war verschwunden.

Die Nachstürmenden hatten die Stelle, wo sie ihn
zuletzt einen Augenblick gesehen, bald erreicht. Einigen
gelang es, die Mauer mühsam zu erklimmen. Sie blickten
auf einen schmalen Steg, der um den Kirchhof zu führen
schien, und unmittelbar dahinter auf den steilen, felsigen
Abhang.

„Er hat sich den Hals gebrochen! — Er ist hinter
einem Baum versteckt! — Er kann uns nicht entgehen!"

Konsul Mitchell, seiner Pflichten eingedenk und deshalb
ruhiger als die andern, zog einige von denen, die in seiner
Nähe waren, beiseite, und erklärte in schnellen aber klar
verständlichen Worten, Jervis werde draußen um den
Kirchhof herumgelaufen sein. Der Schutzmann aber über=
wache den einzigen Weg, der nach Yokohama hinunter
führe, und es sei deshalb angeraten, über die Mauer zu
steigen, sich dort in zwei Gruppen zu teilen und nach
entgegengesetzten Richtungen hin die Runde um den Kirch=
hof zu machen. Man werde am Wege wieder zusammen=
treffen und könne nicht verfehlen, vorher auf Jervis zu stoßen.

Ashbourne und Inish, die dem Konsul zugehört hatten,
waren die ersten auf der andern Seite der Mauer. Die
Übrigen folgten schnell. Dann teilte sich die Gesellschaft
in zwei Gruppen, von denen die eine nach rechts unter
Mitchells Leitung, die andere nach links, von Ashbourne
geführt, abzog.

Der Steg, von dem man auf schwindelnder Höhe in
den Abgrund sah, war schmal. An einigen Stellen fiel
der Felsen ganz senkrecht, an den anderen doch noch
immer so steil ab, daß es unmöglich erschien, ein Mensch
könne auf geradem Wege lebend bis zum Fuße desselben
gelangt sein. Oftmals mußte man sich an der Mauer
und an dem Gesträuch, das daraus hervorwuchs, fest=
halten, um über besonders schwierige Stellen fortzukommen;
jeder unvorsichtige Schritt wäre lebensgefährlich gewesen,
auch durfte kein Baum, kein Strauch, kein Vorsprung
oder Winkel, der einen Menschen hätte verbergen können,
unbeachtet bleiben, und so kam es, daß trotz des furcht=
losen Eifers, mit dem die jungen Leute die halsbrecherische
Runde vollendet hatten, mehr denn eine Viertelstunde
vergangen war, ehe sie vor der Kirchhofsthür wieder zu=
sammentrafen.

„Nichts gefunden!" riefen sie sich zu, sobald sie sich
erblickten.

Der Schutzmann erklärte, auf dem Wege nach der
Stadt hinunter habe sich Herr Jervis nicht blicken lassen,
dafür könne er einstehen.

„Nun, so ist er vom Felsen gestürzt und wir werden
ihn unten finden!" rief Mitchell.

In schnellem Lauf ging es den Berg hinab. Man

mußte einen weiten Umweg machen, um bis zu den Hütten zu gelangen, die am Fuße des Felsens standen. Endlich war man dort angelangt. Alles war leer und still. Vergeblich spähten die Augen nach dem verstümmelten Körper, den man zu finden gemeint hatte.

Halbnackte Fischersleute standen in ihren offenen Häusern und blickten neugierig auf die erhitzten, aufgeregten Fremden. Einer von den Japanern begann zu sprechen, und alles lauschte ihm:

„Herr Jervis?" sagte er bedächtig. „Ich kenne ihn sehr wohl: oftmals sind wir bei stürmischem Wetter weit hinausgesegelt! — Hier, vor meinem eigenen Hause habe ich ihn gesehen, vor einer halben Stunde ungefähr. Er kam den Felsen herunter. — Wie? — Das weiß ich nicht. Ich hörte Rollen von Erde und Steinen und trat vor die Thür, und da stand er plötzlich vor mir mit blutigen Händen und zerrissenen Kleidern — und im nächsten Augenblick war er verschwunden. Er lief nach Yokohama zu!"

Die Sonne brannte unbarmherzig, viele der Fremden fühlten sich vollständig erschöpft und nahmen Boote, um nach der Stadt zurückzukehren. Nur Ashbourne, Inish, Mitchell und der Schutzmann machten sich laufend auf den Weg nach Yokohama. Jervis' Haus war eines der ersten, an das man gelangte, wenn man vom Kirchhof kam. Der Flüchtige hatte es, ohne gesehen zu werden, betreten können, wenn er, wie dies wahrscheinlich war, anstatt durch die Straßen zu gehen, den kürzesten Weg über das zu dieser Stunde verödete, schattenlose Moor gewählt hatte.

Die Verfolger drangen in den Hof, wo alles still und friedlich aussah. Die großen Schiebethüren und Fenster des in japanischem Stile erbauten einstöckigen Bungaloo standen weit offen, so daß man durch das ganze Haus sehen konnte. Es war leer. — Vor der Stallthür kauerte Jervis, erster Stallknecht, eine Pfeife rauchend. Er erhob sich schnell, als er unter den Fremden den Konsul erkannt hatte, und war sofort bereit, alle an ihn gerichteten Fragen nach bestem Wissen zu beantworten.

Herr Jervis, berichtete er, sei vor einiger Zeit vom Kirchhof zurückgekehrt.

„Wie lange vorher?"

„Nun, eine kleine Stunde vielleicht." Er habe unerwartet die Stallthür aufgerissen und befohlen, Tautaï zu satteln. Dann sei er in das Haus geeilt und nach wenigen Minuten mit einem kleinen Bündel, das leicht am Sattel befestigt werden konnte, zurückgekehrt. Er habe sich auf das Pferd geschwungen und sei im Galopp über das Moor, in der Richtung nach Kanagawa und Yedo davongeritten.

„Was war in dem Bündel?"

„Japanische Kleider und ein Schwert, glaube ich."

„Wie war Herr Jervis angezogen?"

„Er trug einen leichten, weißen Anzug."

„War er bewaffnet?"

„Er hatte einen Revolver und eine schwere Reitpeitsche mit einem eisernen Hammergriff."

Während Konsul Mitchell zum Gouverneur von Yokohama eilte, um die polizeiliche Verfolgung des flüchtigen Verbrechers zu veranlassen, drangen Ashbourne und seine

Genossen in das Haus ein. — In dem kleinen Arbeits=
zimmer fanden sie einen offenen Geldschrank. Der Schlüssel
war im Schloß. Der Schrank enthielt Briefe und Ge=
schäftsbücher und eine nicht unbedeutende Summe in baarem
Gelde. Auf der Matte lagen einige japanische Gold=
stücke. Jervis hatte augenscheinlich, selbst in der Eile
der wilden Flucht, nicht vergessen, sich reichlich mit Geld=
mitteln zu versehen. Im Schlafzimmer waren die Schub=
laden einer Kommode aufgerissen, am Boden lag ein
Beinkleid und ein weißer Rock: zerfetzt, arg beschmutzt und
mit Blut befleckt. Die andern Zimmer schien Jervis nicht
betreten zu haben.

Von der japanischen Dienerschaft war nichts in Er=
fahrung zu bringen. Herr Jervis war ein gestrenger
Herr, der mit seinen Leuten nur sprach, um ihnen Befehle
zu erteilen. — Man hatte ihn in das Haus treten sehen
und an seinem Anzuge bemerkt, daß ihm ein Unfall zu=
gestoßen sein müsse; aber selbst der Kammerdiener hatte
nicht gewagt, ihm in das Schlafzimmer zu folgen, da Herr
Jervis ein für alle Male befohlen hatte, man solle dasselbe,
bei Strafe sofortiger Entlassung aus dem Dienste, nur auf
sein besonderes Geheiß betreten. — Es war augenscheinlich,
daß die Leute nichts verheimlichten, und sie wurden einst=
weilen nicht weiter behelligt.

Die japanische Polizei bot alle ihr zur Verfügung
stehenden Mittel auf, um den Flüchtling zu ergreifen; es
gab jedoch derzeit in Japan weder Telegraphen noch Eisen=
bahnen, und Jervis hatte den Vorsprung vor seinen Ver=
folgern gut benutzt: in der Umgegend von Yokohama war
keine Spur mehr von ihm zu entdecken.

Am dritten Tage nach der Flucht kam des Morgens der wohlbekannte Pony Tautaï reiterlos in Yokohama an. Er schien auf das äußerste ermattet und ging langsam durch die Straße; als aber einige Japaner auf ihn zuliefen, um ihn zu fangen, schlug er wütend nach ihnen aus, schüttelte die struppige Mähne und trabte schwerfällig nach seinem Stall. Dort ließ er sich ruhig abzäumen und legte sich dann, jede Nahrung verschmähend, leise wiehernd nieder.

Es wurde den japanischen Behörden leicht, den Weg wiederzufinden, auf dem der Pony nach Yokohama gekommen war. In mehreren Dörfern hatte man das kleine, weiße Pferd gesehen und auch versucht, es einzufangen. — Gegen Abend erreichten die Polizeibeamten, auf der gefundenen Spur, das Theehaus, in dem Jervis während der Rennzeit einmal eingetreten war und Toilette gemacht hatte. — Die Wirtin war sichtlich befangen, als sie die Yakunin (Beamte) erblickte. Diese, wie die Sitten in Japan es damals mit sich brachten, herrschten die Frau gewaltig an und drohten, noch ehe sie Grund hatten irgend welchen Verdacht zu schöpfen, mit Gefängnis und Folter, wenn sie nicht sofort gestehen werde, wo Jervis verborgen sei. Die Frau warf sich demütig auf die Kniee und erzählte in bebender Angst, was sie wußte: der Fremde, dessen Namen sie nicht einmal kannte, sei während des letzten Jahres häufig in ihr Haus gekommen. Er habe einige Male Thee getrunken und Reis und Fisch gegessen, aber gewöhnlich habe er nur nach Wasser und einem Tuche verlangt, um sich das Gesicht und die Hände zu baden. Er habe sie stets reichlich bezahlt und sei nicht wild und an=

spruchsvoll gewesen, wie die andern Fremden, sondern habe
sich in jeder Beziehung wie ein japanischer Edelmann
benommen. Vor drei Tagen sei er zu einer ungewöhnlich
frühen Stunde erschienen. Er habe sein mit Schaum
bedecktes Pferd nicht abgesattelt und auch nicht in den
Stall geführt wie gewöhnlich, sondern es ihr zu halten
gegeben. Dann sei er in das Haus getreten und nach
einigen Minuten, wie ein japanischer Offizier gekleidet,
wieder erschienen. Er habe darauf sein Pferd bestiegen
und sei den steilen Weg hinaufgeritten, der in die Berge
führt. — Als sie, nachdem er verschwunden, in das Haus
zurückgetreten sei, habe sie unter einer Matte einen weißen
Anzug gefunden, den sie den Herren Offizieren sofort über=
geben werde. Das sei in der That alles, was sie wisse;
man möge sie nicht peinigen: sie sei eine arme Frau, die
im Gehorsam des Gesetzes lebe.

Die Polizeibeamten waren aber mit diesen Aussagen
nicht ganz befriedigt, und die des Schlimmsten gewärtige
zitternde Frau wurde von ihnen nach Yokohama abgeführt,
um dort noch einmal in Gegenwart des englischen Konsuls
vernommen zu werden. Ihre Aussagen trugen aber so
unverkennbar den Stempel der Wahrhaftigkeit, daß Herr
Mitchell, nachdem er mit Ashbourne zu Rate gegangen
war, bat, man möge die Arme wieder auf freien Fuß
setzen, was denn auch geschah. — Hinter dem Theehause
verlor man die Spur des Flüchtigen. In keinem der
umliegenden Dörfer war ein Fremder erblickt worden.

Die Nachforschungen wurden noch einige Tage fort=
gesetzt; dann, als man sah, daß sie vergeblich waren, er=
schlafften die Bemühungen und schliefen endlich ein. —

Die englische Regierung setzte einen Preis von 500 Rios (2000 Mark) auf den Kopf des Mörders. Auch dies blieb erfolglos.

Aus der Prüfung der bei Jervis vorgefundenen Papiere ging hervor, daß er lange Zeit in Amerika gelebt hatte. Den Namen Jervis schien er vor vier Jahren angenommen zu haben. Wie er sich bis dahin seit seiner Flucht aus Limerick genannt haben mochte, konnte nicht festgestellt werden. Den Paß, mit dem er in Yokohama angekommen war, hatte er, wie man feststellte, einem verwahrlosten Abenteuerer, der sich in den Kalifornischen Goldlagern umhertrieb, abgekauft oder abgenommen. Ob dieser Vagabund mit demselben Jervis, den Herr Mitchell in Singapur ge= kannt hatte, identisch sei, blieb unermittelt.

Wochen vergingen, Monate schwanden dahin — die Toten werden schnell vergessen, und die Mitglieder der fremden Gemeinde würden gar nicht mehr an Daniel Ashbourne, den sie nur wenige Tage gekannt hatten, gedacht haben, wenn nicht die trauernden Gestalten von Thomas Ashbourne und Patrick Jnish immer wieder daran gemahnt hätten, daß eine abscheuliche Schandthat noch nicht ge= sühnt sei.

X.

Um diese Zeit herrschte in ganz Japan große Auf=
regung. Das Inselreich, das von dem Rest der Welt
abgeschlossen, sich in selbständiger, eigentümlicher Weise
entwickelt hatte, war plötzlich von den Fremden heimgesucht
und gewissermaßen in Besitz genommen worden. Die
Regierungspartei duldete die Eindringlinge, da sie weise
genug war, um einzusehen, daß Japan bei einem kriegerischen
Zusammenstoß mit einer der großen Westmächte unfehlbar
zu Grunde gehen würde. Die offenen und geheimen
Feinde des herrschenden Taikun aber sprachen von den
alten, großen Zeiten Japans, als das stolze Nippon, das
„Reich der aufgehenden Sonne", stark genug gewesen war,
um die Fremden, die sich ungebeten auf seinem Boden
niedergelassen hatten, mit dem Schwerte in der Faust ins
Meer zu treiben Sie klagten den Taikun an, Japan
gedemütigt zu haben, sie warfen ihm vor, Nachkomme
eines Thronräubers zu sein, der die göttliche Macht des
wahren Kaisers von Japan, des Mikado, hinterlistiger
Weise an sich gerissen habe, — und sie verlangten, daß
er freiwillig abdanke, oder drohten, ihn mit Gewalt zu
stürzen. Am lautesten äußerte sich die Unzufriedenheit in

den Provinzen Satzuma und Mito, wo die Empörung auf offener Straße geprediget wurde.

Minamoto, der regierende Taikun, machte vergebliche Versuche, die rebellischen Provinzen wieder für sich zu gewinnen. Seine Bitten und Mahnungen fanden kein Gehör, auf seine Drohungen antwortete man durch Aufstellungen von kriegerischen Haufen an den Grenzen der Provinzen. — Da starb Minamoto eines gewaltsamen Todes. Die Volksstimme nannte den Prinzen von Mito als seinen Mörder.

Der Nachfolger des Taikun, der Prinz Yesada, war minderjährig. Der Fürst Jkamono-Kami wurde zum Gotairo, d. h. Regenten des Landes ernannt. Aber nun brach der lang vorbereitete Aufstand offen aus. Japan glich einem großen Kriegslager, in dem sich die Anhänger des Taikun und die des Mikado mit gezückten Schwertern gegenüber standen, und häufig drang nach Yokohama die Kunde von blutigen Scharmützeln, in denen die Truppen des Taikun und die der Aufständischen abwechselnd die Oberhand zu haben schienen. — Von besonderem Interesse für die Mitglieder der fremden Gemeinde war dabei der Umstand, daß in vielen Schlachtberichten von Europäern und Amerikanern die Rede war, die in den Reihen der Aufständischen kämpften. Man machte einige von ihnen namhaft: verwegene Abenteurer, die sich in China bereits, im Kriege gegen die Taiping-Rebellen, hervorgethan hatten.

Der Gouverneur von Yokohama hatte sich bei den Konsuln zu verschiedenen Malen darüber beklagt, daß Fremde mit den aufständischen Daimios gegen die Regierung des Taikun ins Feld zögen und durch ihre überlegenen

militärischen Kenntnisse wesentlich dazu beitrügen, die Unter=
drückung der Rebellion zu erschweren. Die europäischen
Beamten waren machtlos, diesem Unfug zu steuern, obschon
sie festgestellt hatten, daß hie und da einer ihrer Reichs=
angehörigen plötzlich aus Yokohama verschwunden war,
und sodann die Vermutung nahe lag, er habe sich von
den Aufständischen anwerben lassen und stehe jetzt in
Satzuma oder Mito, um sich töten zu lassen oder um von
dort, in einigen Monaten, mit schwer und blutig ver=
dientem, reichem Sold, im geheimen, nach China zurück=
zukehren.

Man wußte aus mündlichen Überlieferungen, welches
Leben diese Abenteurer in den japanischen Lagern führten.
Sie wurden als Offiziere verwandt und erfreuten sich
hohen Ansehens; aber man erwartete von ihnen, daß sie
mit Todesverachtung in den Kampf zögen. Bei den ge=
fährlichsten Unternehmen waren sie es, denen die Führung
übertragen wurde. Eine Weigerung diese anzunehmen
hätte sofortige Entlassung aus dem Heere und Ausstoßung
aus dem Lager, in andern Worten, Überlieferung an die
Regierung des Taikun zur Folge gehabt. Es erforderte
demnach, seitens der fremden Söldlinge, den höchsten Grad
persönlichen Mutes, um sich in das Lager der Aufständischen
zu begeben, denn jedermann in Japan wußte, daß die
Eingeborenen, wenn sie sich auch nicht an Kühnheit und
männlichem Trotze mit den europäischen Rassen messen
können, diese durch ihren passiven Mut, ihre apathische
Todesverachtung übertreffen, und daß ein verwegener
Führer stets Leute finden würde, um ihm in den Tod zu
folgen.

Der Gotairo, der Regent von Japan, war seit der
Ermordung des Taikun Minamoto unausgesetzt bemüht
gewesen, den Aufstand zu ersticken, und hatte zu dem Zwecke
harte und energische Maßregeln gegen die feindlichen
Daimios ergriffen. Diese erblickten in ihm ihren ge=
fährlichsten Feind, und waren bereit, jedes Mittel: Gewalt
und Hinterlist, anzuwenden, um ihn aus dem Wege zu
räumen. — Der Gotairo wußte, daß sein Leben bedroht
sei, und zeigte sich in den Straßen von Yedo nur noch
von Leibgarden umringt, auf deren Treue und Tapferkeit
er bauen konnte.

An einem trüben Herbsttage, vier Monate nach der
Ermordung Daniel Ashbournes, trafen zwölf Männer,
von verschiedenen Seiten herkommend, wie von ungefähr
in der Nähe des kaiserlichen Schlosses von Yedo zu=
sammen. Sie trugen, ein jeder, zwei Schwerter im
Gürtel, und gaben sich dadurch als Edelleute zu er=
kennen.

Das Wetter war unfreundlich und kalt. Es stürmte
und regnete. Die Straßen, die das Schloß um=
geben und in denen kein Handel getrieben wird, waren
verödet.

Die Bewaffneten, nachdem sie einige Worte mit einander
gewechselt hatten, traten unter das große Thor eines Daimio=
Palastes, der sich in einer der breiten Hauptstraßen des
Viertels und an der Ecke einer engen Gasse erhob. Die
Männer schienen darauf zu warten, daß der Regen, der
in Strömen goß, nachgelassen habe. Ihre Anwesenheit
in der Nähe des Schlosses erregte keine besondere Auf=
merksamkeit, da es in der Residenzstadt von bewaffneten

Edelleuten wimmelte, und man diese schwerttragenden
Müßiggänger zu jeder Stunde des Tages und der Nacht
in den Straßen, namentlich im Palast=Viertel, anzutreffen
gewohnt war.

Nachdem die Leute eine halbe Stunde lang ruhig ge=
wartet hatten, erschienen am Ende der Hauptstraße einige
hundert Samurai (Soldaten), die einer kolossalen, von
sechzehn starken Männern getragenen Sänfte, einem so=
genannten Norimono, als Schutzwache dienten. Der
Zug bewegte sich langsam, inmitten feierlicher Stille vor=
wärts.

Sobald die kleine Truppe unter dem Thorweg die
Spitzen des Zuges gewahrte, trat einer, der seine Genossen
um Kopfslänge beinahe überragte, hervor, blickte spähend
nach allen Seiten um sich, und erteilte sodann den andern,
die jeder seiner Bewegung aufmerksam gefolgt waren,
einige kurze Befehle.

Diese erhoben sich gelassen und begaben sich paarweise
nach dem Eingang der engen Gasse, wo sie sich an der
Mauer des Palastes aufstellten, als suchten sie unter
dem weit hervorspringenden Dache desselben, Schutz gegen
das Unwetter. — Es waren untersetzte Gestalten mit
wettergebräunten, wilden Gesichtern und schwarzen, glän=
zenden Augen. Nur der größte von ihnen, der Führer, war
von auffallend heller Farbe. Sein weißes Antlitz leuchtete ge=
wissermaßen neben den dunkeln Gesichtern seiner Gefährten.
Die ganze Erscheinung dieses Mannes hatte etwas auf=
fallend Vornehmes. Seine schlanken Gliedmaßen waren
von edlem Ebenmaß, sein Gang schien leicht und elastisch
wie der des sprungfertigen Raubtieres.

Der fürstliche Zug nahte. Davor schritten vier riesige, schwere Männer, die S'mo oder Ringer des Prinzen. Sie wiegten sich beim Gehen in ihren breiten Hüften und warfen verächtliche Blicke auf alle, an denen sie vorüber= schritten. — Den mächtigen Gestalten folgten Bogen= schützen, Hellebarden=, Piken= und Standartenträger, von denen diese das wohlbekannte und gefürchtete Wappen des Gotairo Jkamono=Kami, des Regenten von Japan, zur Schau trugen. — Die Soldaten, die unmittelbar vor und hinter ihrem Gebieter ohne feste Ordnung marschirten, waren in weite Mäntel gehüllt, die ihre Kleider und ganz besonders ihre wertvollen Waffen gegen den strömenden Regen schützen sollten. Sie hielten die Köpfe gegen den Sturm gebeugt und zogen mißmutig und unaufmerksam ihres Weges. — Dicht neben der Sänfte gingen zwei Diener, einen langen Kasten tragend, in dem sich die Schwerter der hohen Persönlichkeit befanden, die, nach= lässig im Norimono ausgestreckt, ihren Umzug in Yedo hielt.

Jetzt war die Sänfte nur noch wenige Schritte von der engen Gasse entfernt, in der die zwölf Bewaffneten lauerten. Ihr Führer stieß einen kurzen, leisen Schrei aus, und in demselben Augenblick stürzten sich acht seiner Begleiter, während die drei andern an der Ecke der Gasse bei ihm stehen blieben, mit gezückten Schwertern, ohne einen Laut von sich zu geben, auf den fürstlichen Nori= mono. — In einer Sekunde waren die Reihen der überraschten Leibgarden durchbrochen und mehrere der Sänftenträger niedergehauen. Der Norimono fiel schwer zur Erde. Der Regent, sich aus der Thür lehnend, rief mit lauter Stimme nach seinem Schwerte; aber noch ehe ihm die Waffe gereicht werden konnte, hatte er bereits einen furchtbaren Hieb über den Nacken erhalten, der ihn, fast enthauptet, tot zu Boden streckte.

Die Begleiter des Gotairo hatten nichts thun können, um das Leben ihres Herrn zu verteidigen. Die Sänften= träger waren unbewaffnet gewesen, die Samurai, in bauschige Mäntel gehüllt, hatten ihre Schwerter erst ziehen können, als die Mordthat bereits verübt war. Nun aber stürzten sie sich, die nackten Schwerter in den Fäusten, unter wütendem Geheul auf die verwegenen Bravos. Ein kurzes Gemetzel fand statt, in dem fünf von diesen und viele der Leibgarden des Regenten niedergehauen wurden. Die überlebenden drei Mörder hatten sich in= zwischen bis zu der Gasse durchgeschlagen, an deren Ein= gang ihrer Führer mit drei seiner Leute Wache hielt. Diese waren bis jetzt nur Zuschauer des Gefechtes ge= wesen, aber sie standen kampfbereit und todesmutig. — Die kleine Reihe, die sie vor der engen Gasse bildeten, öffnete sich einen Augenblick, um die drei Kampfgenossen, die ihre Aufgabe gelöst hatten, durchschlüpfen zu lassen. — Sie entwichen in wilder Flucht und waren schnell verschwunden, wahrscheinlich in einen Schlupfwinkel, den einer der geheimen, in Yedo lebenden Feinde des Gotairo vorher als sicheres Asyl in Bereitschaft gehalten hatte.

Die vier Zurückgebliebenen, um diesen Rückzug zu sichern, kämpften gegen eine erdrückende Übermacht. Einer von ihnen war bereits tödlich verwundet niedergesunken, die andern bluteten aus zahlreichen Wunden.

Da plötzlich stieß der Führer wiederum den kurzen
Schrei aus, der vorher das Zeichen zum Angriff gegeben
hatte, und in demselben Augenblick ergriffen die noch
lebenden drei Bravos die Flucht. Zwei von ihnen wurden
von den nachstürmenden Leibgarden schnell überholt und
niedergemetzelt; der dritte, der Führer dagegen, hatte einen
Vorsprung gewonnen, der mit jedem seiner mächtigen
Sätze größer wurde. — Er hatte bereits zwei kleine
Seitengassen passirt und bog, wie jemand, der seines
Weges ganz sicher ist, in die dritte zu seiner Linken ein.
Aber nachdem er zweihundert Schritte gelaufen war, blieb
er stehen und blickte bestürzt um sich. — Er befand sich
in einer Sackgasse, und dicht vor ihm endete sie. — Er
flog zurück, um den tödlichen Irrtum womöglich wieder
gut zu machen. — Zu spät! Schon bogen seine Feinde
in die Straße ein und stürzten ihm mit wütendem Geschrei entgegen. Noch einmal wandte er ihnen den Rücken
und lief zurück, rechts und links nach irgend einem Aus-
gang spähend. — Die verschlossenen Häuser auf beiden
Seiten der Straße bildeten eine ununterbrochene, feste
Mauer. — Nun war er am Ende der Straße und seines
Weges! — Bis zur letzten Sekunde hatte er nicht ganz
verzweifelt; jetzt fühlte er, daß Rettung unmöglich sei
und wußte, daß er sterben müsse. — Er stellte sich
keuchend, die Beine ausgespreizt, mit dem Rücken gegen
die Mauer, die ihm die Flucht versperrte, und den langen
Griff seines mächtigen, blutgefärbten Schwertes mit beiden
Händen packend, die Spitze der Waffe zu Boden gesenkt,
zum Hieb bereit, erwartete er seine Verfolger. Aber
diese zauderten: furchtbare Energie und Kraft lagen auf

dem weißen, fremden Antlitz, das sie mit hellen, stechenden
Augen anstarrte.

Das Geheul verstummte. Der Verfolgte stand unbe=
weglich, des Angriffes und des Todes gewärtig. — Es
wurde still, ganz still, wie auf dem Kirchhof an dem
Tage, da Daniel Ashbourne beerdigt wurde und Inish
mit drohendem Finger auf den Mörder seines Herrn
wies —: „Hellington! Mörder! Hilfe!" — Es war dem
zum Tode Gehetzten, als trage der heulende Sturm und
der klatschende Regen die Worte an sein Ohr! . . . Da
schwirrte ein Pfeil durch die Luft . . . und nun zitterte
der Schaft an der linken Brust des Getroffenen! —
Eine Sekunde noch blieb er unbeweglich stehen, dann
öffneten sich kraftlos die Hände und das Schwert glitt zu
Boden, die Arme, gleich trägem Flügelschlag eines Adlers
im Käfig, hoben sich langsam einmal und senkten sich
wieder, wie ein Schleier überzog tödliche Blässe das schon
so bleiche Antlitz, ein leichter, hellrötlicher Schaum trat
vor den zuckenden Mund, den ganzen Körper durchrieselte
ein leises Schauern, noch einmal hoben sich die Arme
matt und fielen kraftlos zurück, — und in demselben
Augenblick stürzte der Getroffene, den Schaft des Pfeiles
im Falle zerbrechend, auf das Gesicht und lag leblos da.

*   *   *

An dem Tage nach der Ermordung des Gotairo
empfingen die fremden Konsuln in Yokohama, einer nach
dem andern, den Besuch des japanischen Gouverneurs,
der ihnen einen kurzen, sachlichen Bericht von dem

tragischen Vorfall in Yedo erstattete. Bei Herrn Mitchell, dem englischen Konsul, dauerte der amtliche Besuch zehn Minuten länger als bei seinen Amtsgenossen, da ihm nicht nur der Tod des Gotairo angezeigt, sondern außerdem auch noch die Mitteilung gemacht wurde, daß der Führer der Rotte, die den Regenten angefallen hatte, ein englischer Unterthan, nämlich Herr Jervis zu sein scheine. — Er war nach seinem Tode an seiner hellen Leibesfarbe als ein Fremder erkannt worden, und ein japanischer Offizier, der jetzt in Yedo beschäftigt, bis vor einigen Monaten aber in Yokohama angestellt gewesen war, vermutete in ihm den polizeilich verfolgten Mörder des Herrn Daniel Ashbourne — Unter diesen Umständen stellte der Gouverneur dem Herrn Konsul anheim, sich die Mühe zu geben, nach Yedo zu reiten, oder den Wunsch zu äußern, daß die Leiche, behufs Feststellung der Persönlichkeit nach Yokohama geschafft werde.

Der Herr Konsul äußerte den Wunsch, sich nach Yedo zu begeben, und zwar sobald wie möglich, worauf der Gouverneur erwiderte, eine berittene Eskorte werde in einer halben Stunde an dem Thore von Yokohama auf ihn warten, um ihn nach der Stelle zu führen, wo die Leiche des gefallenen Fremden vorläufig niedergelegt worden sei.

Einen Augenblick dachte Mitchell daran, Thomas Ashbourne aufzufordern, ihn zu begleiten; aber er gab den Gedanken wieder auf. Der arme Djusanban war seit dem Tode seines Bruders ein trauriger, bemitleideter Mann geworden. Mitchell überlegte sich, daß es besser sei, ihm die peinliche Aufregung zu ersparen, die Leiche

des Mannes zu sehen, der ihm so grausame Unbill zuge=
fügt hatte. — Der Konsul forderte deshalb seinen Nachbar,
den jungen Gilmore auf, mit ihm nach Yedo zu reiten.
Dieser war dazu bereit, und die beiden, von vier japanischen
Offizieren gefolgt, langten nach dreistündigem, scharfem
Ritt in Yedo an. Dort geleitete sie der Führer der
Eskorte nach dem Palaste des Taikun.

Es dämmerte bereits, als sie sich den breiten Gräben
und hohen Wällen näherten, die das Schloß zu einer,
nach japanischen Begriffen, uneinnehmbaren Feste machten.
Nachdem sie über die Zugbrücke geritten waren, bat man
sie, abzusteigen, da dem Taikun allein das Recht zustände,
die Höfe des Palastes anders als zu Fuß zu durch=
schreiten. — Darauf gesellte sich ein junger Offizier zu
ihnen, der Mitchell und Gilmore höflich begrüßte, bat,
die Herren möchten ihm folgen, und ihnen dann stumm
voranging.

Eine feierliche, fast unheimliche Stille herrschte auf
den öden, weiten Höfen, durch die der Weg führte. Die
großen Gebäude, an denen man vorüberschritt, schienen
ausgestorben: nirgends war ein menschliches Wesen zu
erblicken. Endlich gelangten die drei an einen hölzernen
Schuppen, vor dessen Thür zwei Diener kauerten. Sie
hielten ein jeder eine Papierlaterne in Bereitschaft, die
sie anzündeten. Darauf traten alle in einen dunkeln
Raum, in dem moderige, schwere Luft die Brust be=
klemmte. — Die Laternenträger schritten voran und
stellten sich am Ende des Schuppen zur Rechten und zur
Linken einer unheimlichen, formlosen Masse, die mit
schlechten japanischen Bastmatten bedeckt, am Boden lag.

Der Offizier schob diese Matten mit dem Fuße bei=
seite. Ein glänzend weißer, nackter Körper wurde sichtbar.
Die Diener hielten die Laternen dicht an das stille
Antlitz, das durch das gelbliche, ruhige Licht wie verklärt
wurde.

„Jervis!" flüsterten Mitchell und Gilmore.

Er sah nicht aus wie ein Verbrecher. Der Tod
hatte das wilde Gesicht, das seinen Feinden im letzten
Augenblick noch furchtbar gewesen war, beruhigt und ver=
edelt. Ein wunderbarer Friede lag darüber. — Auf der
linken Seite der Brust war ein kleiner, schwarzbläulicher,
mit einem etwas erhabenen Rande umgebener Fleck. Dort
war der Pfeil abgebrochen, der Jervis mitten ins Herz
getroffen hatte.

Die Leiche wurde in der nächsten Frühe auf dem
Platze verscharrt, wo die andern Mörder des Gotairo
am vorhergehenden Tage beerdigt worden waren. — Dort
auf der Begräbnisstelle der Verbrecher, dem Platze auf
der Erde, der ihm zukömmt, ruht nun Jervis=Hellington
seit zwei Jahrzehnten.

Thomas Ashbourne und Patrick Inish sind längst aus
Japan verschwunden, und nur wenige kennen dort noch
ihre Namen. Inish ist gestorben. Ashbourne hat den
peinigenden Schmerz, der ihn jahrelang niedergedrückt,
endlich überwunden. Er ist nach seiner Heimat zurück=
gekehrt und reist alljährlich während der „Saison" nach
London, wo er im „Oriental=Klub" mit Freunden aus
dem Osten zusammentrifft, mit denen er dann gern von
der „alten, guten Japan=Zeit" spricht. Seinen jugend=
lichen Frohsinn hat er, wie so manches andere, mit seiner

Jugend eingebüßt; aber ein trauriger Mann ist er nicht geblieben. Jervis' Name kommt seit Jahren nicht mehr über seine Lippen.

Aber in Japan hat sich um die neun Lonin, — herrenlosen Edelleute — die den Gotairo inmitten seiner Garden, auf offener Straße, am hellen Tage anfielen und erschlugen, und die für diese verwegene That mit ihrem Leben zahlten, eine Legende gebildet. — Der Taikun ist gestürzt worden, der Mikado, aus göttlichem Geschlechte entsprossen, Japans rechtmäßiger Kaiser, herrscht auf dem Throne des „Reiches der aufgehenden Sonne." Seine ehemaligen Feinde erscheinen in der Geschichte des Tages als verabscheuungswürdige Rebellen; diejenige aber, die vor zwanzig Jahren zuerst gewagt haben, den Kampf für die gute Sache zu beginnen und die dafür gestorben sind, werden als Helden und Märtyrer verehrt.

Nicht weit von der Stelle, wo die neun Lonin, Verbrechern gleich, eingescharrt wurden, erhebt sich jetzt ein kleiner Tempel, der zum Andenken an die für den Mikado Gefallenen errichtet worden ist. Um den Tempel grünt ein freundlicher Garten. Er wird sorgfältig unterhalten, und im Sommer sprießt und blüht es dort.

Auf dem einen Grabe, das etwas abgesondert von den übrigen liegt, steht ein schöner Kamelienbaum, dessen rote und weiße Blumen im Winter schon zu blühen beginnen. — Das ist das Grab des Führers der Lonin. Niemand kann seinen Namen nennen; sein Ursprung ist in Dunkel gehüllt, wie die Abkunft sagenhafter Krieger der Vorzeit. Der wunderdurstige Volksmund aber erzählt, wie sein furcht-

barer Blick die Mörder, die ihn verfolgten, zurückschreckte,
so daß keiner wagte, sich ihm zu nahen, bis er endlich,
von einem vergifteten Pfeile tödlich getroffen, auf das
Gesicht fiel und seine furchtlose Seele aushauchte: wie es
dem Helden geziemt, der sterbend die Erde küssen soll, auf
daß sie, die barmherzige Mutter allein, in das vom Tode
besiegte Antlitz schaue

Lebensmüde.

Der alte, reiche Bankier Casimir Vincent aus Lunel
war seit dreißig Jahren ein regelmäßiger hochgeehrter Gast
des Café de l'Esplanade. Er erschien dort tagtäglich zwei=
mal: des Nachmittags um ein Uhr, nach dem Frühstück,
um eine Tasse schwarzen Kaffee zu trinken, die Zeitungen
zu lesen und einige Worte mit seinen Bekannten zu wechseln,
und später, gegen acht Uhr abends, um zwei bis drei
Stunden lang mit großer Aufmerksamkeit Piquet zu spielen.
Jedermann in Lunel kannte Herrn Vincent. Er war ein
kleiner, hagerer Mann mit scharfgezeichneten Zügen, großen
dunklen, ruhigen Augen und kurzgeschnittenen, grauen
Haaren. Er verwandte große Sorgfalt auf seinen Anzug
und seine Wäsche, und er hatte das Aussehen eines vor=
nehmen alten Herrn.

Die Lebensgeschichte und die Lebensweise Casimir
Vincents waren den Einwohnern von Lunel ebenso gut
bekannt wie seine Persönlichkeit. — Sein Großvater hatte
während der ersten Revolution das Handlungshaus „Casimir
Vincent aîné" gegründet und war als Bankier und Armee=
lieferant ein reicher Mann geworden, sein Vater hatte das
Geschäft des Vorfahren mit gleichem Erfolge fortgesetzt,

unfer Cafimir Vincent endlich war als junger Mann bei
feinem Vater in die Lehre getreten, hatte fich dann einige
Jahre in Bordeaux, Marfeille und zuletzt in Paris auf=
gehalten und war Anno 1840 als ein Mann von dreißig
Jahren nach feiner Heimat zurückgekehrt, um Teilhaber
im Haufe feines Vaters zu werden. Daſſelbe nahm bei
diefer Gelegenheit den Namen Casimir Vincent père et
fils an. Der „junge Herr Cafimir“ wie man ihn damals
in Lunel nannte, war ein eleganter Mann. Die Stutzer
der kleinen Provinzialftadt kopirten feinen Anzug und
erbaten fich von ihm die Adreſſen feiner Parifer Schufter
und Schneider; Mütter mit heiratsfähigen Töchtern ver=
anftalteten zu feinen Ehren Land= und Tanzpartien.

Zweimal war die Rede davon, Vincent fils werde fich
verheiraten. Das erfte Mal, bald nach feiner Rückkehr
nach Lunel, handelte es fich um die einzige Tochter des
Herrn Coulet, eines reichen Weinhändlers. Vincent
machte ihr einige Zeit lang den Hof und verlobte fich
fodann mit ihr. Die Gevatter und Gevatterinnen des
Ortes rechneten bereits aus, daß Monfieur und Madame
Vincent fils das größte Vermögen in ganz Lunel ver=
einigen würden, als die arme Karoline, das gefunde, hübfche
Mädchen, plötzlich erkrankte und ftarb. Cafimir Vincent
legte ihretwegen keine äußere Trauer an; aber der Tod
feiner Braut ging ihm fehr nahe. Er zog fich auf längere
Zeit von der Gefellfchaft zurück und lebte ausfchließlich dem
Gefchäfte feines Vaters. Diefer ftarb im Jahre 1844 und
hinterließ ein fehr bedeutendes Vermögen feinem „geliebten,
einzigen Sohne Cafimir,“ wie das Teftament befagte.

Zwei Jahre nach dem Tode feines Vaters hielt Vincent

um die Hand von Fräulein Jeanne d'Arseuille an. Er war damals sechsunddreißig Jahre alt und sah wie ein Vierziger aus. Seine Haare waren früh ergraut; das zurückgezogene Leben, das er seit dem Tode von Karoline Coulet geführt, hatte ihn außergewöhnlich ernsthaft und still gemacht. Es war wohl zu erklären, daß er einem jungen, lebenslustigen Mädchen, wie Jeanne es war, als ein alter Mann erscheinen mochte. Sie stieß einen Schrei des Schreckens und der Verwunderung aus, als die Mutter ihr mitteilte, Herr Casimir Vincent habe um ihre Hand angehalten, und sie erklärte unumwunden, daß sie lieber sterben, lieber in ein Kloster gehen würde, als den alten, kleinen häßlichen Mann heiraten.

„Er könnte mein Vater sein," rief sie unter Thränen, „und ich kann ihn nie lieben und will ihn nicht heiraten!"

Die Mutter schalt die widerspenstige Tochter tüchtig aus, sagte ihr, sie wäre nicht recht bei Sinnen, die beste Partie im ganzen Departement auszuschlagen und schloß mit einem „Basta, du nimmst ihn." Als aber Jeanne mit rotgeweinten Augen in das Zimmer trat, in dem ihr „Zukünftiger" ihrer wartete, fand ein Auftritt statt, der alle Hoffnungen und Berechnungen der Madame d'Arseuille über den Haufen werfen sollte. Vincent verstand es nämlich, sich von dem jungen Mädchen wiederholen zu lassen, was sie ihrer Mutter gesagt hatte, und sobald er dies erfahren, nahm er seinen Hut und sagte mit großer Würde: „Fürchten Sie nicht, daß es meine Absicht sei, Ihr Glück meinen Wünschen zu opfern. Ich danke Ihnen für Ihren Freimut. Er ehrt sie und erspart uns beiden wohl manchen Kummer. Ich werde stets Ihr Freund bleiben." Darauf machte er

der Mutter eine tiefe Verbeugung und verschwand aus
dem Hause, um es nie wieder zu betreten.

Madame d'Arfeuille fiel zunächst in Ohnmacht, gab,
sobald sie daraus erwacht war, was nicht lange dauerte,
ihrer Tochter einen scharfen Verweis, und nahm keinen
Anstand, zu Herrn Vincent zu laufen, um ihm in seinem
eigenen Hause die Versicherung zu geben, daß es sich nur
um ein „bedauerliches Mißverständnis" handle und daß
ihre Tochter stolz sein werde, sich Madame Vincent zu
nennen. Aber der stille, reiche Bankier hatte, wie über
so manches andere, so auch über die Ehe unfranzösische
Ansichten. Er ließ die Mutter ruhig sprechen und bedeutete ihr dann, daß er ganz und gar auf die Auszeich-
nung verzichte, Fräulein Jeanne als Gemahlin heimzuführen.

Madame d'Arfeuille wollte ihren Ohren nicht trauen.
Sie war nahe daran, noch einmal in Ohnmacht zu fallen,
besann sich aber eines Bessern und suchte Herrn Vincent
zu überreden, seine Ansicht zu ändern. Als ihr dies nicht
gelingen wollte, ließ sie sich herab zu flehen und zu bitten;
schließlich wurde sie heftig und ging so weit, Herrn Vincent
anzuklagen, ihre unschuldige Tochter getäuscht und ihr
eigenes Lebensglück untergraben zu haben. Vincent ließ
sie ruhig reden, zeigte sich ebenso unempfindlich für ihre
Zornausbrüche wie für ihr Flehen und Jammern, und
komplimentirte sie endlich unter tiefen und stummen Verbeugungen zur Thür hinaus.

Die hübsche Jeanne vermählte sich wenige Monate
später mit einem wohlhabenden altadeligen Gutsbesitzer.
Madame d'Arfeuille war entzückt über diese Heirat, die
alle ihre Wünsche in Bezug auf die Zukunft ihrer Tochter

erfüllte; aber sie vergab deshalb Herrn Vincent nicht, und ihr reges Gehirn arbeitete bald eine Geschichte aus, die sie Jahre lang so oft erzählte, bis sie schließ- lich selbst daran glaubte. Nach dieser Version hatte Vincent, den sie als „einen gewöhnlichen Menschen, eine Art Wucherer" bezeichnete, es gewagt, um die Hand der edlen Jeanne anzuhalten. Diese war glücklicherweise zu gut erzogen worden, um die Anmaßung des „ver- ächtlichen Parvenü" nicht in gebührender Weise zurück- zuweisen. Vincent hatte daraufhin die Mutter auf den Knieen gebeten, ihm die Zustimmung der Tochter zu ver- schaffen, und Madame d'Arfeuille war genötigt gewesen ihm die Thür zu weisen und sich seine Besuche ein- für allemal zu verbitten.

Die Fabel kam Herrn Vincent zu Ohren, aber er ließ sich niemals herab, ihr zu widersprechen. Er zuckte mit den Achseln, als man sie ihm erzählte, und als jemand ihn fragte, ob sie wahr sei, antwortete er: „Glauben Sie die Geschichte, wenn es Ihnen Vergnügen macht. Mir liegt wenig daran, ob man sie für wahr oder erfunden hält."

Seit der Verheiratung des Fräuleins d'Arfeuille schien Vincent den Gedanken aufgegeben zu haben, sich eine Lebens- gefährtin zu suchen. Es wurden ihm zwar noch mancherlei Heiratsvorschläge gemacht — denn es fehlte in Lunel und der Umgegend nicht an Müttern, die ihre Töchter gern mit dem reichen Bankier vermählt gesehen hätten — aber dieser vermied Gelegenheiten, junge Mädchen anzutreffen, viel mehr als er sie suchte; einigen Freunden, die ihm darüber Vorstellungen machen wollten, antwortete er, er sei kein junger Mann mehr, er könne einer jungen Frau

nichts als sein Vermögen bieten, und er wolle keine Frau,
die ihn nur seines Geldes wegen nähme.

„Sollte ich jemals so albern werden,“ sagte er bei
einer solchen Gelegenheit, „um mir einzubilden, daß sich
ein hübsches Mädchen in meine vertrocknete, griesgrämige
Persönlichkeit verlieben kann, so erscheine ich vielleicht noch
einmal auf Freiersfüßen; andernfalls will ich es bei den
mißglückten Versuchen, die ich gemacht, bewenden lassen und
mich mit der Existenz eines alten Junggesellen zu be=
freunden versuchen.“

Lange Jahre waren vergangen, seitdem Vincent sich
auf diese Weise gegen freiwillige Heiratsvermittler zu ver=
teidigen gehabt hatte; seit geraumer Zeit fiel es niemanden
mehr ein, den wortkargen, ernsthaften, grauhaarigen Herrn
Vincent wie einen heiratsfähigen Mann zu betrachten.

Die Lebensweise des Bankiers war eine einfache und
regelmäßige. Er stand des Morgens früh auf, zog sich
sofort an und setzte sich in ein kleines Kabriolet, um eine
Besitzung zu besuchen, die er von seinem Vater geerbt
hatte, und die eine halbe Stunde Weges von Lunel ge=
legen war. Vincent war nicht Landwirt und bildete sich
nicht ein, es zu sein. Seine Besuche in „Mas de Vincent“
— dies war der Name des Gutes — waren ziemlich
nutzlos. Aber sie wurden ihm mit der Zeit dermaßen zur
Gewohnheit, daß er sie im Sommer und Winter, zur
Sä= und zur Erntezeit, bei Regen oder bei Sonnenschein
mit gleicher Regelmäßigkeit unternahm. Sein Kutscher,
der alte Guerre, der während der Fahrt neben ihm saß,
war ein mürrischer Mann, der niemals den Mund öffnete,
es sei denn, daß er eine von seinem Herrn an ihn ge=

richtete Frage zu beantworten hatte. Vincent fühlte sich in seiner Gesellschaft so gut wie allein, und konnte seinen Gedanken ungehindert nachhängen. Im Mas de Vincent kam ihm der Verwalter entgegen, erkundigte sich nach seinem Befinden und führte ihn sodann nach irgend einem Felde, um Arbeiten, die dort gerade vorgenommen wurden, in Augenschein zu nehmen. Der Verwalter hatte jeden Tag irgend etwas zu erzählen: das Getreide stand gut oder schlecht, der Wein hatte die Krankheit in diesem Felde und war in jenem gesund, die Seidenwürmer waren kräftig oder zeigten Symptome der Krankheit u. s. w. u. s. w. Vincent hörte aufmerksam zu, aber er hatte nur selten etwas zu erwidern. Der Verwalter that im allgemeinen was ihm gefiel, und Vincent war gewöhnlich mit allem zufrieden, was er that. Der Platz des Peire*) vom Mas de Vincent war von allen seinen Genossen des Departe=ments beneidet. Dufour, dies war sein Name, galt für einen glücklichen Mann, und war selbst ganz und gar mit seinem Schicksal zufrieden, besonders seit Herr Vincent ihm versprochen, daß Jourdou, der älteste Sohn Dufours, Nachfolger seines Vaters als Peire vom Mas de Vincent werden sollte.

Gegen elf Uhr morgens langte Herr Vincent gewöhnlich wieder in Lunel an. Dann ging er auf eine Stunde in sein Geschäftszimmer. Dort unterbreitete ihm ein alter Handlungsgehülfe, dem Vincent seit Jahren die Prokura

---

*) „Peire“ für Père, Vater. In Südfrankreich bezeichnet man damit den Oberaufseher der Feldarbeiter, oder auch woh den Verwalter eines Gutes.

der Firma Vincent père et fils verliehen hatte, die im
Laufe des Vormittags angekommenen Briefe und besprach
deren Beantwortung mit dem Chef des Hauses. In den
meisten Fällen war dies eine wenig verwickelte Arbeit.
Vincents Kunden waren keine Neulinge im Hause. Ihre
Voreltern hatten Geschäfte mit Vincents Großvater und
Vater gemacht, und ihre Kinder würden Geschäfte mit
Vincents Sohne gemacht haben, wenn dieser einen Sohn
gehabt hätte. Die Kundschaft von Vincent père et fils
bestand fast ausschließlich aus wohlhabenden und reichen
Gutsbesitzern und Bauern, die dem Bankierhause in Lunel
ihre Wechsel auf Cette, Marseille, Montpellier, Lyon und
St. Etienne für Lieferungen von Wein, Oel und Cocons
verkauften, und die, im seltenen Falle der Nichteinlösung
solcher Papiere, sie ohne weiteres selbst bezahlten. Protestirte
Wechsel, unbezahlte Rechnungen und Briefwechsel mit
Advokaten oder Gerichtspersonen waren im Hause Vincent
nur den Namen nach gekannt. Als Chef und alleiniger
Inhaber der alten geachteten Firma konnte sich Herr
Casimir nicht beklagen, mit Sorgen und Unruhe geplagt
zu sein. In einer Stunde, von elf bis zwölf Uhr, hatte
er gewöhnlich alles verordnet, gelesen und unterschrieben,
was er in dieser Beziehung im Interesse des Geschäftes
zu thun hatte. Darauf frühstückte er, und nach dem
Frühstück ging er nach dem Café de l'Esplanade.

Das Café de l'Esplanade war das große, aristokratische
Café von Lunel. Es lag an der Promenade und nahm
das Erdgeschoß und das erste Stockwerk eines zweistöckigen
Hauses ein. Im zweiten Stock wohnten Jacques Itier,
der rothaarige Besitzer des Café, Mariette Itier, seine

Frau, und ein halbes Dutzend kleiner, lärmender Fuchs-
köpfe, die Kinder des Ehepaars. — Jacques Itier war
ein guter, umsichtiger Geschäftsmann. Er war auf den
Gedanken gekommen, daß er die Kundschaft seines Café
verdoppeln könne, wenn er die Wirtschaft in zwei Ab-
teilungen einteile. Er hatte deshalb einige der hervorragendsten Stammgäste seines Hauses veranlaßt, das
Zimmer im ersten Stockwerk in eine Art Klub umzuwandeln.
Fremden war der Eintritt in dies Zimmer zwar nicht
verboten, aber sie hielten sich niemals lange darin auf,
da sie gewöhnlich bald fühlten, daß sie dort wie Eindringlinge betrachtet wurden. Aber die reichen Bürger und
Kaufleute von Lunel, so wie die wohlhabenden Gutsbesitzer der Umgegend waren in demselben ganz wie zu
Hause. Ein jeder Stammgast hatte seinen bestimmten
Stuhl an einem bestimmten Tische, die Pfeifenraucher
fanden ihre Pfeifen in einem kleinen Schranke, zu dem
ein jeder von ihnen einen Schlüssel besaß, jeder Billard-
spieler hatte seine eigene Queue, der Kellner François
wurde von den Kunden mit Namen gerufen und antwortete nicht etwa mit einem kurzen „Herr“, sondern
„Herr Coulet“, oder „Herr Vincent“, oder „Herr Vidal“,
je nachdem er vom Weinhändler Coulet, vom Bankier
Vincent, oder vom Notar Vidal gerufen worden war.
Die Gäste des ersten Stockes waren meist alte oder ält-
liche Herren; nur zwei oder drei junge Leute, Söhne
verstorbener Stammgäste und Erben von Namen, die sich
im Klub de l'Esplanade Bürgerrechte erworben hatten,
wurden dort ebenfalls regelmäßig und gern gesehen. —
Unter diesen jungen Leuten nahm René Sabatier, der

Sohn des verstorbenen Juweliers Sabatier, eine hervor=
ragende Stellung ein.

René Sabatier war ein lustiger Bursche von vier=
undzwanzig Jahren, der sich herausnahm, die grauhaarigen
Stammgäste des Klubs wie Altersgenossen zu behandeln
und dem man dies gestattete, weil er ein kreuzbraver
Mensch war, der während des Krieges Dienste genommen,
unter Charette tapfer gefochten hatte und bei Patay ge=
fährlich verwundet worden war. René Sabatier galt
für den Führer der jungen legitimistischen Partei von
Lunel. Sämtliche Mitglieder des Klubs de l'Esplanade
waren wütende Royalisten.

Im Erdgeschoß, dem eigentlichen öffentlichen Lokale,
herrschte die republikanische Meinung vor. Dort ver=
sammelten sich die reichen jungen Leute aus Lunel; auch
fremde Besucher waren an diesem Orte nicht selten zu
finden. Die zwei Kellner, die den Dienst versahen,
wurden „Garçon" gerufen und antworteten „Monsieur".
Madame Itier selbst saß als „Dame de Comptoir" hinter
dem großen Tisch am Ende des Saales und sorgte dafür,
daß der Lärm der schreienden und gestikulirenden Gäste
niemals einen gewissen Grad überstieg, so daß das Café
seinen Ruf eines anständigen Hauses nicht verlieren möchte.
Im ersten Stockwerk wäre eine solche Ueberwachung unnötig
gewesen. Geschrei und Zänkereien waren dort verbannt.

Jacques Itier hielt sich abwechselnd in beiden Sälen
auf, war aber unten mehr als oben zu Hause. Im ersten
Stockwerk ging er höflich und ehrerbietig einher und er=
kundigte sich mit artigem Lächeln nach dem Befinden seiner
Gäste; diese erlaubten ihm keine Vertraulichkeiten und

behandelten ihn wie einen gut gestellten Oberkellner.
Jacques Jtier ließ sich dies gern gefallen. Aber unten
nahm er einen ganz andern Ton an. Dort ging er in
Hemdsärmeln umher, beteiligte sich an einem Billard=
Pool, setzte sich zu den Gästen und ließ sich von seinen
Kellnern bedienen. Jacques Jtiers politische Meinungen
änderten sich, je nachdem er zu ebener Erde oder im
ersten Stockwerk seines Hauses zu thun hatte. Unten
schwärmte Jtier für Gambetta, oben für Heinrich V.
Die Bonapartisten von Lunel hatten ihr eigenes Café
und ließen sich bei Jtier nicht sehen, sonst würde der ge=
schmeidige vorurteilsfreie Jacques wohl auch für Napoleon
IV. hier und da ein freundliches Wort gefunden haben.

Casimir Vincent besuchte das Café de l'Esplanade
seit einer langen Reihe von Jahren. Er war schon ein
geehrter und alter Stammgast des Hauses, als Jacques
Jtier vor fünfzehn Jahren Eigentümer desselben wurde.
Seitdem war selten ein Tag vergangen, an dem er sich
nicht zweimal dort gezeigt hätte. Vincent war ein Ge=
wohnheitsmensch. Der Besuch des Café de l'Esplanade
gehörte zu seinem Leben wie die Morgenspazierfahrt nach
dem Mas de Vincent. Er fand im Café tagtäglich dieselben
Personen vor: den alten Coulet, mit dem er seit dem
Tode der Tochter, die er als Braut heimzuführen be=
absichtigt, ein gutes, freundschaftliches Verhältnis aufrecht
erhalten hatte, Herrn Vidal, den reichen Notar von Lunel,
der das halbe Vermögen des Departements zu verwalten
hatte, den jungen René Sabatier, der sich herausnahm,
den stillen, zurückhaltenden, kalten und vornehmen Bankier
„Papa Vincent" zu nennen, Bardoux, den Getreidehändler,

Coste, den Doktor, den Grafen von Rochebrune, einen
reichen Gutsbesitzer des Departements, der in Lunel
seinen Wohnsitz aufgeschlagen hatte und viele andere, die
hier ungenannt bleiben können. — Vincent stand bei der
ganzen Gesellschaft in hohem Ansehen. Man wußte, daß
er ein treuer Legitimist und ein reicher Mann sei. Dies
waren Ehrentitel im Klub de l'Esplanade. Aber auf
vertrautem Fuße stand eigentlich niemand mit dem alten
Junggesellen. Geheimnisse über andere hatte Vincent weder
zu verbergen noch anzuvertrauen; seine Gedanken über
sich selbst und über sein Leben behielt er für sich. Diese
Gedanken konnten nicht erfreulicher Natur sein, denn selten
sah man Herrn Vincent lächeln: sein ganzes Wesen war,
wenn auch nicht das eines traurigen, so doch das eines
sehr ernsten Mannes. Einige Leute sagten, der alte
Bankier habe den Tod der hübschen Karoline Coulet niemals
verschmerzt, die Einsamkeit seines Junggesellenlebens liege
schwer auf seinem Herzen, und einige hingeworfene Be=
merkungen über eine „freudenlose und sorgenlose Existenz"
bewiesen, daß ihm das Leben nicht sonderliche Befriedigung
böte.

Wenn Herr Vincent nach dem Frühstück im Café
de l'Esplanade erschien, so beeilte sich François, ihm eine
Tasse Kaffee und ein Glas kaltes Wasser zu bringen,
während Itier ihm die „Gazette de France" und den
„Messager du Midi" überreichte. Vincent dankte mit
einem stummen Neigen des Hauptes, trank den Kaffee
langsam aus, steckte sich eine Cigarre an und las die
legitimistische „Gazette de France" aufmerksam durch.
Im „Messager" sah er nur die Börsenberichte an. Dann

setzte er sich auf das hohe Sopha hinter dem Billard,
und ließ sich von irgend einem Nachbar die Neuigkeiten
des Tages erzählen. Er selbst sprach wenig. Nachdem
er die Cigarre ausgeraucht hatte, begab er sich langsamen
Schrittes wieder auf sein Comptoir, wo er bis fünf Uhr
arbeitete. Dann zog er sich, einer alten Gewohnheit
getreu, sorgfältig an und nahm sein einsames Mittagsmahl
ein. Von Zeit zu Zeit empfing er einige Bekannte bei
sich. Bei solch' feierlichen Gelegenheiten strahlte der
Tisch von schönem, schwerem, altem Silberzeug, die besten
Weine füllten die altmodischen Krystallgläser, und feine
Speisen erfreuten die Gaumen der Provinzial-Feinschmecker.
Aber wenn Casimir Vincent allein aß, so war alles von
der größten Einfachheit. Eine alte Hausmagd bediente
ihn, er las, währenddem er aß, und schien sich wenig
darum kümmern, was er genoß.

Nach dem Essen ging Vincent wieder in sein Café,
und dort fand er dann nach wenigen Minuten einen Genossen, mit dem er sich an einen der zahlreichen Spiel-
tische hinsetzte, um Piquet zu spielen. An den andern
Tischen wurde ebenfalls Piquet oder Ecarté, Bézigue oder
Whist gespielt. Die Einsätze waren überall gering; dessenungeachtet zeigten sämtliche Spieler das größte Interesse
an den Partieen, bei denen sie beteiligt waren. Der Gebrauch wollte, daß jedermann im Klub nur halblaut
sprach, um das Spiel seiner Nachbarn nicht zu stören.
Dem Fremden wurde deshalb auch ganz unheimlich zu
Mute, wenn er zufällig oder aus Neugierde in den großen,
hellerleuchteten Saal trat, in dem sich einige zwanzig
ernst aussehende alte Herren an kleinen Tischen gegen-

über saßen und flüsternd den Gang einer Partie Karten
verfolgten.

Um halb elf Uhr hörte das Spiel auf, und um elf
Uhr war der Klub leer. Casimir Vincent ging dann bei
schönem Wetter noch einige Male die Esplanade auf und
ab und erreichte seine Wohnung gewöhnlich gegen halb
zwölf Uhr. Auf einem Tisch brannte dann eine große
Lampe, bei deren Lichte der alte Junggeselle noch einige
Zeitungen las, die der Diener für ihn bereit gelegt hatte.
Im Sommer stellte er sich, ehe er zu Bett ging, an das
Fenster, vor dem sich ein parkähnlicher Garten ausbreitete.
Das Rauschen der mächtigen Platanenbäume schien einen
großen Reiz für Vincent zu haben. Er lauschte dem=
selben aufmerksam. Sein Gesicht blieb dabei immer still
und ernst, ja nicht selten schloß er das Fenster mit einem
Seufzer. — Im Winter verbrachte er die letzte halbe
Stunde des Tages vor dem verlöschenden Kaminfeuer.
Dann starrte er in die Kohlen mit demselben stillen, ernsten
Gesichte, mit dem er im Sommer der Musik des Waldes
zu lauschen pflegte. Ein einsamer, grübelnder alter Mann
war Casimir Vincent mit den Jahren geworden.

Als der Krieg gegen Deutschland ausbrach, wurde
auch Herr Vincent von dem in Frankreich grassirenden
patriotischen Fieber angesteckt. Er las von früh bis spät
Zeitungen, billigte und kritisirte die Feldzugspläne, welche
von den Berichterstattern der Pariser Zeitungen gemacht
wurden, besiegte mit diesen — in Gedanken — die Preußen,
und zog mit ihnen, ebenfalls in Gedanken, in Berlin als
Sieger ein. Eine große Umwandlung war mit Vincent
vorgegangen. Er hatte den Enthusiasmus der längst=

geschwundenen Jugend wiedergefunden und nahm auf das lebhafteste Anteil an den brennenden Fragen des Tages.

Die ersten Niederlagen erschütterten ihn heftig ohne jedoch sein Vertrauen brechen, seinen Mut beugen zu können.

„Wir werden unsere Revanche nehmen," sagte er, „und dann wehe den nordischen Barbaren, die es gewagt haben, den heiligen Boden Frankreichs zu betreten."

Aber nach den Niederlagen von Spichern und Wörth, nach den blutigen Schlachten von Mars-la-Tour und St. Privat kam die Schreckenskunde von Sedan. Und dann folgten in furchtbarer Reihenfolge die zerschmetternden Schläge des gegen Frankreich erbitterten Schicksals: Straßburg, Metz, Paris fielen, Armeen wurden in Gefangenschaft geführt, andere Armeen, die sie ersetzen sollten, teilten das Schicksal ihrer Vorgängerinnen und wurden zerstreut, vernichtet. Ein großer Teil Frankreichs glich einem Leichenfelde, auf dem das edelste Blut des Vaterlandes nutzlos vergossen worden war. — Im Süden, in der Umgegend von Lunel, herrschten wahnsinnige Furcht, ohnmächtige Wut, blinde Verzweiflung, stumpfe Resignation. Casimir Vincent ging wie ein Gespenst umher. Aber nach wie vor fuhr er des Morgens nach dem Mas de Vincent und ging des Nachmittags und des Abends in das Café de l'Esplanade.

Nachdem der Friede unterzeichnet war, nahm im Süden Frankreichs, der von den Deutschen nur bedroht aber nicht betreten worden war, alles schnell wieder die alte Gestalt an. Vincent, der weder in seiner Stellung noch in seinem Vermögen gelitten hatte, schien das Unglück, das sein Vaterland getroffen hatte, zu verschmerzen. Er sprach nur selten von dem Krieg und er wollte sich nicht an dem lauten Revanchegeschrei beteiligen, das sich damals an allen Ecken und Enden des Landes erhob. Ja bei vielen Gelegenheiten sprach er sogar seine Mißbilligung darüber aus.

„Das laute Jammern ist weibisch," sagte er, „das ohnmächtige Schreien kindisch. Niemand denkt heute daran, Rache nehmen zu wollen; jedermann ist froh, daß endlich Frieden geschlossen ist. Laßt mich in Ruhe mit dem eitlen Geschwätz! Die Preußen sind bessere Soldaten als wir, weil sie gehorchen gelernt haben, während wir, Dank den ‚heiligen Errungenschaften von 1789‘ zu freiheitsschwär= menden Narren geworden sind. Sie haben uns geschlagen, in Grund und Boden geschlagen, und wir haben nichts Besseres verdient. Und sie sind stark genug, um uns ganz zu vernichten, wenn wir es heute wagen sollten, ihnen noch einmal Trotz zu bieten. Sie wissen dies und wir wissen es, und sie wissen es, daß wir es wissen, und unser Racheschreien, während wir gar keine Lust haben Revanche zu nehmen, ist erbärmlich und macht uns vor der Welt lächerlich."

„Würden Sie es wagen, Herr Vincent, solche Reden in Gegenwart eines Deutschen zu halten?" fragte erzürnt Herr von Rochebrune, einer der lautesten Schreihälse des Klubs.

„In Gegenwart eines Deutschen würde ich mich schämen den Mund aufzuthun," antwortete Vincent un= wirsch, „und Sie, Herr Graf, würden dann vielleicht auch nicht so laut sprechen, wie Sie es hier in Lunel thun."

„Wie soll ich das verstehen, Herr Vincent?“

„Ganz wie Sie wollen, Herr Graf.“

Am nächsten Tage schossen sich die beiden alten Herren zur großen Verwunderung der ganzen Bevölkerung von Lunel. Vincent, der in seinem Leben keine Pistole in der Hand gehabt hatte, schoß vorbei; sein Gegner war glücklicher: er traf Vincent in die Schulter. Die Wunde war nicht gefährlich, und der alte Bankier erschien bereits nach wenigen Tagen wieder in seinem Klub. Die Gesellschaft von Lunel nahm mit wenigen Ausnahmen Partei für Vincent. Dies war besonders dem Einfluß des jungen René Sabatier zuzuschreiben, der überall erklärt hatte, Herr Vincent habe recht, der Graf von Rochebrune unrecht, und der gewöhnlich hinzusetzte, er, René Sabatier, sei vollständig bereit, seine Meinung mit den Waffen in der Hand zu vertreten. Nach dem Zweikampf versöhnten sich Rochebrune und Vincent übrigens wieder. — Ganz Frankreich war noch immer in großer Aufregung, und der Zwischenfall wurde auch in dem kleinen, leidenschaftlich erregten Lunel bald wieder vergessen. Vincent war dort übrigens als ein felsenfester Royalist bekannt, er hatte während des Krieges bedeutende Geldunterstützungen für die Fortsetzung des Krieges und später für die Pflege von Verwundeten und für die Versorgung von Verwaisten gezeichnet, und niemand in seiner Vaterstadt zweifelte an der Aufrichtigkeit seines Patriotismus. Seine eigentümlichen Meinungen in Bezug auf die Revanche nannte man auf der einen Seite „des lubies d'un vieux garçon.“ während man ihnen hie und da sogar beistimmte. — Vincent selbst schien nicht geneigt seine Ansichten zu wechseln,

weil ihn dieselben in ein Duell verwickelt hatten, und so
oft er sich in eine politische Unterhaltung einließ, was
übrigens nur selten geschah, sprach er sich entschieden, ja
sogar mit einer gewissen Leidenschaftlichkeit dahin aus,
daß die Würde Frankreichs vor allen Dingen Schweigen
und Ruhe erheische, und daß das unsinnige Revanche-
schreien der großen Nation unwürdig sei.

Vincent fuhr fort regen Anteil an der Politik zu
nehmen. Er hatte sich auf die meisten Pariser Zeitungen
abonnirt und verbrachte einen großen Teil des Tages
mit dem Lesen derselben. Er mißbilligte den Sturz des
Herrn Thiers.

„Thiers war einer der wenigen mutigen Leute, die wir
in Frankreich besitzen," sagte er. „Das ganze Land ist dem
greisen Mann zu tiefem Dank verpflichtet. Er hat zu
handeln gewagt, als andere nur klagten und deklamirten;
er hat von Frankreich gerettet, was nach den Fehlern
des Kaisertums und nach den Revolutionen vom 4. September und 18. März noch zu retten war. Man lohnt
ihm jetzt mit schwarzem Undank. — Der Herzog von
Broglie ist ein orleanistischer Intrigant."

Als sich im Oktober 1873 die Kunde verbreitete,
der Graf von Chambord werde den Thron seiner Väter
besteigen, flackerte das alte Feuer noch einmal bei
Vincent auf.

„Gern und ruhig würde ich sterben, wenn ich
Heinrich V. an der Spitze von Frankreich sehen könnte,"
sagte er.

Der Brief des Grafen von Chambord, der die sein
erdachten Pläne der sogenannten Fusionisten über den

Haufen warf, berührte den alten Vincent schmerzlich. „Der König hat recht," sagte er. „Er hat immer recht. Aber was ist von einem Lande zu denken, dessen erste Bürger es wagen können, dem Könige zuzumuten, er solle auf dunklen Wegen den Platz erreichen, auf den er von Gottes= und Rechtswegen unbestreitbare Ansprüche geltend machen kann. — Armes Frankreich!" — Die Herren Lucien Brun, Chesnelong und Cazenove de Pradines, die in Paris für gute Legitimisten galten, fanden vor den Augen des alten Royalisten von Lunel keine Gnade. du Temple, Lorgeril und Belcastel waren die einzigen Ab= geordneten, mit deren Meinungen er sich befreunden konnte und deren Handlungsweise er billigte.

Sabatier, Vidal, Coulet, die besten Freunde Vincents, bemerkten, daß der alte Herr immer einsilbiger und trüb= sinniger wurde. Sabatier begleitete ihn eines Abends nach Hause und hatte bei dieser Gelegenheit eine längere Unterredung mit ihm.

„Sie sind nicht recht wohl," begann er dieselbe. „Sie sehen angegriffen aus. — Fehlt Ihnen etwas? Haben Sie den Doktor um Rat gefragt?

„Der Doktor kann mir nicht helfen," gab Vincent zur Antwort. „Ich langweile mich, das ist meine ganze Krankheit."

„Machen Sie eine Reise. Zerstreuen Sie sich."

„Wo würde es mir besser gehen als in Lunel? Hier wenigstens bin ich von bekannten Gesichtern umgeben, und habe Beschäftigung, und weiß, wie ich den langen Tag totschlagen kann, ohne daß er zu unerträglich lang erscheint.

„Gehen Sie nach Paris. Mein größter Wunsch ist es, nach Paris zu gehen. Ich möchte, ich wäre reich und frei wie Sie es sind: ich wäre heute abend lieber als morgen früh auf dem Wege nach Paris.“

„Ich danke Ihnen. — Paris! — Nein, lieber möchte ich zur Hölle fahren! Paris, der Ruin Frankreichs! Paris mit seinen Lügnern und Heuchlern und Komödianten, Paris, die Geburtsstätte alles Unheils, das über Frankreich hereingebrochen ist und an dem Frankreich zu Grunde geht! — Die Revolution, das Kaiserreich, der Krieg, die Kommune sind in Paris geboren und konnten dort allein geboren werden. Paris hat ganz Frankreich krank gemacht . . . Fluch über Paris!“

„Nun, nun, Papa Vincent, ereifern Sie sich nicht,“ sagte Sabatier. „Paris ist doch die schönste Stadt der Welt. Sie hat ihre Fehler, aber sie hat ihre Eigenschaften, die sie zum Mekka der Civilisation machen.“

„Bitte, lassen Sie mich mit dem Viktor Hugo'schen Unsinn zufrieden. Mekka der Civilisation! Ja, wenn Civilisation die Verneinung alles Natürlichen, jeder Wahrheit ist. Ich will Ihnen sagen, was Sie, ein Fremder, in Paris finden werden: die ersten Schneider, Schuster, Handschuh- und Hutmacher der Welt, die besten Haarkünstler und Fechtmeister, die kokettesten Frauenzimmer, die lüderlichsten Dirnen, die gewissenlosesten Journalisten, die verlogensten Politiker, die diebischsten Gastwirte und die vorzüglichsten Schauspieler. — Es gibt in Paris auch, Gott sei Dank! einfache, ehrliche Leute, die sich über das Schicksal Frankreichs grämen und die sich schämen, daß die Franzosen heute anders als in Sack und Asche gehen;

aber diese halten sich in ihren Häusern eingeschlossen, und sind für den vergnügungssüchtigen Besucher unsichtbar. — Nein, nein, nein! — Lunel ist langweilig und traurig genug, und ich bin des Lebens, das ich hier führe, herzlich müde und sehne mich aus demselben hinaus; aber doch ist es mir lieber als das Leben, das mir Paris bieten würde." Vincent fuhr zusammen, ein plötzlicher kalter Schauer überlief ihn.

„Es ist ein freudenloses Leben, das Leben in Lunel," sprach er langsam weiter, „es ist ein schmachvolles Leben, das Leben in Paris, es ist ein trauriges Leben überall in Frankreich!" Er fuhr noch leiser, gleichsam zu sich selbst sprechend, fort: „Früher war das Leben schöner. Da gab es etwas, um dafür zu sorgen, zu leben, zu sterben. — Was kann ich jetzt noch thun? Mir die Arme kreuzen und dem Untergang Frankreichs als ein ohnmächtiger Zuschauer beiwohnen . . . Die Welt ist aus den Angeln; und ich bin ein alter, schwacher unnützer Mensch."

Sabatier und Vincent waren an der Wohnung des Bankiers angelangt.

„Gute Nacht, Herr Vincent," sagte Sabatier. „schlafen Sie wohl."

„Gute Nacht, lieber René," war die Antwort. Der Bankier, die Thürklinke schon in der Hand, kehrte sich plötzlich noch einmal um und fragte:

„Wie alt sind Sie?"

„Vierundzwanzig Jahre."

„Folgen Sie dem Rat eines alten Junggesellen: Verheiraten Sie sich Sogar ein sorgenvolles Leben ist besser als ein leeres. Wehe dem Einsamen! . . . Nehmen Sie sich eine Frau . . . Der Mensch ist nicht geboren allein zu sein . . . Einsamkeit brütet böse Gedanken . . . Gute Nacht, Sabatier!"

Am nächsten Tag erschien Vincent zur gewöhnlichen Stunde im Café de l'Esplanade, und nach wenigen Minuten saß er René Sabatier gegenüber am Spieltisch, dem Anschein nach in den Kombinationen einer Partie Piquet vertieft.

„Sie haben einen Neunziger verworfen," sagte Sabatier.

„So?" war Vincents Antwort. Er nahm die fortgelegten Karten langsam auf und sah sie an. „Richtig," fuhr er fort, „da liegt der Coeurbube."

„Sie haben Ihre Quinte nicht angesagt," bemerkte Sabatier von neuem, nachdem ein frisches Spiel begonnen hatte.

„Sie haben auch diesmal wieder recht, junger Mann," antwortete Vincent. „Ich habe es vergessen. Ich weiß nicht, wo ich heute den Kopf habe."

Nach einer halben Stunde schon schob Vincent die Karten bei Seite.

„Es langweilt mich, dieses ewige Piquetspielen," sagte er. „Da sitzt Coulet und wartet auf einen Partner. Spielen Sie mit ihm. Ich bin heute nicht dazu aufgelegt." Er trat an einen andern Tisch, an dem Bézigue gespielt wurde, und rieb sich nachdenklich das harte, glattrasirte Kinn. Einer der Gäste forderte ihn auf, eine Partie mit ihm zu spielen. „Mit Vergnügen," antwortete Vincent. Er nahm die Karten, spielte und gewann.

„Bézigue scheint mir ein recht kindisches Spiel," sagte er. „Da lobe ich mir noch eher Piquet." Er entschuldigte sich und wollte nicht weiter spielen. „Ich gebe Ihnen morgen Revanche," sagte er.

Er stand darauf noch eine halbe Stunde müßig und unentschlossen im Saal umher, wechselte einige Worte mit den ankommenden Gästen und entfernte sich früher als gewöhnlich, um nach Hause zu gehen. Sobald er den Rücken gedreht hatte, steckten seine Freunde die Köpfe zusammen.

„Der alte Vincent sieht erbärmlich aus. Was mag ihm fehlen?"

„Er sah die Karten heute gar nicht, verwarf in einem Spiel einen leichten Neunziger und einen Sechziger, vergaß eine Quinte anzusagen und verzählte sich ein halbes Dutzend mal."

„Sein Geschäft geht doch gut?"

„Das wollt' ich meinen. Er hat erst in der ver= gangenen Woche wieder bedeutende Ankäufe von Anlage= Papieren gemacht.

„Nun, was fehlt ihm?"

„Nichts . . . Er langweilt sich."

„Das hat er seit dreißig Jahren gethan."

„Es ist ihm aber jetzt vielleicht erst klar geworden, daß es nicht vergnüglich ist, sich zu langweilen."

Vincent ging inzwischen langsam seiner Wohnung zu. Er blieb mehrere Male in tiefem Nachdenken versunken stehen und rieb sich, wie das seine Gewohnheit war, das Kinn. Einmal nahm er den Hut ab und preßte die Hand an die Schläfe, als fühle er dort einen Schmerz. Die Binde schien ihn zu beengen. Er löste sie und atmete dann tief auf wie jemand, der eine erschöpfende Arbeit verrichtet hat.

In seiner Wohnung angekommen, fand er alles am gewohnten Plaße: die Lampe, die Zeitungen, einige Briefe. Von diesen sah er nur die Adressen an, und schob sie, nachdem er die Handschriften betrachtet hatte, ungelesen beiseite. Auch die Zeitungen schienen ihn nicht zu interessiren. Er öffnete eine davon und sah sich den Leitartikel an. „Immer dasselbe, alte, alberne, hohle Geschwäß," murmelte er. — Die Kirchuhr schlug Zwölf. Vincent nahm ein Licht und ging in sein Schlafzimmer. Als er die angezündete Kerze auf den Kamin stellte, fiel sein Blick in den Spiegel. Er betrachtete sein Bild aufmerksam. Es war das eines zusammengeschrumpften alten Mannes mit grauen Haaren und gelber Gesichtsfarbe. — „Ich hätte bis heute nie geglaubt," sagte er ganz langsam, die dunklen, ernsten Augen unverwandt auf den Spiegel gerichtet, „daß ein ganzes, volles Leben so wenig Freude enthalten könnte, wie das meine enthalten hat. — Spazierenfahren, Essen, Trinken, Briefe und Zeitungen lesen, Piquet spielen und schlafen . . . und nichts nüßen . . . und niemandem nüßen . . . und für nichts sorgen . . . und sich langweilen."

Er trat an das offene Fenster und schaute hinaus in die laue, herrliche Frühlingsnacht. Ein sternklarer, unbewölkter Nachthimmel breitete sich über ihm aus. Vor den Fenstern rauschten die alten Bäume. Tiefes Schweigen herrschte rings umher. — „Es ist schauerlich still," murmelte Vincent, „still draußen und drinnen." Er schloß das Fenster, entkleidete sich und legte sich zu Bett.

Am nächsten Morgen fuhr er nach dem Mas de Vincent. Der Peire empfing ihn in gewöhnlicher Weise.

„Ein herrlicher Tag," sagte er, „ich hoffe, Sie befinden sich wohl, Herr Vincent. Sehen Sie, wie alles grünt und blüht. Wenn wir jetzt nur etwas Regen bekommen, und der Himmel uns vor Hagel und Nachtfrost bewahrt, so ist eine gute Ernte gesichert."

„Wir haben uns nicht zu beklagen," antwortete Vincent. „Der Mas hat mehr eingebracht, als manches doppelt so große Gut des Departements."

„Ja, Sie sind ein glücklicher Mann, Herr Vincent. Man möchte sagen, daß, was Sie in die Hand nehmen, zu Gold wird. Der Mas ist heute zweimal so viel wert als zu Lebzeiten Ihres Herrn Vaters. — Sie sind ein glücklicher Mann."

Als Vincent wieder nach Hause fuhr, wiederholte er wohl zehnmal: „Ja, ich bin ein glücklicher Mann." Aber sein Gesicht sah nicht wie das eines glücklichen Mannes aus.

Vincent rührte sein Frühstück kaum an. Auch um sechs Uhr aß er wenig. Marthe, das alte Hausmädchen, bemerkte es und fragte, ob Herr Vincent nicht wohl sei?

„Ich bin nicht krank, Marthe," antwortete er. „Ich habe heute keinen besonderen Appetit. Es wird morgen schon wieder besser sein."

Im Klub lehnte Herr Vincent die Einladung zum Spielen ab. Wie am vorigen Abend ging er von einem Tische zum andern und schaute in die Karten der Spielenden und rieb sich das Kinn.

„Warum wollen Sie nicht spielen?" fragte ihn Sabatier.

„Ich habe dreißig Jahre lang Piquet gespielt. Ist es ein Wunder, daß es mich nicht mehr vergnügt?"

„Nun, so machen Sie eine Partie Bézigue."

„Bézigue ist ein Kinderspiel."

„Eine Partie Whist."

„Ich kann nicht Whist spielen."

„Lernen Sie es."

„Ich bin zu· alt dazu."

„Oho, Papa Vincent, Sie sind heute schwer zu be= friedigen."

„Ja schwer, sehr schwer! Es ist in der That un= recht, anderes und mehr vom Leben zu verlangen, als Vergnügen an einer Partie Piquet zu einem Sou den Point."

Sabatier drängte nicht weiter, und Vincent ging, nachdem er wieder eine Stunde ratlos umhergestanden hatte, nach Hause. Vor seiner Hausthür blieb er lange wie unentschlossen stehen. Er nahm den Hut ab, glättete sich mit der Hand die Stirn, gleichsam als wolle er einen Gedanken, der sich dort eingenistet, verwischen; dann pfiff er ganz leise vor sich hin, und blickte die Straße auf und ab, als erwarte er jemand.

Eine arme Frau mit einem Kinde auf dem Arm kam vorbei. Der Schein der Gaslaterne, die vor dem Hause brannte, fiel auf ihr junges, elendes Gesicht.

„Gott zur Liebe, schenken Sie mir ein paar Sous," bettelte sie, „damit ich meinem hungrigen Kinde Brod kaufen kann!"

Vincent zog die Börse aus der Tasche, und suchte aus Gewohnheit nach kleiner Münze. Da er diese nicht

fand, so gab er der Bettlerin ein großes, hartes Fünf=
frankenstück.

„O du mein gütiger Gott!" rief diese fast erschreckt.
„Wie soll ich Ihnen danken? Der Himmel segne Sie
und die Ihrigen für das, was Sie an mir und dem un=
schuldigen Säugling gethan haben." Sie entfernte sich.
Vincent sah ihr nachdenklich nach.

„He! Sie! Frau!" rief er plötzlich mit großer Leb=
haftigkeit. Die Bettlerin drehte sich um. Sie zauderte.
Sie fürchtete wohl, daß Vincent sich geirrt habe und ihr
das Geld wieder fortnehmen wolle.

„Kommen Sie nur zurück! Es soll Ihnen kein Leid
geschehen. Im Gegenteil. Aber machen Sie schnell!
Ich habe keine Zeit zu verlieren."

Die arme Frau nahte sich, noch immer unent=
schlossen.

„Hier," sagte Vincent, „hier nehmen Sie . . . schnell,
schnell!" und er schüttete den Inhalt seiner Börse in die
Hand der Frau.

Diese stand wie versteinert. Sie wagte nicht, ihren
Augen zu trauen. Als sie endlich einige unzusammen=
hängende Worte des Dankes gefunden hatte, war Vincent
längst hinter der Hausthür verschwunden.

*   *   *

Guerre wartete seit einer Stunde auf seinen Herrn.
Endlich wurde er ungeduldig.

„Marthe!" rief er, „ist der Herr noch nicht aufge=
standen? Es ist bald acht Uhr."

Marthe erschien in der Küchenthür und sah zum Fenster des Schlafzimmers hinauf. Die Gardinen waren noch nicht aufgezogen.

„Das ist sonderbar," sagte sie. „Der Herr steht immer regelmäßig um sechs Uhr auf. Ich will gleich einmal sehen, was ihm fehlt."

Nach einer Minute kam sie zurück, am ganzen Leibe zitternd, totenblaß, verstört.

„Guerre," flüsterte sie heiser, „Guerre ... der Herr — der Herr — kommen Sie."

Der alte Kutscher taumelte zurück. Aber er faßte sich bald ein Herz und folgte der bebenden Marthe. Diese blieb in der Wohnstube stehen und zeigte stumm nach der Thür, die zum Schlafzimmer führte.

Das helle Sonnenlicht fiel gedämpft durch die ge= schlossenen Vorhänge in das große stille Schlafgemach. Auf dem Tische standen zwei niedergebrannte Kerzen; zwischen den Leuchtern sah Guerre einen Bogen Papier, auf dem einige Zeilen geschrieben waren, und in dem freien Raum zwischen dem Kamin und dem Tische, in einer großen Blutlache, lag der Leichnam Casimir Vincents. — Guerre hob ein von Blut gefärbtes, von Blut noch nasses Rasirmesser auf und legte es schaudernd auf den Tisch. Dann ergriff er den Bogen Papier, der ihm zuerst in die Augen gefallen war, und las:

„Ich bin des Lebens müde und gebe mir den Tod. Meine Bücher sind in Ordnung. Mein Testament ist bei Herrn Vidal, dem Notar, in Verwahrsam.

Casimir Vincent."

Die Leiche wurde in aller Stille beerdigt. Sämt=
liche Mitglieder des Klubs be l'Esplanade folgten dem
Sarge.

Das Vermögen Vincents ging teilweise an entfernte
Verwandte über, eine bedeutende Summe war Herrn René
Sabatier und ein ebenfalls großer Betrag einer wohl=
thätigen Stiftung in Lunel vermacht. Die Bestattung
der Leiche in geweihter Erde wurde erlaubt. René Sabatier
ließ auf dem Begräbnisplatz einen Stein errichten, und
der letzten Worte des Verstorbenen eingedenk, darauf
eingraben:

„Ein Lebensmüder hat hier Ruhe gesucht."

Liquidirt.

I.

Die Freundschaft, welche Wilson und Irwing verband, hatte einen guten, triftigen Grund: — die beiden hatten sich gegenseitig das Leben gerettet.

Dies war folgendermaßen zugegangen.

Im Jahre 1860 waren die Changmaos, die „lang= haarigen" chinesischen Rebellen, unter Führung ihres „himmlischen Königs" Taï=ping=wang, des „Herrschers der allgemeinen Glückseligkeit," von der Südprovinz Kwangsi bis hoch nach Norden vorgedrungen. Sie hatten Nanking, die alte Hauptstadt, Han=tschau, „das Paradies auf Erden," Su=tschau, die zweitreichste und größte Stadt Chinas, erobert und zerstört, und sie bedrohten Peking. — Han= tschau war, nachdem die Changmaos dort ein furchtbares Blutbad angerichtet, von den Kaiserlichen wieder genommen worden; aber Su=tschau, die Hauptstadt der Seiden= provinz Kiang=su, war in den Händen der Rebellen ge= blieben.

Die europäischen und amerikanischen Kaufleute, die sich seit 1844 in der Hafenstadt Schanghai niedergelassen hatten und die von dort aus einen ergiebigen Handel mit den Chinesen betrieben, waren in großen Ängsten.

Für ihr Leben und ihren Reichtum fürchteten sie nicht. Es waren ihrer zwar nur wenige Hundert, aber sie hatten sich in der „fremden Niederlassung" verbarrikadirt, sie waren gut bewaffnet, sie konnten auf die Unterstützung einiger englischer und französischer Kanonenboote rechnen, die in Woosung vor Anker lagen, und sie verachteten die Chinesen, als Soldaten, so gründlich, daß ihnen eine Armee, wo sie einer gegen zehn zu kämpfen gehabt haben würden, keine Furcht eingeflößt hätte. Dazu kam, daß verschiedene „Taïpingkönige," wie sie selbst sich nannten, — Rebellenhäuptlinge, wie man sie in Schanghai bezeichnete, jede Gelegenheit wahrgenommen hatten, um freundliche Beziehungen mit den Fremden herzustellen. Diese durften deshalb annehmen, daß, für den Fall die Changmaos bis nach Schanghai kommen sollten, Leben und Eigentum der Europäer und Amerikaner dennoch nicht gefährdet sein würden. — Was die Kaufleute verdroß, war, daß sich die Rebellenarmeen nach der Einnahme von Su-tschau und Sung-Kiang zwischen Schanghai und die Seidendistrikte geschoben hatten, und daß die chinesischen Seidenverkäufer, die gleichzeitig die Hauptkäufer von indischem Opium und englischen Manufakturen waren, sich nun nicht mehr nach Schanghai wagten, aus Furcht, unterwegs ausgeplündert oder ermordet zu werden. Der Handel, der viele von den Fremden bereits reich gemacht hatte und sämtliche Neuangekommene in wenigen Jahren reich machen sollte, drohte vollständig in Stocken zu geraten.

Diese Befürchtungen waren jedoch nur von kurzer Dauer. Unter den Einwohnern von Schanghai fanden

sich bald einige verwegene Abenteurer, die es gegen gute
Bezahlung übernahmen, die unterbrochene Verbindung
zwischen der Hafenstadt und den Seidendistrikten wieder
herzustellen. Sie wußten sich von dem „Himmlischen
Könige" Geleitschreiben und Pässe zu verschaffen, und
mit diesen Papieren und ihrem waghalsigen Mute zogen
sie vereinzelt oder in Gruppen von dreien oder vieren, in
kleinen Booten, hunderte von Meilen weit in das Innere,
um dort Opium und Waffen gegen Seide einzutauschen.
Es war eine kurze Zeit, wo das Glück dem Verwegenen
lächelte und ihn in wenigen Wochen zum reichen Manne
machte.

In der Kegelbahn des englischen Klubs von Schanghai
waren an einem heißen Juliabend des Jahres 1860
einige zwanzig junge Männer versammelt. Sie hatten
die leichten, weißen leinenen Jacken ausgezogen und die
Halstücher abgelegt, und sie schlenderten, sich träge fächernd,
in dem großen luftigen Saale langsam umher. Einige
von ihnen hatten sich an einer Partie Kegel beteiligt; die
andern sahen den Spielern zu oder unterhielten sich mit-
einander. Ein jeder von ihnen hatte irgendwo, auf einem
der Tische oder Sessel, ein Glas eiskaltes Sodawasser
mit Brandy stehen.

„Nun, Wilson ist also von seinem Ausfluge zurück?"
fragte, sich an seinen nächsten Nachbar wendend, ein
großer, hagerer, blasser Mann. „Man sagt mir, er habe
sechzig Ballen Tsatlee*) mitgebracht. Wissen Sie etwas
Näheres?"

---

*) Tsatlee, Name einer Seidensorte, die in China in den
Handel kommt.

„Sechzig Ballen?" erwiderte der Angeredete ver=
drießlich, „das muß ich erst sehen, um es zu glauben.
Dividiren Sie durch zwei, und Sie kommen der Wahr=
heit wahrscheinlich näher. Ich weiß von nichts. Dort
steht übrigens Wilson. Fragen Sie ihn doch selber. Er
kann Ihnen am besten sagen, was er mitgebracht hat."

Der hagere Mann, der „lange Neville," wie man
ihn in Schanghai nannte, wandte seine schwachen Augen
der Richtung zu, nach der sein Nachbar gedeutet hatte
und näherte sich der Gruppe der Spieler. Er musterte
diese aufmerksam, einen nach dem andern, bis er unter
ihnen den gesuchten Richard Wilson endeckte.

„Nun, Dick," sagte er, ihm vertraulich auf die breite
Schulter klopfend, „aus dem Innern zurück? Gute Ge=
schäfte gemacht?"

Richard Wilson, ein kleiner, untersetzter Mann von
zwanzig Jahren, mit kurzgeschorenen, dichten blonden
Haaren wandte sich rasch um. Er hatte ein Gesicht, in
dem der Ausdruck verwegener, sorgloser Entschlossenheit
alles andere beherrschte: eine breite, offene Stirn, helle,
blitzende, schnelle Augen, einen großen, geraden, festge=
schlossenen Mund und ein breites Kinn.

„Wie Sie sehen, Neville! Hier sind wir wieder!" Es
war eine Stimme voller Frische und Lebensmut.

„Nun, und wie ist es Ihnen ergangen?" fragte
Neville weiter.

„Gut, natürlich! Wie soll es mir sonst gehen?" und
er lachte laut auf und zeigte zwei Reihen weißer, starker
Zähne.

„Haben Sie Seide mitgebracht?"

„Ja wohl!"

„Ist dort, wo Sie gefunden haben noch mehr zu holen?"

„Haufen, Neville, Haufen!"

„Nun aber wo denn, alter Freund?"

„Ja wo? Da liegt der Hase im Pfeffer. —— Da hinten, links, immer grad' aus, bis nach Su=tschau: dann rechts und bis zum Tai=woe — und da ‚irgend wo'!" — Er zeigte mit der Hand ins Blaue hinein und lachte dabei wieder laut und herzlich. — „Suchen Sie, Neville, suchen Sie, wie ich es gethan, und wenn Sie ebenso viel Glück wie ich haben, so werden Sie vielleicht finden."

„Wilson!" rief einer der Kegelspieler.

„Adsum!" und mit einem Satze hatte er sich von Neville entfernt und die schwere Kegelkugel ergriffen, die gleich darauf die Bahn hinunterflog.

„Diese Menschen sind wirklich bewunderungswert," sagte Wilson eine Minute darauf, sich an einen der Mit= spieler wendend. „Da habe ich mich vierzehn Tage lang im Innern umhergetrieben, bin einem halben Dutzend Sonnenstichen entgangen, habe jede Nacht bis vier Uhr morgens Wache gestanden, von Reis und Fisch gelebt wie ein heidnischer Chinese, lauwarmes Soda und Brandy trinken müssen, und endlich mit Mühe und Not ein paar Ballen Seide gefunden, die ich mit Lebensgefahr nach Schanghai gebracht habe — und nun erwarten die Menschen, daß ich ihnen meine sauer erworbene Erfahrung für nichts und wieder nichts zur Verfügung stellen soll."

Der junge Mann, dem Wilson diese Bemerkungen mit halblauter Stimme machte, war von großer, kräftiger

Statur, er hatte schlichtes, blondes Haar und ein ehr-
liches, ruhiges Gesicht. Er hörte aufmerksam zu, zog die
Schultern lächelnd in die Höhe, aber antwortete nicht
und fuhr fort sich um die Kegelpartie zu bekümmern, an
der er beteiligt war. Nachdem diese beendet, brachte er
seinen Anzug in Ordnung, setzte sich einen großen leichten
Filzhelm auf, wie ihn die Europäer in China zum Schutz
gegen die Sonnenstrahlen als Kopfbedeckung tragen, und
blieb dann, an einem Pfeiler des Schuppens gelehnt, mit
übergeschlagenen Armen nachdenklich stehen. Wilson unterbrach ihn in seinen Träumereien.

„Gehen Sie nach Hause, Irwing?“ fragte er ihn.
„In diesem Falle begleite ich Sie.“

Irwing, anstatt zu antworten, begnügte sich damit,
sich zu Wilson zu gesellen. Nachdem die beiden einige
Minuten lang in der Straße schweigend nebeneinander
hergegangen waren, fing Wilson die Unterredung von
neuem an.

„Nun, was treiben Sie jetzt?“ fragte er.

„Nichts!“ antwortete der andere lakonisch.

„Das ist verdammt wenig. Haben Sie Aussicht,
etwas Besseres zu finden?“

„Nein.“

Wieder eine Pause, während der Irwing wohl fühlen
mußte, daß er seinen freundlichen Genossen etwas gar zu
kurz abgefertigt hatte. Er nahm deshalb das unterbrochene
Gespräch wieder auf.

„Ich war in England falsch unterrichtet worden,“
sagte er. „Man hatte mir dort erzählt, daß ich als
Civilingenieur reichliche und gute Beschäftigung in Schang-

hai finden werde. Nun treibe ich mich hier aber schon
drei Monate ‚suchend‘ umher, langweile mich, verzehre
meine kleine Barschaft und stehe heute noch genau auf
demselben Fleck, auf dem ich mich am Tage meiner An=
kunft befand. Ich habe mich beinahe entschlossen, den
ersten Dampfer, der nach Nagasacki oder Yokohama geht,
zu nehmen, um mein Glück in Japan zu versuchen.“

„Augenblicklich sind hier bessere Aussichten für einen
Mann wie Sie, als irgendwo anders.“

„Ich sehe Sie nicht.“

„Ich gehe in vier oder fünf Tagen wieder in das
Innere. Begleiten Sie mich, und ich will Ihnen Aus=
sichten zeigen, daß Ihnen die Augen übergehen sollen.
Hunderttausende sind jetzt aus dem Innern zu holen,
junger Mann! Hunderttausende!“

„Was Sie jüngst erfahren und gelernt haben, ist Ihr
Eigentum. Ich mag es Ihnen nicht fortnehmen.“

„Unsinn, Mann! Sie glauben doch nicht etwa, daß
die Bemerkungen, die ich vorhin über den langen Neville
machte, auf Sie gemünzt waren? Ein Hasenherz wie der
wird in der That niemals erfahren, was ich heute weiß;
aber ein Mann wie Sie kann in acht Tagen gerade
ebenso klug sein wie ich. — Hören Sie mich an: Ich
bin, wie Sie wohl wissen, für Sands’ Rechnung in das
Innere gezogen. Ich habe ganz gute Geschäfte gemacht;
aber ich selbst habe dabei nicht viel verdient. Sands
stecken die großen Gewinnste ein, und mir bleibt nur eine
erbärmliche Kommission. Dafür mag ich die Geschichte
nicht ein zweites Mal durchmachen. Ich habe es James
Sands offen gesagt, und er sieht ein, daß ich recht habe;

aber er will das Geschäft nicht auf gemeinschaftliche
Rechnung mit mir machen: dazu, meinte er, wäre ihm
das Risiko zu groß; er müßte auf bedeutenden Gewinn
hoffen dürfen, um sich veranlaßt zu fühlen, ein Kapital
aufs Spiel zu setzen. Er hat nicht unrecht, — und ich
habe recht — und wir haben uns in Freundschaft von
einander getrennt. Ich will nun also eine neue Expedition für eigene Rechnung unternehmen; — aber nicht
allein. Die Sache kann nur gut durchgeführt werden,
wenn man zu zweien geht. Als ich Sie nun heute abend
in der Kegelbahn sah, ist mir der Gedanke gekommen,
Ihnen vorzuschlagen, mit mir zu gehen. Wollen Sie
nicht kommen, so suche ich mir einen anderen; — aber
Sie sind mir der Liebste. — Wollen Sie kommen?"

„Unter diesen Umständen, ja!"

„Sehr wohl! Das ist dann eine abgemachte Sache."
Wilson streckte die kräftige harte Rechte aus, in die
Irwing einschlug.

Nach einer kurzen Pause fuhr Wilson fort: „Ich
brauche Ihnen nicht zu sagen, daß die Sache geheim gehalten werden muß."

„Versteht sich."

„Und daß wir keine Zeit zu verlieren haben, wenn
wir nicht wollen, daß uns andere zuvorkommen und uns
die Sahne von der Milch fortnehmen."

„Einverstanden."

„Nun denn, mein Plan ist fix und fertig. Ich habe
zweitausend Dollars bares Geld, die ich mitnehme. Wie
viel können Sie dazu schießen?"

„Achthundert Dollars."

„Hm, mit zweitausendachthundert Dollars können wir keine großen Sprünge machen; aber gleichviel. — Sodann handelt es sich darum, eine kleine Konsignation zu erhalten; und da habe ich an Julius Weber, Ihren Wirt, gedacht. Ich kenne ihn seit langer Zeit. Er hat nicht viel; aber er riskirt das wenige gern, wenn er sieht, daß ehrlich gespielt wird. — Glauben Sie, daß er schon zu Bett gegangen ist?"

„Nein; er wartet gewöhnlich, bis ich nach Hause komme."

„Nun, dann will ich mit Ihnen hineingehen und wir können die Sache zu dreien weiter besprechen."

Wilson und Irwing waren vor einem kleinen zweistöckigen Hause angelangt, dessen Thüren und Fenster weit offen standen, und in das sie hineintraten, ohne von jemand gesehen zu werden.

„Wer ist da?" rief eine helle Stimme von der Veranda.

„Ich bin es, Irwing; und ich habe Ihnen noch Besuch mitgebracht."

„Kommen Sie auf die Veranda; es ist kühler hier, als im Zimmer.

Irwing und Wilson folgten der Stimme, die einem kleinen, behäbigen Mann angehörte, der im Nachtanzuge — das heißt in weiten seidenen Hosen, sogenannte Pudjamas, und in einer leichten chinesischen Jacke, die nackten Füße in Strohpantoffeln — auf zwei großen Sesseln aus Bambus, lang ausgestreckt lag, und eine Cigarre rauchte. Er hatte ein Gesicht wie Milch und Blut, und große, lachende blaue Augen, die hinter einer Goldbrille verschmitzt und wohlwollend zugleich in die Welt hinausblickten.

„Das ist recht, Wilson, daß Sie mich besuchen. Ent=
schuldigen Sie, wenn ich liegen bleibe. Es ist gar zu
heiß. Machen Sie es sich bequem. — Boy!*) Cheroots,
Brandy und Soda für die Herren!"

Die Neuangekommenen folgten, ohne sich nötigen zu
lassen, der Einladung ihres Wirtes, schoben sich ein
jeder zwei Sessel zurecht, um sich gehörig ausstrecken zu
können, und ließen sich sodann nieder. Der Diener brachte
gleich darauf die von Weber bestellten Cigarren und Ge=
tränke.

Nachdem Wilson einen tüchtigen Schluck Brandy und
Soda genommen und sich eine frische Cigarre angesteckt
hatte, setzte er Weber ohne irgend welche Umschweife den
Zweck seines späten Besuches auseinander. Er erzählte
ihm, er sei im Innern gewesen, er wisse, wo dort Seide
billig zu finden, und Opium, Waffen und Pulver teuer
zu verkaufen seien, er habe sich mit Irwing verständigt,
um eine neue Expedition für gemeinschaftliche Rechnung
mit diesem zu unternehmen, und er frage nun an, ob
Weber sich bei dem Geschäfte durch eine Konsignation
beteiligen wolle.

Julius Weber, der freundlich lächelnd, aufmerksam
zugehört hatte, richtete sich jetzt aus seiner liegenden
Stellung in die Höhe, nahm die Goldbrille ab, reinigte
die Gläser sorgfältig mit einem Zipfel seiner seidenen
Jacke, setzte die Brille bedächtig wieder auf, atmete tief,
spitzte den Mund, rieb sich das Kinn, sah Irwing und
Wilson einige Sekunden lang fest und fragend an, bog

---

*) Sämtliche chinesische Hausdiener werden Boy gerufen.

sich dann wider langsam in seine alte Stellung zurück und antwortete endlich:

„Das gefällt mir!" Darauf leerte er das halbvolle Glas, das neben ihm stand und ging auf die näheren Einzelheiten des Geschäfts ein. Nachdem er in Erfahrung gebracht hatte, daß Wilson und Irwing zusammen 2800 Dollars in das beabsichtigte Geschäft stecken wollten, erbot er sich nach einigem Hin= und Herreden mit Wilson, dem gemeinschaftlichen Unternehmen für 4000 Dollars Opium, Waffen und Munition zum Kostenpreise, nach Zuschlag von zehn Prozent Profit, auf Kredit zu verkaufen, und beanspruchte dagegen mit einem Drittel am Gewinn oder Verlust des Unternehmens beteiligt zu werden. Er vertiefte sich sodann noch mit Wilson in eine lange ge= schäftliche Unterhaltung über die Qualität und den Preis des Opiums, der Waffen, des Pulvers und der Patronen, die er herbeizuschaffen übernahm, und nachdem dies zu beiderseitiger Befriedigung erledigt worden war, stellte er zuletzt sein eigenes großes „Hausboot" den beiden Freunden zur Verfügung.

„Sie werden darin so gut aufgehoben sein wie in Ihren Zimmern in Schanghai," sagte er. „Ich habe das Boot erst vor drei Monaten ganz neu in Stand setzen lassen. Sie haben dort zwei gute Betten, bequeme Sessel, einen Weinkeller, den ich füllen werde, und eine Eiskiste, die Ihnen fünf Tage aushalten kann, wenn Sie nicht zu verschwenderisch zu Werke gehen. Mein Lauder (Steuer= mann) ist der beste Bootsmann in Schanghai, und wenn ich ihm sage, um was es sich handelt und ihm eine gute Belohnung verspreche, so wird er sich noch fünf andere

Ruderer aussuchen, die nichts zu wünschen übrig lassen werden."

Weber übernahm es, das Boot in der nächstfolgenden Nacht laden zu lassen. Wilson sagte, er habe nur noch Abrechnung mit Sands zu machen und einige persönliche Angelegenheiten in Ordnung zu bringen und werde über= morgen zur Abreise fertig sein. Irwing, der bis jetzt kein Wort gesprochen hatte, erwiderte auf eine von Weber an ihn gerichtete Frage, daß er jeden Augenblick zum Aufbruch bereit sei — und die drei Freunde trennten sich spät in der Nacht, nachdem die Abreise von Schanghai auf den 1. August, das heißt den zweitfolgenden Tag, abends zehn Uhr festgesetzt worden war.

II.

Das Boot, das Weber den beiden Abenteurern zur
Verfügung gestellt hatte, war am 1. August von Schanghai
abgefahren. Wilson und Irwing hatten sich gegen Mitter=
nacht in die Kajüte zurückgezogen und schliefen dort. Die
beiden chinesischen Diener, die sie begleiteten, ruhten
ebenfalls. Die Bootsleute allein wachten, ihre Arbeit mit
kurzen, halblauten Rufen und dem tiefen, eigentümlichen
Stöhnen und Ächzen begleitend, mit dem chinesische Last=
träger und Schiffer jede anstrengende Arbeit zu verrichten
pflegen. — Es war stille, tiefe Nacht geworden. Die
leise plätschernde Flut, von vier schweren, breiten und
langen Rudern in Kadenz geschlagen, trug das kleine
Fahrzeug rasch vorwärts. Das Geräusch der großen
Stadt war längst verstummt. Der volle Mond war auf=
gegangen. Sein Licht lag wie ein silberner Nebelschleier
auf der weiten Ebene, die der Kanal durchschneidet, und
spiegelte sich in den wellenlosen schwarzen Wassern. Von
Zeit zu Zeit glitt das Boot an einer großen dunklen
Junke vorüber, die vor Anker lag, oder begegnete einem
andern Fahrzeuge. Dann bellten die wachsamen, wolfs=
ähnlichen Hund, welche die chinesischen Schiffer mit sich

führen und die den Fremden auf große Entfernung wittern, und die Leute der beiden Boote wechselten einige Worte mit einander. Das verhallte aber bald, und dann versank wieder alles in den tiefen Frieden der Nacht.

Der Tag dämmerte bereits, als Wilson und Irwing, die sich angekleidet auf ihre Betten geworfen hatten, durch lautes Schreien aus dem Schlafe geweckt wurden. — Man muß in China gewesen sein, um zu wissen, welchen Lärm ein Wortstreit machen kann. — Wilson und Irwing waren daran gewöhnt und wurden dadurch nicht beunruhigt. Sie verließen die Kajüte und begaben sich langsam auf das Verdeck, um zu sehen, was den Lärm verursachte.

Das Boot lag vor einer Brücke, die durch eiserne Ketten und einen schweren hölzernen Balken versperrt war. Der Brückenwärter, von einem Dutzend schreiender und gestikulirender Gehülfen umgeben, weigerte sich, diese Hinder= nisse fortzunehmen. Wilson, der einige Worte chinesisch sprach, und sich das, was er nicht verstand, durch seinen Boy verdolmetschen ließ, brachte nach wenigen Minuten in Erfahrung, daß die Brücke auf Befehl des Stadtobersten von Sonnenuntergang bis Sonnenaufgang gesperrt sei. Er ließ sich darauf an das Ufer fahren, sprang ans Land, und nachdem er drei oder vier Chinesen, die ihm im Wege standen, wenn auch nicht gerade unhöflich, so doch mit großer Bestimmtheit beiseite geschoben hatte, begrüßte er den Brücken= meister, zeigte ihm einige chinesische Papiere, durch die er sich als ein in Schanghai ansäßiger europäischer Kauf= mann zu erkennen gab und schloß seine kurze Rede, indem er dem Mann einen Dollar in die Hand drückte. Der Balken wurde darauf unter erneuertem lautem, aber dies=

mal nicht mehr feindseligem Schreien fortgezogen, und das
Boot paffirte die Brücke. — Es befand sich nun in einem
ansehnlichen Dorfe, deffen Hauptstraße der Kanal bildete.
Aber es war noch sehr früh, und nur hie und da er=
blickten Wilson und Irwing, die auf dem Verdeck geblieben
waren, den Kopf eines Neugierigen oder Ängstlichen, den
das Hundegebell und das Schreien der Brückenwächter aus
dem Schlafe gestört hatte.

Als das Boot das lange Dorf hinter sich gelaffen
hatte, sahen die Reisenden zur Rechten und zur Linken
eine weite, vollständig flache, grüne Ebene, auf der nur
hie und da einige niedrige, mit Bäumen bepflanzte Hügel
— chinesische Gräber — hervorragten. Alles war ruhig
und still. Die Sonne war aufgegangen und beleuchtete
das fruchtbare Land, auf dem es grünte und blühte, und
alles zur Arbeit und Ernte einlud. Aber kein Feldarbeiter,
kein menschliches Wesen war zu erblicken. Alles war öde
und tot; nur einige große Raubvögel zogen trägen Flügel=
schlages durch die graue Morgenluft. — Wilson und Irwing
hatten den schmalen friedlichen Landstrich erreicht, der das
Lager der Rebellen von dem der Kaiserlichen trennte. Von
Letzteren hatten sie noch nichts bemerkt, es sei denn, daß
der Brückenwärter und seine schreienden Gefährten Soldaten
des kaiserlichen Heeres gewesen waren. — Die Leiche einer
Frau, die mit aufwärts gekehrtem Gesichte still auf dem
Kanale lag und dem vorwärts getriebenen Boote langsam
entgegen zu schwimmen schien, zeigte, daß man sich den
Aufständischen näherte.

Nach einer Stunde einförmiger Fahrt gelangte das
Boot an eine der hohen, aus einem Bogen bestehenden

Brücken, wie man sie zu Tausenden auf den chinesischen
Kanälen antrifft. Wilson und Irwing stiegen dort aus,
um sich zu orientiren, und gewahrten, als sie auf der
Brücke standen, ein Rebellenlager in unmittelbarer Nähe.
Die Wachen, deren äußerste Vorposten sich der Brücke bis
auf hundert Schritte näherten, schienen zunächst unent=
schlossen, was sie zu thun hätten, und bedeuteten sodann
durch Zeichen, daß das Boot anhalten solle. Unsere
Freunde setzten sich darauf nieder und warteten geduldig.
Sie sahen, wie einer der Soldaten dem Lager zulief und
nach kurzer Zeit mit einer Gruppe von fünf anderen
Soldaten zurückkam. Sie gingen diesen entgegen und trafen
bald mit der zerlumpten und gefährlich aussehenden Ge=
sellschaft zusammen.

„Die Leute haben wahrscheinlich nichts Böses im Sinn,"
sagte Wilson. „Ich habe ähnliches Gesindel auf meiner
letzten Reise überall angetroffen. Aber es ist doch immer
besser, vorsichtig zu sein. Verlieren Sie sie nicht aus den
Augen, gestatten Sie ihnen nicht, hinter Sie zu treten,
und halten Sie Ihren Revolver in der Tasche bereit.
Zeigen dürfen Sie ihn nicht, denn die Kerle sind dermaßen
erpicht auf einen guten ‚Colt‘, daß sie, um einen solchen
zu bekommen, ihre eigenen Brüder abschlachten würden."

Unter den neuangekommenen Chinesen befand sich ein
Rebellenoffizier, der an Wilson, nachdem er ihn höflich
begrüßt hatte, einige Fragen richtete. Aber der Ange=
redete antwortete darauf nicht und begnügte sich damit,
einen von dem Oberbefehlshaber in Su=tschau unterschrie=
benen und besiegelten Paß vorzuzeigen, und dem Rebellen=
offizier zu verstehen zu geben, daß er nicht gesonnen sei,

sich auf lange Unterhandlungen einzulassen und bäte, sein
Boot, das in friedlicher und freundlicher Absicht nach Su=
tschau gehe, ungehindert weiterfahren zu lassen. — Wilson
hatte eine ihm eigentümliche Art und Weise zu sprechen.
Trotz seines schlechten Chinesisch merkten die Changmaos
wohl, daß er nicht einzuschüchtern sei und nicht gestatten
werde, daß man ihn unnütz aufhalte. Der Offizier, der
zu Anfang etwas prahlerisch aufgetreten war, änderte den
Ton und bat nur, man möge ihm Zeit gönnen, in das
Lager zurückzukehren und dem Kommandanten Bericht zu
erstatten. Damit war Wilson einverstanden, empfahl jedoch
dem Boten größte Eile an, und kehrte, nachdem dieser
sich wieder entfernt hatte, mit Irwing nach seinem Be=
obachtungsposten auf der hohen Brücke zurück.

Nach kurzer Zeit erschien derselbe Offizier wieder. Er
sagte, der General wünsche die geehrten fremden Reisenden
zu sehen, und bat um die Erlaubnis, das Boot besteigen
zu dürfen, um es selbst bis nach der am Kanale gelegenen
Wohnung des Generals zu begleiten.

Das Lager bestand aus einem Dutzend erbärmlicher,
halb zerstörter Häuser und aus dreißig bis vierzig Zelten:
es schien ungefähr tausend Mann zu fassen. Vor jedem
Hause und jedem Zelte wehten kleine, an langen Bambus=
stangen befestigte Flaggen. Die meisten waren viereckig:
weiß mit einem schwarzen Viereck in der Mitte; andere
waren dreieckig und buntfarbig oder mit chinesischen Buch=
staben bemalt. Der ganze Kanal vor dem Lager war mit
verdeckten Booten angefüllt, von denen ein jedes, außer den
Ruderern, acht bis zwölf Mann tragen zu können schien.

Die Wohnung des Generals befand sich in der Mitte

des Lagers. Der Rebellenoffizier ließ dort Halt machen und ersuchte Wilson und Irwing, auszusteigen und ihm zu folgen. Sobald die Fremden Fuß ans Land gesetzt hatten, waren sie von einer Schar Neugieriger umringt. Es waren meist zerlumpte, kräftige Gestalten, mit schmutzigen, wenig Vertrauen einflößenden Gesichtern. Sie unterschieden sich von anderen Chinesen hauptsächlich durch ihre Kopftracht. Zwar hatten sie den Zopf nicht abgeschnitten, aber das Haupthaar um den Zopf, das die anderen Chinesen rasiren, war ungeschoren und wohl einen Fuß lang. Der Zopf war um den Kopf gewickelt, und am Ende desselben ein großes blutrotes Tuch eingeflochten, welches das ganze Haupt wie mit einem Turban bedeckte.

Der General, ein Mann in den Dreißig, groß und hager, hatte kleine, glänzende, schwarze, schiefe Augen, die nicht gerade wohlwollend auf den Eintretenden ruhten. Aber Wilson ließ sich dadurch keineswegs außer Fassung bringen, zeigte seinen Paß vor und erklärte ziemlich un= willig, daß er hoffe, die unnützen Verzögerungen würden nun ein Ende haben und man werde ihm gestatten, weiter= zuziehen. Der General antwortete nur wenig, beeilte sich jedoch, eine Art Visa auf den Paß zu setzen und den Fremden mitzuteilen, daß sie wahrscheinlich noch vor Abend eine größere Militärstation erreichen würden, deren Befehls= haber die Verantwortlichkeit übernähme, sie weitergehen zu lassen oder zurückzuschicken. Damit wurden sie entlassen und konnten ihre Reise fortsetzen.

„Wie kommt es," sagte Irwing, als die beiden wieder im Boote saßen, „daß die Leute, die sich doch gewiß einbilden, daß es bei uns etwas zu plündern giebt, uns nicht an=

fallen? Ehrlich sehen sie gerade nicht aus, und Furcht können wir zwei ihnen doch nicht einflößen."

„Nun, etwas Furcht haben sie doch," meinte Wilson; „man hat ihnen Wunderdinge von uns erzählt, und sie betrachten uns ein wenig wie ambulirende feuerspeiende Berge, denen man sich nicht ohne Gefahr nahen darf. Die Hauptsache ist aber, daß sie wirklich strengen Befehl haben, Fremde unbehelligt zu lassen, und daß sie wissen, wie schnell es mit dem Kopfabschlagen geht, wenn sie un= gehorsam sein sollten. Der verrückte Taï=ping=wang bildet sich ein, wir könnten mit der Zeit seine Verbündeten werden und ihm in seinem Kampfe gegen den Kaiser in Peking beistehen. So lange dieser harmlose Wahn uns zu gute kommt, mag er ihn behalten!"

Während des ganzen Tages zogen Wilson und Irwing ruhig weiter. Ein günstiger Wind hatte sich erhoben und gestattete den Bootsleuten, das viereckige Segel aufzuziehen und die anstrengende Arbeit des Ruderns auf einige Zeit zu unterbrechen. Sie legten sich darauf, nachdem sie eine leichte Mahlzeit eingenommen hatten, zur Ruhe und schliefen bald ein. Das Boot glitt vollständig geräuschlos durch den verödeten Kanal. Nach allen Seiten hin erstreckte sich unübersehbar weit das tote Land. Viele Dörfer wurden durch= fahren, aber sie standen alle leer. Die Augustsonne brannte glühend heiß, die Unterhaltung zwischen Wilson und Irwing, die seit langer Zeit träge geworden war, ermattete mehr und mehr, und endlich schliefen die beiden jungen Leute ebenfalls ein. — Als sie erwachten, lag das Boot unbeweglich still. Der Wind hatte sich gelegt, das Segel war heruntergelassen worden, und sämtliche Bootsleute, der

Steuermann mit inbegriffen, schliefen fest. Wilson weckte sie und befahl ihnen weiterzurudern, und bald glitt das Boot wieder schnell durch die wellenlose, fast strömungslose Flut.

„Wir können nicht mehr sehr weit vom großen Lager sein,“ bemerkte Wilson, „und es liegt mir daran, es in vollem Tageslichte zu erreichen und vor der Nacht zu verlassen. Ich habe bei meiner letzten Reise den dortigen Befehlshaber kennen gelernt. Er hat mich mit allerhand Freundschaftsversicherungen überhäuft, aber besser ist es doch, wir bringen die Nacht nicht in seiner unmittelbaren Nähe zu. In ein paar Stunden müssen wir Halt machen, um die Leute frisch zu erhalten. Es ist kein Spaß, bei vierzig Grad Hitze das schwere Boot vorwärts zu treiben. — Weber hatte recht, seinen Lauder zu loben. Er ist ein tüchtiger Schiffer und hat sich eine gute Equipage ausgesucht.“

Nachdem die Bootsleute noch eine Stunde lang un= unterbrochen kräftig gerudert hatten, kam das zweite Rebellenlager in Sicht. Es befand sich in einer am Kanal gelegenen, ziemlich großen Stadt, die von altertümlichen, ver= witterten Wällen umgeben war. Auf denselben flatterten Hunderte von buntfarbigen Fahnen und Fähnchen. So= bald man das Fahrzeug, das eine englische Flagge am Maste trug, von der Stadt aus erblickt hatte, stieß ein Kahn vom Ufer und kam ihm entgegen. In diesem Kahn befand sich, außer den Ruderern, ein Offizier, in dem Wilson einen Bekannten begrüßte, und der diesen auf das freundlichste bewillkommte. Dieser Offizier war ein un= gemein beweglicher kleiner Mann, der in großer Hast aller= hand Fragen an Wilson richtete und gar nicht zu bemerken

schien, daß sie unbeantwortet blieben. Er hatte übrigens
ein so freundliches, hübsches Gesicht, und sein seidenes
Kleid und seine seidene Kappe waren so reinlich und gaben
ihm ein so anständiges Aussehen, daß Wilson, dessen
Geduld in der Regel nicht lange vorhielt, sich seine
Schwätzereien eine Zeitlang ruhig lächelnd gefallen ließ.
Dann machte er ihm jedoch durch seinen Boy, der herbei=
gerufen war, um Dolmetscherdienste zu versehen, klar,
daß er keine Zeit zu verlieren habe und bald weiter
reisen müsse. Da gab es nun vieles Hin= und Her=
reden: — der General wünschte die fremden Freunde zu
sehen, er hatte Silber, er hatte Seide, er wollte Waffen
kaufen. Weshalb beständen die Fremden darauf, weiter
zu gehen? Gastfreundliche Aufnahme sollte ihnen bereitet
werden. — Aber Wilson beharrte bei seinem Willen und
bewog den kleinen Offizier schließlich, nachzugeben, indem
er ihm einen Revolver schenkte und versprach, ihm auf
der Rückreise, in vier bis sechs Tagen, eine Büchse zu
hinterlassen. Auf der Hinreise, sagte er, dürfe er sich
seiner Waffen nicht entäußern, da er sie möglicherweise
gegen schlechtes Gesindel zu gebrauchen haben könne. Der
Offizier nickte darauf bedeutsam mit dem kleinen, klugen
Kopf und sagte, es gäbe in der That viel schlechte Menschen
auf der Welt. Zum Schluß überreichte er Wilson einen
Paß und empfahl ihm an, diesen nur vorzuzeigen, nicht
abzugeben, da er ihm auch auf der Rückreise wieder
dienlich sein könnte. Die äußersten Vorposten des Lagers,
setzte er hinzu, würden die englischen Freunde am See
finden, den sie bei gutem Rudern in anderthalb bis zwei
Stunden erreichen könnten.

„Bis zum See müssen wir in der That vor Ein=
bruch der Dunkelheit noch kommen" — meinte Wilson,
nachdem das Boot die Mauern der großen Stadt, auf
denen Hunderte neugieriger Chinesen die Fremden begafften,
hinter sich gelassen hatte. — „Hier im engen Kanale zu
übernachten, wo wir vom Ufer aus überfallen werden
könnten, wäre nicht ratsam. In der Mitte des Sees da=
gegen können wir wie in Abrahams Schoße ruhen. Es
ist heller Mondschein, und so leicht wird sich kein Boot
auf Schußweite an uns heranwagen. — Mut, Lauder!
Heiho! Vorwärts: In einer Stunde könnt ihr alle schlafen
gehen. Und doppelten Lohn für den Tag, wenn wir vor
einer Stunde am See sind!"

Die hageren, sehnigen Bootsleute, nackt bis zum Gürtel,
die gelbe ölige Haut mit Schweiß bedeckt, legten sich mit
erneuter Kraft auf die schweren Ruder. Ihr kurzes Schreien
und Stöhnen: „ha=i=hi=ha ... ha=i=hi=ha!" ertönte in
immer schnellerem Tempo. Das Boot schien über den
Kanal zu fliegen.

„Wenn es einmal zum Ausreißen kommen sollte,"
sagte Wilson, zufrieden lächelnd, „so haben wir wenigstens
gute Beine zum Fortlaufen. Die Kerle rudern wirklich
ausgezeichnete.

Nach einer Weile ermatteten die Bootsleute von der
übermäßigen Anstrengung. Das Tempo wurde wieder
langsamer, das einförmige Rufen ertönte nur noch wie
ein schweres Röcheln. Aber in unmittelbarer Nähe er=
blickte man den See. Am Eingange desselben, den Weg
versperrend, lagen zwei große beflaggte Boote, von denen
ein jedes eine Mannschaft von zwanzig Soldaten enthielt.

Wilson zeigte den Paß vor, den ihm der kleine Offizier gegeben hatte, der Befehlshaber der Kriegsboote nickte ihm darauf vertraulich zu, und unsere Freunde fuhren weiter.

Der See hatte einen Durchmesser von anderthalb bis zwei englischen Meilen. Das Boot wurde langsam und gelassen bis in die Mitte desselben gefahren; dann ließ der Lauder die Ruder einziehen, warf einen kleinen Anker aus, und eine Minute darauf saß er, inmitten seiner Leute, rauchend und schwatzend auf dem Vordeck, während einer der Schiffer sich damit beschäftigte, die Abendmahl= zeit, aus Reis, getrocknetem Fisch und Thee bestehend, zuzubereiten.

Nicht weit vom Boote schwamm ein Zug wilder Enten.

„Ich habe Lust, etwas für unser Abendbrod zu schießen," sagte Irwing, auf die Vögel deutend.

„Dann müssen Sie es mit der Büchse versuchen," antwortete Wilson, „denn ein Gewehr und Schrot habe ich nicht mitgenommen."

Irwing stieg in die Kajüte hinunter und erschien bald wieder mit einer Büchse bewaffnet. Er legte an, zielte eine kurze Weile und feuerte. Die Enten erhoben sich mit lautem Flügelschlag und zogen dem Ufer zu. Eine von ihnen blieb zuckend auf dem Wasser liegen.

„Bravo!" rief Wilson. „Das war ein guter Schuß!"

Irwing lächelte und antwortete: „Büchsen und Pistolen= schießen ist stets eine Liebhaberei von mir gewesen."

Einer der Bootsleute lag bereits im Wasser und schwamm schnell und leicht der Stelle zu, wo der tote Vogel lag. Nach wenigen Minuten hatte er ihn an Bord geworfen.

Es war nun wieder Abend geworden. Rings umher
herrschte feierliche Stille. An den Ufern des Sees er=
kannte man im Lichte des verschwindenden Tages zahl=
reiche Ortschaften, hie und da erhob sich eine hohe
Pagode oder das mächtige schwere Dach eines Tempels;
aber nirgends rauchte eine Feuerstelle, nirgends erblickte
man einen Menschen. Alles schien wie ausgestorben.
Fern am Horizont schimmerte ein dunkelrotes, unheimliches
Licht, in dem es von Zeit zu Zeit schwefelgelb aufleuchtete.

„Da wird wieder gesengt und gemordet," bemerkte
Wilson. — „Es ist kein Kinderspiel, diese Rebellion.
Unser Konsul in Schanghai, der während der letzten Jahre
ziemlich genau Buch und Rechnung über die Verwüstungen
geführt hat, schätzt die Verluste an Menschenleben bis jetzt
auf sieben Millionen. Wie er das beweisen will, weiß
ich nicht; aber nach dem, was ich selbst gesehen habe
und was Sie wohl auch noch sehen werden, scheint mir
die Zahl gar nicht so unwahrscheinlich. Unter einer
Bevölkerung von dreihundert Millionen giebt es viel zu
morden. — Die Einnahme von Han=tschau allein soll
vierzigtausend Menschen das Leben gekostet haben. Su=tschau
werden Sie selbst sehen. Vor einem Jahr lebten dort
zwei Millionen Leute. Heute besteht die ganze Bevölkerung
aus einigen fünfzigtausend verhungernder Bettler und
Banditen; die anderen Einwohner sind entflohen, ermordet
oder haben sich selbst umgebracht. Selbstmord ist hier zu
Land eine nationale Einrichtung. So leicht verzweifelt
der Chinese nicht. Er ist sogar recht zähe und hält
schlechte Behandlung länger aus als der Europäer. Aber
wenn es gar zu schlimm wird, oder wenn sich panischer

Schrecken seiner bemächtigt, so erscheint ihm Selbstmord
als das einfachste Mittel, aller Unruhe und allen Qualen
ein gründliches Ende zu machen. Dann erhängt oder
vergiftet oder ertränkt er sich. Erschießen und Halsab=
schneiden ist weniger beliebt. In Han=tschau sind die
Menschen beim Nahen der Changmaos zu Tausenden in
das Meer gelaufen und haben sich ertränkt. — Jeder
hat so seinen Geschmack. Der meine wäre es, glaube ich,
nicht, mir das Leben zu nehmen."

Irwing hatte während des ganzen Tages keine hundert
Worte gesprochen und antwortete auch jetzt wieder nicht.
Aber Wilson konnte sich doch recht gut mit ihm unter=
halten. Irwing war ein aufmerksamer und verständiger
Zuhörer, sobald jemand ernsthaft mit ihm sprach. Nur
er selbst konnte nicht viel Worte machen. Er war etwas
schwerfällig und außerordentlich wortkarg. Er besaß
nicht eine Spur von schlagfertigem Witz. Jeder schwatz=
hafte Narr hätte ihn in einem Wortstreite mit Leichtigkeit
überwältigen können. Aber er war ein vorzüglicher
Ingenieur und löste jede Aufgabe, die ihm gestellt war,
so schwierig sie auch sein mochte, so gut wie einer. Nur
mußte man ihm Zeit geben und mußte ihn ganz allein
lassen. Dann saß er, mit den Händen in den dichten
blonden Haaren, die Ellenbogen aufgestützt, die tiefen
Augen unverwandt auf einen Fleck gerichtet, still nach=
sinnend da, bis es plötzlich, in dem ernsten Gesichte hell
aufleuchtete und er mit einer freudigen, schnellen Bewegung
aufstand. Dann hatte er gefunden, was er suchte, und
dann blieb es ihm für alle Zeiten. Auch sein Herz wurde
nur durch lang anhaltende Eindrücke wirklich berührt.

Ungerechtigkeit und Grausamkeit konnten ihn wohl sofort bis zum Jähzorn aufreizen, und der Anblick fremden Elends machte ihn weich bis zur tiefsten Rührung; aber dies waren rasch vorübergehende Eindrücke, die sein kindliches Herz empfing. Liebe, Freundschaft, Haß, Verachtung konnten dort nur langsam Wurzel schlagen.

Das heitere, gesunde, frische Temperament Wilsons zog Irwing an. Seine Gesellschaft war ihm immer angenehm gewesen. Den Vorschlag, mit ihm in das Innere zu gehen, hatte er gern angenommen. Daß er sich dabei irgend einer Gefahr aussetzte, war ihm nicht in den Sinn gekommen. Er hatte noch nie eine Gefahr gekannt; und er fürchtete sich nicht. Seine Furchtlosigkeit hatte nichts mit dem modernen Mute gemein, der in den meisten Fällen aus Gehorsam vor den Gesetzen der Ehre und Pflicht entspringt. Sie war angeborener, ungebeugter Trotz, wie die Alten ihn besser kannten als wir, und wie man ihn heute bei den Irländern, und den nordischen Völkerschaften noch am häufigsten, aber auch dort nur selten findet.

Wilson war ebenso verwegen und furchtlos wie Irwing, und es war ein seltener Zufall, der die beiden jungen Männer zusammengeführt hatte. Aber die Welt ist klein, und merkwürdige Begegnungen giebt es darin kaum, und es ist deshalb auch nicht zu verwundern, daß Wilson und Irwing sich getroffen hatten.

Die beiden saßen an jenem Abend noch lange auf dem Verdecke des Bootes. Die Schiffsleute und die Boys schliefen fest. Der See lag still, wie tot da. Aber aus weiter Ferne kamen, über das Wasser daher, schwache, langge=

zogenen, unheimliche Laute, wie Klagen und herzzerreißendes Jammern.

Irwing schauderte zusammen. — „Hörten Sie das?" fragte er. „Was war das?"

„Die Rebellen haben vielleicht noch einige unglückliche Landbewohner gefunden, die sich zu früh in ihre Wohnungen zurück gewagt haben, und treiben nun ihr gewöhnliches Handwerk: sie morden."

Der rote Feuerschein am Himmel war erloschen.

„Es ist besser, wir gehen zu Bett," sagte Wilson nach einer langen Pause. „Morgen abend sind wir in schlechter Gesellschaft und werden nicht so ruhig dasitzen können wie heute.

III.

Wilson und Irwing langten am Abend des zweiten
Tages, nachdem sie Schanghai verlassen hatten, wohlbehalten in Su=tschau an. Dieser letzte Teil der Reise
war ein höchst beschwerlicher und unangenehmer gewesen.
Das Land, durch das der Weg führte, war überall auf
das schrecklichste verwüstet. Geplünderte und niedergebrannte Ortschaften bildeten gewissermaßen die Ufer des
Kanals. Verwesende Leichname, die man häufig und
zahlreich vorfand, verbreiteten einen pestilenzialischen Geruch.
Friedliche Landbewohner waren nirgends zu erblicken, und
die einzigen menschlichen Wesen, denen die Reisenden begegneten, waren Soldaten der Rebellenarmee, die in Anzug
und Gebärde den schlimmsten Banditen glichen. Die Schiffs=
leute und die Boys wurden ängstlich; sie baten, man
möge doch nach Schanghai zurückkehren. Wilson beruhigte
sie nur mit großer Mühe; ja zuletzt mußte er drohen,
er werde sie den Changmaos ausliefern, wenn sie nicht den
in Schanghai versprochenen Gehorsam leisteten. — Das
Boot wurde nicht selten zum Anhalten gezwungen. Die Pa=
piere, die Wilson vorzeigen konnte, und das hochmütige,
energische Wesen, mit dem er den Rebellen überall entgegen=

trat, hatten jedoch zur Folge, daß die Weiterreise nach kleinen
Verzögerungen immer wieder gestattet wurde.

Wilson hatte während der Fahrt erzählt, daß er vor
vierzehn Tagen in Su=tschau die Bekanntschaft mit einem
wohlhabenden chinesischen Kaufmann erneuert habe, der
früher nach Schanghai zu kommen pflegte, dem es wahr=
scheinlich durch Bestechungen gelungen sei, das Wohlwollen
einiger Rebellenhäuptlinge zu gewinnen, und der diesen
und sich selbst nun erhebliche Dienste leiste, indem er,
wenn auch vorläufig noch mit beschränkten Mitteln, den
Versuch mache, einen Handelsverkehr mit Schanghai, auf
den die umsichtigen Rebellen ebenfalls großen Wert legten,
herzustellen. An diesen Kaufmann, Namens Assing, dessen
Wohnung in Su=tschau Wilson kannte, waren der Opium,
die Waffen und die Munition, die er mit sich führte, so
gut wie verkauft. Auch durfte er erwarten, bei ihm einige
vierzig bis sechzig Ballen Seide zu finden.

„Das Geschäft wird sich natürlich nicht so leicht ab-
wickeln, als wenn wir in Schanghai in unserem Hause
säßen," setzte Wilson hinzu, „denn Freund Assing, der ein
ganz durchtriebener Halunke zu sein scheint, wenn er auch
nicht gerade ein Spitzbube ist, weiß sehr wohl, daß er
keine Konkurrenz zu fürchten hat, und wird zunächst auf
unsere Bedingungen nicht eingehen wollen; aber schließlich
muß er mir doch nachgeben. Er hat den Rebellen ver=
sprochen, ihnen Waffen zu verschaffen, und er weiß, daß
er erst dann auf neue und bedeutende Zufuhren aus
Schanghai rechnen kann, wenn sich dort die Nachricht ver=
breitet hat, daß man im Rebellenlager nicht geradezu mit
Halsabschneidern verkehren muß."

Su-tschau, seit dem Fall von Nanking die Hauptstadt der Provinz Kiangsu, die nahe an vierzig Millionen Einwohner zählt, galt noch zu Anfang des Jahres 1860 als eine der reichsten und schönsten Städte von ganz China. Man wagte es, sie mit London und Paris zu vergleichen; und im Munde der Chinesen gab es ein altes, geflügeltes Wort, das man in Schanghai oftmals hören konnte: „Oben ist der Himmel; aber auf der Erde Su und Han" (Su-tschau und Han-tschau).

Im Frühjahr 1860, nachdem Ho-kwei-tsing, der Generalgouverneur der Provinz Kiangsu, von den Aufständischen, denen er sich mit einer starken Armee entgegengestellt hatte, geschlagen worden war, füllte sich Su-tschau mit flüchtigen kaiserlichen Soldaten. Sü, der Gouverneur, ließ darauf die großen und reichen Vorstädte niederreißen, in der Hoffnung, daß es ihm gelingen werde, Su-tschau selbst, das mit hohen, festen Mauern umgeben war, gegen das drohende Anstürmen der Changmaos zu schützen. Aber die flüchtigen Soldaten, die keine Disziplin mehr kannten und die sich durch Plündern in den Vorstädten bereichert hatten, verweigerten den Gehorsam, noch ehe die Rebellen in Sicht kamen. Sü erhängte sich darauf an einem Baum im Hofe seines Palastes. nachdem er seine Frauen und Kinder in ein Haus eingesperrt und dort verbrannt hatte. Er wagte nicht zu entfliehen, aus Furcht vor dem Zorne seines kaiserlichen Herrn; und er wollte nicht, daß er oder ein Mitglied seiner Familie lebend in die Hände der Changmaos fiele.

Nach seinem Tode, im Monat Mai, suchten die meisten Bürger von Su-tschau ihr Heil in der Flucht. Ein Teil der Unglücklichen gelangte bis nach Schanghai; Tausende und Abertausende starben auf der Reise, brachten sich selbst um das Leben oder wurden von den Changmaos und von Räuberbanden, die sich schnell gebildet hatten, ausgeplündert und niedergemetzelt. Su-tschau selbst fiel am 9. Juni ohne Schwertstreich in die Hände der Aufständischen.

Die geflüchteten Einwohner hatten an tragbarer, wertvoller Habe mit sich genommen, was sie nur irgend retten konnten; aber viel kostbare Möbel, Waren und Gerätschaften hatten sie zurücklassen müssen. Alles dies wurde von den Rebellenhorden geraubt oder mutwillig zerstört. Die engen langen Straßen, in denen vor wenigen Wochen noch reiches, gesundes Leben geherrscht hatte, waren nun verödet: zerschlagene Möbel, aufgerissene, besudelte Ballen und Kisten Waren aller Art versperrten den Weg an vielen Stellen, die Thüren und Fenster der Häuser waren eingeschlagen, alles Verschlossene war dort gewaltsam erbrochen worden, und inmitten der furchtbaren Verwüstungen verwesten Tausende von Leichen, zeigten sich starke Rudel wolfsähnlicher, verwilderter Hunde und vegetirten einige blödsinnige, halbverhungerte Greise und Greisinnen. Die Changmaos, nachdem sie im Innern der Stadt das Werk der Zerstörung vollendet, hatten sich auf die, an den äußeren Kanälen gelegenen, größeren Straßen zurückgezogen, die sie im Interesse der eigenen Sicherheit von Leichen gesäubert hatten.

In einem dieser Kanäle der Vorstadt, in der Nähe der kolossalen, neunstöckigen Pagode Pok-tsu, eine der berühmtesten Bauten von Su-tschau und von ganz China, befahl Wilson vor einem massiven Gebäude Halt zu machen.

Das Haus hatte eine niedrige, schmale, mit dickem Eisen=
blech beschlagene Thür, die vier bis fünf Fuß über dem
Spiegel des Kanals gelegen war. Eine steinerne Landungs=
treppe von wenigen Stufen führte zu der Thür. An der
Treppe lag ein kleiner Kahn, in dem ein Bootsmann lang
ausgestreckt schlief.

In den Kanälen von Su=tschau, die, wie in Venedig,
die Stadt nach allen Richtungen hin durchschneiden, findet
man ebensoviel kleinere und größere Fahrzeuge, wie man
in den belebten Straßen einer europäischen Hauptstadt
Equipagen und Wagen antrifft. Das in Schanghai nach
einem chinesischen Modell gebaute Boot, auf dem sich
Wilson und Irwing befanden, und das von chinesischen
Schiffsleuten gerudert wurde, war, ohne Aufmerksamkeit
zu erregen, nach seinem Bestimmungsorte gelangt. Wilson
hatte die englische Flagge, die bis dicht vor Su=tschau
oben auf dem Maste geweht hatte, herunterziehen lassen
und war mit Irwing in die Kajüte getreten, um den
Blicken der Vorüberfahrenden zu entgehen. Sobald das
Boot aber an der Treppe angelegt hatte, begab er
sich in das Haus, aus dem er nach wenigen Minuten
mit einem freundlich lächelnden, anständig gekleideten
Chinesen zurückkam. Dies war Assing. Wilson stellte
ihm seinen Reisegefährten vor, nötigte ihn zum Sitzen
und machte es sich dann selbst auf einem der langen
Sophas bequem, die während der Nacht als Bettstellen
dienten.

Der Neuangekommene sprach die in Schanghai zwischen
Europäern und Chinesen gebräuchliche Umgangssprache,
das sogenannte Pidgin=Englisch, mit großer Geläufigkeit,

so daß die Unterhaltung zwischen ihm und Wilson ohne
jede Schwierigkeit geführt werden konnte.

Nachdem die gewöhnlichen Begrüßungsformeln aus=
gewechselt, Wilson einige Nachrichten aus Schanghai, und
der chinesische Kaufmann die letzten Neuigkeiten aus dem
Rebellenlager erzählt hatte, kam Assing endlich auf den
eigentlichen Gegenstand seines Besuches, indem er fragte,
was Wilson an Waren mit sich führe.

„Ein paar gute Büchsen und Revolver, und ein paar
Kisten Opium und Munition,“ war die Antwort.

Der chinesische Kaufmann fragte darauf, ob er Proben
dieser Sachen sehen könne, und nachdem ihm diese gezeigt
waren und er sie mit der Miene eines Kenners in Augen=
schein genommen hatte, erkundigte er sich mit einem etwas
verlegenen Lächeln nach den Preisen, welche man dafür
verlange.

Die Antwort, die er auf diese Frage erhielt, setzte
selbst den gelassenen Irwing in Erstaunen. Wilson, der
lang ausgestreckt dalag, die Hände hinter dem Kopfe ge=
kreuzt, eine brennende Cigarre im Munde und die Augen
durch den Schirm seines vorgeschobenen großen Helmes
halbverdeckt, nannte mit großer Ruhe vier= und fünffach
höhere Preise als die in Schanghai in dem Augenblicke
üblichen.

Assing sprang, als ob er entsetzt wäre, in die Höhe
und näherte sich dem Ausgange. Wilson rührte sich nicht.
Der Chinese besann sich auch bald wieder eines andern,
blieb in der Mitte der Kajüte stehen und sagte mit einem
Tone zärtlichen und komischen Vorwurfes, Herr Wilson
beliebe wohl zu scherzen. Dieser entgegnete kein Wort.

Affing zog darauf einen noch nicht sehr alten Preiscourant
von Schanghai aus der Tasche und versuchte, auf die
dort gedruckten Zahlen sich stützend, seinem Geschäfts=
freunde zu beweisen, daß die von ihm gestellten An=
forderungen geradezu unvernünftige wären.

Wilson ließ den Mann eine ganze Weile ungestört
sprechen. Dann setzte er die Beine auf den Boden, schob
den Helm in den Nacken zurück, stützte die Hände auf
die Kniee, und den Chinesen mit seinen klaren, scharfen
Augen fest ansehend, sagte er — ziemlich gelassen, aber
dennoch in unverholen schlechter Laune:

„Glauben Sie etwa, Freund Affing, daß ich die Reise
von Schanghai bis zu diesem verdammten Raubneste zu
meinem oder zu Ihrem Vergnügen unternommen habe? —
Nicht einen Cent lasse ich mir von den von mir gefor=
derten Preisen abhandeln; und wenn Sie ihn nicht an=
nehmen, so kehre ich heute nacht noch nach Schanghai zurück.
Dort warten Schiffsladungen von Waren für Sie und
Ihre Rebellenfreunde; aber Sie wissen wohl, daß nicht
eine Unze Opium, nicht ein Pfund Pulver den Weg nach
Su=tschau finden wird, wenn ich berichte, daß hier kein
Geschäft zu machen ist. Also halten Sie mich und sich
nicht unnütz auf, und sagen Sie ohne weiteres ‚Ja‘ oder
‚Nein‘ zu meinem Vorschlage. Sie verdienen ja doch noch
genug bei dem Geschäft und übernehmen dabei nicht die
halbe Gefahr, die ich gelaufen habe.“

Die chinesischen Kaufleute sind äußerst gewandt und
zeigen in ihren Unterhandlungen mit Fremden eine Sicher=
heit und Schnelligkeit des Entschlusses, die man, so lange
man sie nicht kennt, gar nicht bei ihnen vermutet. Affing

wollte sich nicht gleich für vollständig geschlagen erklären. Er handelte und bat noch lange, man möge ihm doch einige, wenn auch geringe Zugeständnisse machen. Wilson blieb unerschütterlich. Nach einer halben Stunde endlich, nachdem der Chinese die Liste sämtlicher zu verkaufenden Waren noch einmal aufmerksam mit traurigem Kopfschütteln und Seufzen geprüft hatte, flog plötzlich, ganz unerwartet, ein freundliches, verschmitztes Lächeln über seine Züge und er sagte: „Sehr wohl, das Geschäft ist gemacht; — aber Sie sind ein sehr harter Mann, Herr Wilson." Darauf erhob sich dieser und sagte gelassen: „Das ist in Ordnung" — und beide, Wilson und Assing, klappten sodann dreimal in die Hände als Zeichen, daß der Vertrag mündlich abgeschlossen sei. Wenige Minuten später folgten die beiden Engländer der Einladung des Kaufmanns, der sie bat, eine Tasse Thee bei ihm einzunehmen. Ehe jedoch die drei das Boot verließen, wurden einige handfeste Kulis, Diener Assings, gerufen, um das Fahrzeug während der Abwesenheit der Besitzer gegen etwaige Angriffe vereinzelter Banditen zu schützen.

In dem kleinen Stübchen des chinesischen Kaufmanns wurden nun alle Einzelheiten zur vollständigen Regelung des soeben abgeschlossenen Geschäftes besprochen. Assing wünschte die Ladung noch während der Nacht in Empfang zu nehmen und in seinem Godown (Magazin) unterzubringen. Er war erfreut zu hören, daß die Ankunft der Fremden kein Aufsehen erregt hatte. Das Geld für die Waffen versprach er im Laufe des nächsten Tages in vollwichtigen mexikanischen Silberdollars oder in Sycee-Shoes (Silberbarren) auszuzahlen. Wilson war mit diesen Vor=

schlägen einverstanden und zögerte nicht einen Augenblick, dem Kaufmann die Waren zu überlassen, ehe er das Geld dafür empfangen habe. Er kannte den Mann von Schanghai her, er wußte, daß er dort bedeutende Geschäfte machte, und er würde nicht angestanden haben, ihm noch größeres Vertrauen, als im gegenwärtigen Augenblick beansprucht wurde, zu schenken.

Im allgemeinen ist der Verkehr mit den Chinesen ein außerordentlich sicherer. Wirkliche Betrügereien kommen nur selten vor.. Die in China ansässigen fremden Kaufleute wissen dies: sie gewähren den einheimischen Kaufleuten großen Kredit und haben bis jetzt nur selten Gelegenheit gehabt, es zu bereuen. Der Chinese ist, mit nur wenigen Ausnahmen, sehr habgierig. Dies erklärt den großen Wert, den er auf Pünktlichkeit in Geldsachen legt, und die peinliche Genauigkeit, mit der er seinen Verpflichtungen in dieser Beziehung nachzukommen sucht. Auf der anderen Seite erträgt er Geldverluste, ja vollständigen Ruin, mit bewunderungswerter Gelassenheit. Er ist sehr besorgt um seinen kaufmännischen Ruf und imstande, bedeutende Opfer zu bringen, um in den Augen seiner Geschäftsfreunde einen ehrenwerten Namen aufrecht zu erhalten. Wilson wußte dies alles, und der Vorschlag Assings fand deshalb bereitwilliges Entgegenkommen bei ihm. — Die Ablieferung der Waffen und des Opiums ging während der Nacht ruhig von statten.

Am nächsten Morgen teilte Wilson seinem Genossen mit, daß er sich nun, nachdem der erste Teil des Geschäftes in befriedigender Weise erledigt sei, um den zweiten Teil, nämlich um den Einkauf von Seide, bekümmern werde. Er sah voraus, daß dies auf etwas größere Schwierigkeiten stoßen würde, da Seide für die Chinesen selbst einen so hohen Wert hat, daß gar nicht daran zu denken war, beim Einkauf der Seide ebenso günstige Bedingungen zu erzielen, wie beim Verkauf der Waffen und des Opiums erreicht worden waren. Doch hoffte er mit Sicherheit, ein gutes Geschäft machen zu können, da Assing bei den unruhigen Zeiten, in denen man lebte, das leicht zu verbergende Silber jeder, wenn auch noch so kostbaren Ware vorziehen würde.

Der Chinese, wahrscheinlich um Glauben zu machen, daß ihm am Verkauf der Seide wenig gelegen sei und daß er das mit Wilson gemachte Geschäft als vollständig abgeschlossen betrachte, ließ noch im Laufe des Vormittags das in großen Säcken verpackte, gewissermaßen verborgene Silber, nachdem es in seinem Hause bei verschlossenen Thüren und Fenstern als vollgültig und richtig befunden worden war, in die Kajüte des Schanghaibootes bringen. Dort wurde es an einem möglichst geheimen Ort untergebracht. Nach dem Frühstück, das der Chinese mit seinen englischen Freunden eingenommen hatte, kamen Wilson und Assing jedoch ganz natürlich auf das Seidengeschäft zu sprechen und einigten sich schließlich dahin, daß man den Nachmittag benutzen wolle, um fünfzig Ballen Seide, die sich in einem feuerfesten Godown, in geringer Entfernung von der Stadt, befänden, in Augenschein zu nehmen. Wilson, um während der Fahrt auf den belebten Kanälen keine Aufmerksamkeit zu erregen, zog sich ein langes chinesisches Kleid an, wie es von den einheimischen Kaufleuten getragen wird, und verbarg sein helles Haar, so gut er es

konnte, unter einer kleinen Kappe, über die er zum Schutze
gegen die Sonnenstrahlen einen großen, breitränderigen
Strohhut setzte. Er machte sich sodann mit Assing auf
den Weg, nachdem er Irwing anempfohlen hatte, auf
dem Boote Wache zu halten und es unter keiner Bedingung
von einem fremden Chinesen betreten zu lassen.

Ein Diener Assings, der ebenfalls das sogenannte
Pidgin=Englisch sprach, blieb bei Irving, um ihm bei
etwaigen mündlichen Auseinandersetzungen mit anderen
Chinesen behilflich zu sein. Wilson riet seinem Freund
an, einige geladene Revolver und „Henry=Rifles" bereit
zu halten, und begab sich sodann, über das Schicksal des
Zurückbleibenden und des Geldes, das dieser bewachte, voll=
ständig beruhigt, mit Assing und drei Rebellenoffizieren,
die sich zu ihnen gesellt und wahrscheinlich Anteil an dem
Geschäfte hatten, nach dem Packhaus, in dem die zu ver=
kaufende Seide verwahrt war.

Die Wacht, die Irwing während dieses langen Sommer=
nachmittags zu halten hatte, war keine leichte. Trotz aller
angewandten Vorsicht hatten doch einige Neugierige die
Anwesenheit der Fremden bemerkt, und wenige Stunden,
nachdem Wilson fortgegangen war, kamen mehrere kleine
Kähne herangeschwommen, die mit zerlumptem, bewaffnetem
Gesindel gefüllt waren. Sie näherten sich dem Boot auf
kurze Entfernung und begannen eine schreiende Unterhaltung
mit dem Lauder und mit Assings Diener. Dieser kam
bald darauf in die Kajüte, um stammelnd zu berichten,
daß die Leute an Bord des Bootes zu kommen wünschten,
um den Fremdling selbst und die sich in der Kajüte befind=
lichen ausländischen Möbel in Augenschein nehmen zu können.

Irwing antwortete einfach: „Sie dürfen nicht kommen,“
— und als das Schreien fortdauerte und immer lauter
wurde, steckte er sich zwei Revolver in die Tasche, nahm
einen starken Rohrstock, dessen Griff eine schwere Bleikugel
bildete, in die Hand, stellte eine geladene Büchse im Innern
der Kajüte an die Thür und ließ von dem Boy einen
Sessel auf das Verdeck tragen. Nachdem er diese Vor=
bereitungen mit großer Ruhe getroffen und sich durch
einen Blick aus dem Kajütenfenster überzeugt hatte, daß
sein Boot dicht an der Mauer von Assings Hause lag,
so daß also nur von einer Seite ein Angriff möglich
war, trat er langsam zur Thüre hinaus und stieg auf
das niedrige, kleine, durch das Dach der Kajüte gebildete
Verdeck.

Das Schreien verstummte einen Augenblick, als die
Chinesen den großen, blonden Mann erblickten, der sich,
nachdem er sie längere Zeit gemustert, auf dem für ihn
bereit gestellten Stuhle niederließ. Nach wenigen Minuten
jedoch fing der Lärm von neuem an.

Einige zwanzig Kähne, von denen ein jeder drei bis
fünf Mann trug, hatten sich nun bereits versammelt. Sie
versperrten die Durchfahrt in dem Kanale beinahe voll=
ständig, und es war vorauszusehen, daß das Gedränge
und Geschrei mehr und mehr zunehmen werde. Aber
alles dies kümmerte Irwing nicht. Er saß auf dem Ver=
deck und bewachte den ihm von Wilson anvertrauten Schatz
wie ein guter treuer Hofhund, der nur seine Pflicht kennt
und der die scharfen Zähne zeigt und knurrt, wenn sich
Diebe nahen, unbekümmert, ob ihrer zwei oder zwanzig
ihn bedrohen.

Eine ganze Stunde lang begnügten sich die Chinesen einfach damit zu schreien. Keiner von ihnen hatte den Mut, sich zuerst auf das von dem fremden Manne vertheidigte Boot zu wagen. Mehrere von ihnen trugen schlechte Gewehre auf den Schultern: aber der Europäer hatte ihnen noch nichts gethan, es war ihnen von ihren Vorgesetzten befohlen, die „rothaarigen Freunde" aus Schanghai mit Achtung zu behandeln; und obgleich Disziplin im Rebellenheere wohl nicht einmal dem Namen nach gekannt war, so wußten die Soldaten doch, daß für gewisse Missethaten Enthauptung die sichere und schnelle Strafe zu sein pflegte. Diejenigen, welche nun Irwing begafften und anschrieen, waren nicht ganz sicher, ob ein Angriff auf den „Barbaren" nicht vielleicht eine jener verpönten Thaten sein könnte.

Plötzlich änderte sich das Bild und das Geschrei verstummte Ein stattliches, von sechs Ruderern vorwärts getriebenes Boot, auf dem mehrere dreieckige gelb und schwarze Flaggen wehten, kam rasch dahergeschwommen. Die kleinen Kähne wichen scheu nach allen Richtungen hin aus. Das Boot machte Irwing gegenüber in einer Entfernung von wenigen Schritten Halt, und einer der Leute, die sich am Bord desselben befanden, rief unserem Freunde etwas zu. Assings Diener, der sich ängstlich in der Kajüte versteckt gehalten hatte und dessen Aufmerksamkeit durch das plötzliche Verstummen des Lärms erregt worden war, erschien darauf auf dem Verdeck und beantwortete unter höflichen Verbeugungen die von dem Neuangekommenen an ihn gerichteten Fragen. Nach einigem Hin= und Herreden und nachdem der fremde Chinese zweimal

in die Kajüte seines Bootes gestiegen war, um seinem
dort wartenden Herrn Bericht von dem was vorging ab-
zustatten, verdolmetschte Assings Diener Irwing endlich,
der Herr in dem Boote sei ein hoher Taïpingoffizier,
der um Erlaubnis bitte, dem „fremden Freunde“ einen
Besuch machen zu dürfen. Dies war Irwing bereit zu
gestatten, unter der Bedingung jedoch, daß der Offizier
allein käme.

„Mit einem dieser Kerle werde ich unter allen Umständen fertig werden,“ dachte er sich, „und möglicherweise macht der Besuch dem Spektakel ein Ende, der mir
unangenehm zu werden anfängt.“

Der Taïpingoffizier, ein junger, reichgekleideter Mann,
der nun auf dem Verdeck seines Fahrzeuges erschien, war
bereit auf Irwings Vorschlag einzugehen, und sein Boot
wurde deshalb dicht an das andere herangezogen. Der
junge Engländer ging ihm entgegen und bot ihm sogar
die Hand, um ihm beim Einsteigen in sein Boot behülflich
zu sein; als aber zwei andere Chinesen aus der Begleitung
des Offiziers ihrem Herrn folgen wollten und bereits den
Fuß auf Irwings Verdeck gesetzt hatten, sprang dieser
ihnen, sobald er ihrer ansichtig wurde, mit einem Satze
entgegen und versetzte einem Jeden einen so heftigen Stoß,
daß sie zurücktaumelten, das Gleichgewicht verloren, und
der eine in das Wasser, der andere in das chinesische
Boot fiel.

Nun entstand plötzlich wieder großes Geschrei: der
Taïpingoffizier wurde grünlich blaß; aber Irwing, als
sei nichts Außergewöhnliches geschehen, nährte sich ihm
und nötigte ihn freundlich, in die Kajüte zu treten. Der

Changmaos zögerte eine Sekunde; dann hob er den Arm und gebot mit lauter, zorniger Stimme Ruhe. Als diese hergestellt war, folgte er Irwing.

Assings Diener war ebenfalls in die Kajüte getreten, und mit seiner Hülfe führten nun der Changmaos und Irwing eine längere, freundliche Unterhaltung. Als der Offizier sich zurückziehen wollte, überreichte Irwing ihm einen Revolver, den der Chinese mit freudestrahlendem Gesichte annahm. Er eilte in sein Boot, kam sofort wieder zurück und gab Irwing mit den lebhaftesten Freund= schaftsbezeugungen eine ziemlich große, aus Jadstein kunst= reich geschnittene Büchse. Dann entfernte er sich, wieder= holt und höflich grüßend. Seine Schiffsleute riefen dem Gesindel, das sich noch immer nicht verzogen hatte, aber in ehrerbietiger Entfernung geblieben war, einige drohende Worte zu, und das große Fahrzeug ruderte sodann schnell weiter.

Eine Viertelstunde blieb alles ruhig; dann begann der Lärm von neuem: erst schüchtern, dann lauter und lauter. Auch näherten sich die Kähne wieder. Irwing, der seit dem Besuche des Offiziers in der Kajüte ge= blieben war, nahm darauf seinen alten Sitz auf dem Verdeck wieder ein. Plötzlich, ehe er es sich versah, hatten zwei der Kähne eine schnelle Bewegung gemacht, an der Spitze und am Steuer seines Bootes angelegt, und fünf Kerle, in zerlumpten und schmutzigen Kleidern mit roter Schärpe und rotem Turban, waren an Bord des Bootes gesprungen.

Irwing hob den Revolver und feuerte zweimal. Zwei der Banditen, die vom Steuer her auf ihn zurannten,

fielen getroffen nieder. Er wandte sich darauf nach links
und sprang den von der Spitze her Eindringenden entgegen. Der schwere Stock, den er in die rechte Hand
genommen hatte, hob und senkte sich drei-, viermal; —
dann ertönte Heulen und Winseln, und die drei Chinesen
lagen sich krümmend auf den Verdeck.

Irwing ergriff den ersten, der zu seinen Füßen gefallen war, hob ihn in die Höhe und schleuderte ihn mit
großer Gewalt in das Wasser. Nun wurde das Geheul
und Geschrei ganz furchtbar, auch knallten Gewehre, und
Irwing hörte einige Kugeln in die Mauer hinter sich ein-
einschlagen. Er sprang sofort wieder auf das Verdeck, die
verwundeten Chinesen vorläufig ihrem Schicksal überlassend,
da sämtliche Kähne, jetzt, wie auf ein gegebenes Signal,
schnell auf ihn zugerudert wurden. Er feuerte, mit tötlichem
Ziele, noch rasch hintereinander vier Schüsse ab, und hatte
soeben den zweiten Revolver gehoben, um den Kampf fortzusetzen, als ihn lautes Hurrahrufen den Kanal hinauf
blicken ließ. — Assings großes Boot, in rascher Fahrt
vorwärts getrieben, näherte sich, und an der Spitze stand
Wilson. Er hatte den chinesischen Rock, der ihn in seinen
Bewegungen hätte hindern können abgeworfen, und sich des
Hutes und der Kappe entledigt. Sein blondes Haar, sein
weißes Gesicht, seine hellen Augen strahlten zwischen den
braunen Fratzen die das Boot umdrängten. Er hielt
eine lange, schwere mit einem eisernen Haken versehene
Stange in der Hand, wie sich die Schiffer deren beim
Landen bedienen und hieb damit unbarmherzig auf
jeden ein, an dem sein schnelles Fahrzeug vorbeiglitt und
den er erreichen konnte. Auf dem Hinterdeck erkannte

Irving die drei Offiziere, die vor einigen Stunden mit Wilson und Assing ausgezogen waren. Sie gestikulirten lebhaft und schrieen ebenso laut wie das Gesindel, welches sie umringte.

„Gerade zur rechten Zeit, wie es scheint!" rief Wilson, indem er auf das Verdeck neben Irwing sprang.

„Ja, die Leute wurden in der That unbequem," antwortete dieser. „Aber sieh' da!" fügte er lächelnd hinzu, sie sind wie weggeblasen!"

Der Kanal war in der That plötzlich leer geworden, und von dem schreienden, raub= und mordsüchtigen Pack, das noch vor wenigen Minuten das ganze Fahrwasser versperrt hatte, war nichts mehr zu hören und zu sehen. Sämtliche Kähne hatten sich, sobald sie in dem ankommenden Boote höhere Offiziere erkannt, in die nächstgelegenen Seitenkanäle geflüchtet, um der Verfolgung und Bestrafung für den von ihnen geplanten Angriff auf das englische Boot zu entgehen.

Assing gesellte sich nun ebenfalls zu seinen Gästen und bemühte sich, die Unannehmlichkeiten, denen Irwing ausgesetzt gewesen war, zu entschuldigen. Er sagte, sie könnten nur einem unglücklichen Zufall oder Mißverständnis zuzuschreiben sein, denn sämtliche Changmaos erblickten Freunde und Verbündete in den Fremden; jedenfalls würde er Sorge tragen, daß in Zukunft nichts derartiges vorfallen könne: das Boot solle eine Wache haben, die es vor jedem Angriff schützen werde.

Irwing meinte, die Sache wäre abgethan und es verlohne sich nicht der Mühe, weiter darüber zu sprechen. Darauf sah er sich nach den verwundeten Chinesen um, die er während des Kampfes unberücksichtigt gelassen hatte.

Nur einer von ihnen war schwer, keiner töblich verwundet. Sie blickten ihn mit seitwärts, von unten her auf ihn gerichteten Blicken flehend an wie Hunde, die gepeitscht werden sollen, und baten, man möge ihnen gestatten sich zu entfernen: sie hätten niemals böse Absichten gehabt, sie seien nur aus Neugierde an Bord gekommen, und der fremde Herr möge sie nicht zu streng für ihr Vergehen bestrafen, indem er sie an die Offiziere ausliefere.

Irwing zuckte die Achseln und sagte, sie möchten sich seinetwegen zum Teufel scheeren. Nach einigen Minuten hatten sie das Boot verlassen und entfernten sich in einem Kahne, den sie, als er gerade am Boot vorüberfahren wollte, angerufen hatten.

Als die beiden Freunde eine halbe Stunde später wieder ruhig und ungestört in der Kajüte saßen, erzählte Wilson, nachdem Irwing mit zwanzig Worten die Geschichte seiner Wacht erledigt hatte, daß das Geschäft mit Assing in befriedigender Weise beendigt sei, und daß sie morgen früh um vier Uhr Su-tschau verlassen würden, um die Seide an dem Orte, wo sie in Sicherheit lagere, in Empfang zu nehmen.

„Ich kalkulire,“ schloß Wilson seinen Bericht, „daß wir an den fünfzig Ballen, die ich gekauft habe, sechs bis acht Schilling verdienen: das macht fünfundzwanzig Prozent. Alles in allem werden wir also für unsere Reise recht gut bezahlt werden. Aber das Beste kommt möglicherweise noch. Der eine Offizier, den Sie soeben gesehen haben, der magere große Mann, hat mir, während Assing ihn nicht beobachtete, mitgeteilt, daß er in einem andern Packhause, an einem kleinen Seitenkanale gelegen und

das er mir von Assings Godown aus gezeigt hat, einen
Vorrat von dreißig Ballen habe, den er mir für einen
Spottpreis ablassen wolle. Der Mann hat die Seide,
wenn er sie überhaupt besitzt, worüber ich noch einige
Zweifel hege, jedenfalls gestohlen. Das thut mir des
ehrlichen Eigentümers wegen leid; aber daran können wir
nun einmal nichts ändern, und jedenfalls ist es besser,
daß uns die Geschichte zu gute kommt, als einem andern,
der später den Weg hieher finden wird. Der Changmaos
hat mir das größte Geheimnis anempfohlen, und ich habe
mit ihm Folgendes verabredet: Nachdem wir morgen
früh Assings Seide in Empfang genommen haben, fahren
wir ein paar Meilen weiter bis zu einem alleinstehenden,
verwüsteten Tempel, dessen Lage der Mann mir genau
beschrieben hat. Dort warten wir bis zur Dunkelheit,
und dann begeben wir uns nach dem Godown zurück, wo
die dreißig Ballen lagern sollen. Sind sie wirklich dort,
so werden wir sie schon für das Geld und die paar
Waffen, die wir noch haben, bekommen; hat mir der
Mann etwas vorgelogen, worauf ich vollständig gefaßt
bin, so ist das auch kein großes Unglück. Wir haben
dann einen Tag verloren, den wir während der Nacht,
wenigstens teilweise, wieder einholen können."

Spät am Abend, nachdem der größte Teil des Silbers
aus dem Boote wieder in Assings Hände gewandert war,
als Gegenzahlung für die Seide, die am nächsten Morgen
in Empfang genommen werden sollte, folgten unsere beiden
Freunde der Einladung ihres Wirtes, mit diesem einen
längeren Spaziergang durch die verwüstete Stadt zu machen.
Der Anblick des unbeschreiblichen Elendes, das ihnen

überall unverhüllt und schrecklich entgegentrat, ekelte sie
jedoch dermaßen an, daß sie sich bereits nach einer Stunde
wieder nach ihrem Boote zurückbegaben. Sie schlossen
sich dort in der Kajüte ein, überließen dem Lauder und
den Boys auf dem Verdeck Wache zu halten und schliefen
ruhig, bis Assing sie um vier Uhr morgens weckte. Als
der Tag eben heraufdämmerte, verließen sie Su=tschau,
um halb sechs Uhr langten sie an dem Seidenmagazin
an, und um acht Uhr bereits, nachdem die fünfzig Ballen
so gut wie möglich in der Kajüte und theilweise auf dem
Hinterdeck untergebracht waren, wurde die Rückreise nach
Schanghai angetreten. Assing nahm auf das freundlichste
Abschied von ihnen und bat sie, je eher je lieber nach
Su=tschau zurückzukehren.

Den langen Tag verbrachten Wilson und Irwing
ungestört in dem Tempel, der an einem Seitenkanal ge=
legen war und den Wilson, nach den Andeutungen des
Rebellenoffiziers, leicht gefunden hatte. Gegen neun Uhr
abends ruderten sie dem Gebäude zu, in dem, nach der
vorher getroffenen Verabredung, dreißig Ballen Seide in
Empfang genommen werden sollten.

Wilson und Irwing hatten, um auf alle Fälle vorbereitet zu sein, einen kleinen Feldzugsplan verabredet.
Darnach sollte das Boot dem Packhause gegenüber, in der
Mitte des Kanals, halten und sich dem Ufer erst dann
nähern, wenn einer von ihnen dem Lauder dies bedeuten
würde; ferner sollte Irwing, mit dem schweren Stock und
zwei Revolvern bewaffnet, sich stets in der Nähe der
Thür des Godown aufhalten, bis man ganz sicher geworden
sei, daß man keinen hinterlistigen Anfall gegen sie geplant

habe. Wilson selbst wollte sich, anscheinend unbefangen im Magazine bewegen, aber er werde immer auf seiner Hut sein und sich nicht überraschen lassen.

„Sobald einer von uns etwas sieht, was verdächtig erscheint," schloß Wilson seine Rede, „so übernimmt er für den Augenblick das Kommando, und der andere gehorcht ihm dann blindlings. Zu längeren Auseinandersetzungen ist möglicherweise keine Zeit. Weder Sie noch ich werden so leicht den Kopf verlieren, und wenn Sie mir also irgend etwas zurufen, so thue ich ohne Bedenken, was Sie von mir verlangen. Dasselbe darf ich wohl von Ihnen erwarten für den Fall ich der Erste sein sollte, der Unrat merkt."

Irwing antwortete darauf sein gewöhnliches: „Das ist ganz in Ordnung."

Es war eine dunkle, gewitterschwüle Nacht. Der Himmel hatte sich mit dichtem schwarzem Gewölk überzogen, und nirgends war ein Stern zu erblicken. Wilson und der Lauder hatten sich jedoch am Tage bereits so gut orientirt, daß sie ohne Mühe das gesuchte Gebäude fanden. Es war, wie die meisten chinesischen massiven Godowns, ein viereckiges Haus mit kleinen hochgelegenen Fenstern, die durch eiserne Fensterladen feuerfest verschlossen werden konnten. Die Thür war nur wenige Fuß breit und gerade hoch genug, um einem Mann, der einen Ballen Seide auf dem Kopfe getragen hätte, Durchgang zu gewähren. Wilson und Irwing, ersterer eine Laterne in der Hand, die ihm gestattete, einen Umkreis von zehn bis zwanzig Schritt zu übersehen, näherten sich dem Hause vorsichtig. Draußen war kein lebendes Wesen zu erblicken; aber aus der halbgeöffneten Thür fiel ein schwacher Lichtschein.

Wilson stieß diese Thür mit dem Fuße auf, hob die Laterne in die Höhe und musterte das Innere eines großen, viereckigen halbdunklen Raums. In der Mitte desselben stand ein kleiner Tisch, an dem auf zwei hohen Stühlen der Offizier, dessen Bekanntschaft Wilson am vorhergehenden Tage gemacht hatte, und ein anderer Chinese, beide aus kurzen Messingpfeifen rauchend, ruhig dasaßen. Auf dem Tische brannte eine gewöhnliche chinesische Öllampe. Das Licht, das sie verbreitete, war jedoch zu schwach, um Wilson zu gestatten, sich genau davon Rechenschaft abzulegen, was sich in den in Halbdunkel gehüllten Ecken des Saales befinden möge. Undeutlich erkannte er an der, der Eingangsthür gegenüber gelegenen Mauer einen großen, mit dickem Packpapier verhängten Haufen, der einige zehn Fuß lang und fünf bis sechs Fuß hoch sein mochte.

Der Taïpingoffizier erhob sich sobald er die Eintretenden erkannte und kam ihnen freundlich lächelnd und grüßend entgegen. Er wollte sie nötigen, auf den Stühlen Platz zu nehmen, die er und sein Freund verlassen hatten; aber Wilson verweigerte höflich dies anzunehmen, indem er vorgab, er habe große Eile und wünsche die Seide sofort zu sehen, um womöglich das ihm vorgeschlagene Geschäft abzuschließen zu können. Irwing war, der getroffenen Verabredung gemäß, in der unmittelbaren Nähe der Thür stehen geblieben. Der Offizier bat ihn, er möchte sich doch nähern; aber Irwing that als ob er nicht verstände und verharrte unbeweglich auf seinem Posten. Nach mehreren vergeblichen Versuchen, ihn von dort zu entfernen, und nachdem Wilson

bereits einige unverkennbare Zeichen von Ungeduld gegeben
hatte und endlich äußerte, er würde fortgehen, wenn man
nun nicht gleich anfinge geschäftlich zu verhandeln, gab der
Offizier, mit sichtbarem Widerstreben jedoch, nach und sagte
mit der Hand auf den verdeckten Haufen deutend, dort
läge die Seide, und der fremde Herr könne sie sogleich in
Augenschein nehmen.

Aber kaum hatte Wilson einige Schritte gemacht, als
der Offizier plötzlich einen Schrei ausstieß, und in dem=
selben Augenblick auf Wilson zusprang, um ihn von hinten
zu packen. — In einer Sekunde vollständiger Verwirrung
bemerkte Irwing, wie das Papier, das die Seide ver=
decken sollte, schnell heruntergerissen wurde und mehrere
bewaffnete Kerle auf seinen Freund losstürzten. Dieser
aber war mit einem großen Satze wieder an dem Tisch,
und Irwing sah nur noch, wie er dies Möbel samt der
darauf befindlichen Lampe umstieß. Das Licht erlosch im
Nu, und es wurde pechfinster in dem großen Raume.

„An die Thür draußen, und schlag' jeden nieder, der
herauskommt!" so rief Wilson.

Irwing war mit einem Schritt im Freien, und blieb
an der Mauer, unmittelbar neben der Thür, den schweren
Stock in der Rechten, schlagbereit, unbeweglich stehen und
lauschte . . . und wartete.

In dem dunklen Raume wurde auf Leben und Tod
gekämpft. Irwing hörte unruhiges Hin= und Herlaufen,
dumpfes Schlagen, lautes Schreien; dann wieder Ächzen
und Röcheln; — aber Wilson war verstummt. Irwing
horchte . . . lauschte, als ob sein Leben von jedem Tone
den er höre, abhinge . . . Wilsons Stimme ließ sich nicht

wieder vernehmen. — Plötzlich erschien eine dunkle Ge= stalt in der Thür. Gleich darauf lag sie, von Irwings wuchtigem Schlag niedergeschmettert, röchelnd am Boden. Zwei andere Chinesen ereilte in wenigen Minuten, im Augenblick wo sie aus dem Hause entfliehen wollten, dasselbe Schicksal. Ein vierter der Bande, der mit einem großen Satz durch die Thür ins Freie sprang, entkam. Darauf trat eine längere Pause ein und dann wurde es totenstill.

„Ich bin's," hörte Irwing endlich flüstern, und Wilson stand neben ihm. „Können Sie Licht anzünden?" — Seine Stimme klang heiser und fremd.

„Ja."

Wilson machte die Thür des Godown zu und lehnte sich mit dem Rücken dagegen. Er atmete laut und schwer. Als Irwing ein Schwefelholz angezündet hatte, sah er während einiger Sekunden, daß Wilsons Gesicht und Hände und sein weißer Anzug mit Blut besudelt waren. Er hielt ein langes amerikanisches Messer, ein sogenanntes „Bowieknife" in der Hand. Mehr konnte Irwing nicht erkennen: das Lichtchen ging schnell aus, und es wurde wieder dunkel.

„Sind Sie schwer verwundet?" fragte er besorgt.

„Nein, ich glaube nicht. Aber wir müssen eine Laterne finden. Stecken Sie noch ein Schwefelholz an und leuchten Sie in den Saal hinein."

Wilson öffnete die Thür, und der andere that wie ihm geheißen. Dicht am Eingange lag Wilsons Laterne. Irwing hob sie auf. Die Thür wurde wieder von außen zugemacht und die Laterne angesteckt.

„Können wir wegen dieser Hallunken ruhig sein?"
fragte Wilson, auf die drei Körper deutend, die Irwing
niedergeschlagen hatte.

„Ich denke ja," war die Antwort, „aber wir können
uns leicht vollständige Sicherheit verschaffen." — Der
eine der Elenden war, wie sich nun ergab, tot. Irwing
hatte ihn mit der schweren Bleikugel auf den Kopf ge=
troffen und ihm den Schädel zerschmettert. Die beiden
anderen lebten noch; aber ihre todbleichen, ängstlichen
Gesichter ließen sie als augenblicklich ungefährlich er=
scheinen.

„Nun, Sie haben ja recht hübsch gearbeitet," meinte
Wilson. „Ich bin neugierig zu sehen, was ich eigentlich
angerichtet habe. Halten Sie Ihren Revolver bereit und
feuern Sie auf alles, was sich bewegt."

Er öffnete die Thür und blickte mit hochgehobener
Laterne in dem Saal umher. Dort sah es wüst aus. —
Zwei Chinesen lagen, aus gräßlichen Wunden blutend,
anscheinend leblos am Boden. In einer Ecke kauerten
zwei andere, die schwarzen glänzenden Augen furchtbar
geöffnet und auf die Fremden gerichtet. Wilson näherte
sich ihnen vorsichtig, in der linken Hand die Laterne, in
der rechten einen Revolver tragend. Einer der beiden
Leute bedeckte sich das Gesicht mit den weiten Ärmeln
seines Rockes, des Todes gewärtig; der andere warf sich
auf die Kniee und berührte den Boden mit der Stirn.
Der Mann, der sich das Gesicht verhüllte, war der
Offizier. Wilson erkannte ihn und wandte sich an
Irwing.

„Das ist der Spitzbube, der die ganze Geschichte an=

gerichtet hat," sagte er. „Ist es der Mühe wert, ihn totzuschießen?"

„Nein!" antwortete Irwing.

Wilson ließ den Arm, in dem er den Revolver hielt und den er in die Höhe gehoben hatte, wieder sinken und ging weiter. Unter dem Papiere versteckt fand er einen dritten Chinesen, der aus einer tiefen Wunde am Halse blutete. Er richtete einen flehenden, furchtsamen, jämmerlichen Blick auf Wilson und warf sich zu seinen Füßen nieder. — Dieser ließ ihn liegen und vollendete die Besichtigung des Saales, in dem er aber niemand weiter fand. Irwing bemerkte, daß sein Genosse hinkte und langsam und schwerfällig ging. Er forderte ihn auf, an Bord des Bootes zurückzukehren und sich verbinden zu lassen; aber Wilson meinte, man müsse die Leute zunächst für einige Zeit ungefährlich machen. Er rief darauf den Lauder, der nach wenigen Minuten mit einer Laterne erschien, und ließ durch diesen die zwei verwundeten Chinesen, die vor der Thür lagen, in das Haus tragen.

Der Lauder that wie ihm befohlen, ohne Erstaunen oder Schrecken zu zeigen. Er sagte nur: „Heija!" und kicherte, als ob er etwas höchst Spaßhaftes gesehen hätte.

Darauf wurde die schwere Thür des Hauses mit einigen großen Steinen, die man in der Nähe fand verrammelt, und dann bestiegen Wilson, Irwing und der Lauder das am Ufer wartende Boot.

„Mit wie viel Leuten haben wir eigentlich zu thun gehabt?" fragte Wilson.

„Mit neun!"

Wilson zählte im Kopfe nach. „Ich finde nur acht," sagte er.

„Einer ist entflohen," erklärte Irwing, — und er erzählte, daß ein Chinese mit einem großen Satz aus der Thür gesprungen und gleich darauf in der Dunkelheit verschwunden sei.

„Desto besser für die Verwundeten dort im Hause," meinte Wilson, „denn der Entflohene wird morgen früh jedenfalls wiederkommen, um nachzusehen, was aus seinen Diebesbrüdern geworden ist; aber auch ein Grund mehr, daß wir uns hier nicht zu lange aufhalten. — Vorwärts, Lauder! Was die Leute nur arbeiten können! Es ist hier nicht geheuer, und wir müssen vor allen Dingen den großen Kanal wieder erreichen."

Die Bootsleute legten sich mit Macht auf die schweren Ruder; sie wußten, daß sie im Fall einer Über= rumpelung dieselbe Gefahr liefen wie ihre europäischen Herren. Nach dreiviertel Stunden anstrengender, ununter= brochener Arbeit hatte das Fahrzeug den großen Kanal wieder erreicht. Dort fühlten sich unsere Freunde in Sicherheit, und die Reise konnte nun wieder ruhiger fort= gesetzt werden.

Wilson hatte das Verdeck bis dahin nicht verlassen wollen; jetzt endlich gab er den wiederholten Aufforderungen Irwings nach und stieg in die Kajüte hinab, um sich umzukleiden und seine Wunden untersuchen zu lassen. Sie erwiesen sich, dem äußern Anschein nach, als nicht gefährlich. Es waren zwei leichte Schnittwunden im linken Arm, ein ziemlich tiefer Stich im Oberschenkel, endlich eine kleine, häßlich aussehende Verletzung an der

rechten Hand. Irwing wusch diese Wunde sorgfältig mit
Essig und Wasser aus und verband sie dann, so gut er
es konnte. Während dieser Beschäftigung erzählte Wilson
die Geschichte des Kampfes im Dunkeln.

„Ich sah das Papier sich bewegen," begann er, „und
wußte sofort, daß wir in einen Hinterhalt gefallen waren.
Es kam mir vor, als ob einige zwanzig der braunen
Teufel aus der Wand hervorsprangen, und das machte
mich ängstlich. Hätte ich gewußt, daß wir es nur mit
einer kleinen Anzahl zu thun hatten, so hätten wir einen
hübschern Kampf bei Laternen= und Lampenbeleuchtung
haben können; aber ich fand nicht Zeit, lange zu zählen,
und da lag mir vor allem daran, im Dunkeln zu sein.
Ich stieß deshalb den Tisch um, auf dem das Licht stand,
und rief Ihnen zu, draußen vor der Thür Wache
zu halten. Nun hatte ich schönes Spiel, denn ich wußte
ja, daß ich nur Feinde treffen konnte. — Die ersten
drei oder vier Schläge, die ich mit meinem Stock that,
fielen in das Gedränge, und ich vermute, daß ich damit
einen der Kerle niederschlug, die wir am Boden liegend
fanden; aber dann traf ich nur noch leeren Raum vor
mir. Es war stockfinster. Man konnte die Hand vor
den Augen nicht sehen. Ein schwacher Schimmer zeigte,
wo die Thür war. Ich ging, mit dem Stocke die Luft
fegend, leise, vorsichtig umher, bis ich wieder auf einen
Körper stieß. Darnach packte ich. Es war ein ganz
handfester Bursche, und er gab mir zu schaffen. Er ver=
setzte mir, so glaube ich, die beiden Schnitte. Endlich
konnte ich seinen rechten Arm fassen, und ein glücklicher
Zufall wollte, daß ich im Dunkeln den Griff des langen

Messers fand, das er in der Hand hielt. Es ist ein
‚Bowieknife‘, wie ich jetzt sehe, und es ist das erste, das
ich von dieser Größe je besessen habe; ich habe es mir
ehrlich erkämpft und will es behalten. Ich rang mit
dem Chinesen darum, und der Hund biß mich dabei in
die rechte Hand; zuletzt gelang es mir jedoch, es ihm
zu entreißen: da gab ich ihm denn einen herzhaften
Stoß — wohin weiß ich nicht — und er fiel nieder.
Gleich darauf stolperte ich über etwas, das am Boden
zu kriechen schien. Ich schlug mit dem Stock darnach
und traf auch und hörte einen gellen Schrei; aber in
demselben Augenblick fühlte ich, daß ich ins Bein ge-
stochen war. Unwillkürlich wich ich einen Schritt zurück,
und als ich gleich darauf wieder vorwärts ging, fand
ich nichts mehr. Dann schlich ich an der Mauer entlang bis ich die Thür fand — und den Rest wissen
Sie.“

Irwing sollte auf Wilsons Anfrage ebenfalls erzählen,
welchen Teil er am Kampfe genommen habe. Dies war
sein Bericht darüber: „Ich stand an der Thür wie Sie
mir gesagt hatten. Drei Leute kamen, einer nach andern,
heraus: die schlug ich nieder. Ein vierter, wie ich Ihnen
bereits gesagt habe, entkam. Die Sache war außerordentlich einfach.“

„Das verhindert nicht,“ bemerkte Wilson, „daß Sie
sich während der letzten vierundzwanzig Stunden ein nicht
unbedeutendes Quantum Blut auf das Gewissen geladen
haben: gestern fünf, heute drei — Total acht. Es sind
nur Chinesen, aber es sind doch Menschen. Haben Sie
keine Gewissensbisse, Mann?

„Ich habe niemand zuerst angegriffen; ich habe mich nur verteidigt," antwortete Irwing ernsthaft.

Wilson blickte ihn verwundert an. „Ich sehe, daß man mit Ihnen nicht scherzen darf," sagte er nach einer kurzen Pause. „Sie können doch nicht etwa annehmen, daß ich Ihnen vorwerfe, was Sie gethan haben?"

Darauf entgegnete der andere nichts, und Wilson ließ das Gespräch ebenfalls fallen.

Am nächsten Morgen um zehn Uhr erreichte das Boot den See, auf dem unsere Freunde während der Reise nach Su=tschau eine Nacht verbracht hatten. Dort wurde bis sechs Uhr abends geruht und dann die Fahrt nach Schang= hai fortgesetzt. Um acht Uhr trafen Wilson und Irwing wieder mit dem kleinen freundlichen Offizier zusammen, der ihnen den Paß gegeben hatte und dem sie nun die versprochene Büchse schenkten. Vierundzwanzig Stunden später endlich, ohne daß sich etwas Bemerkenswertes ereignet hätte, legte das Boot an einer Landungstreppe des Hafens von Schanghai an.

Wilson stieg in einen Tragstuhl, da ihm das verwundete Bein heftige Schmerzen verursachte, und Irwing begab sich zu Weber, um diesem einen kurzen Bericht über die Reise nach Su=tschau und die dort gemachten Geschäfte zu er= statten. Während der Nacht wurde hierauf die Ladung des Bootes gelöscht, und am darauf folgenden Tage aßen Weber und Irwing bei Wilson zu Tisch. Weber, freund= licher als je hinter seiner goldenen Brille lächelnd, rechnete seinen Genossen vor, daß das Geschäft nach einem ersten Überschlag einem jeden von ihnen sechs= bis siebentausend Dollars eingetragen habe.

„Das können wir in der nächsten Woche noch ein=
mal besorgen," meinte Wilson, und die beiden anderen
erklärten sich damit ganz einverstanden. Aber am andern
Tage lag Wilson in heftigem Fieber. Irwing pflegte
ihn und blieb, da das Fieber nicht nachließ, während
der Nacht bei ihm. Am nächsten Tage ließ er so=
dann, auf ausdrückliches Bitten des Kranken, seinen
Koffer von Weber holen, um während einiger Tage bei
Wilson zu wohnen.

Die Krankheit zog sich mehr und mehr in die Länge.
Irwing war gern bereit, während derselben Wilsons Ge=
schäfte zu verwalten. Er zeigte dabei Umsicht und Tüchtigkeit,
und da er nicht vor Verantwortlichkeit zurückschreckte, sondern
dreist nach eigenem Gutdünken zu handeln wagte, so er=
sparte er Wilson manche Arbeit und manche Geschäftssorge.
— Als dieser sich endlich nach drei Wochen zum ersten
Male vom Krankenlager erhoben hatte, und abgemagert
und bleich in seinem Arbeitszimmer saß und sich von
seinem Stellvertreter erzählen ließ, was dieser während
seiner Abwesenheit für ihn gethan, erfuhr er mit Ver=
wunderung und Befriedigung, daß sein wortkarger Freund
das laufende Geschäft gerade ebenso gut besorgt hatte,
wie er selbst es hätte thun können.

Wilson besann sich niemals lange. Es kam ihm plötz=
lich, als er den Mann erblickte, der ihn wie ein Bruder
gepflegt hatte, ein Gedanke, dem er sofort Ausdruck
gab.

„Wie gefällt Ihnen Ihr Zimmer in meinem Hause?"
fragte er.

„Gut."

„Und wie behagt Ihnen die Arbeit, die Sie während meiner Krankheit verrichtet haben?"

„Gut."

„Nun, dann will ich Ihnen einen Vorschlag machen: Bleiben Sie im Hause und bleiben Sie bei der Arbeit. Werden Sie mein Geschäftsteilhaber".

„Gern", antwortete Irwing.

IV.

Das Glück fuhr fort, Wilson und Irwing zu be=
günstigen. Nachdem sie fünf Jahre lang zusammen in
demselben Geschäfte gearbeitet hatten, galten sie in Schanghai
für wohlhabende Leute und waren es auch. Sie hatten
sich vollständig an einander gewöhnt und lebten zusammen
wie zwei Brüder, die zugleich Freunde sind. Des
Morgens in aller Frühe traf man sie auf dem Rennplatz.
Sie ritten gut und scheuten weder Mühe noch Geld, um
sich die schnellsten Ponies zu verschaffen. Wilson, der
klein und leicht war, galt für den besten Hindernis=Reiter
in Schanghai; der schwere Irwing konnte in den Rennen
nicht reiten, aber er hatte sich ein starkes Pferd aus
Sidney kommen lassen und er war stets an Wilsons
Seite, wenn dieser für die Rennen trainirte. Beide waren
oft gestürzt, denn sie gingen keinem Hindernis aus dem
Wege und verachteten jeden, der nicht reiten konnte „wie
die Krähe fliegt"; aber sie waren immer ohne schwere
Verletzung davon gekommen.

Den Tag über saßen sie zusammen in derselben
kleinen Schreibstube, währenddem ihr einziger Gehilfe, ein
tüchtiger Buchhalter, im Nebenzimmer arbeitete. Es gab

nicht immer etwas zu thun, und die jungen Leute hatten
viel Zeit zum Sprechen. Dann machte Wilson goldene
Pläne für die Zukunft, und Irwing, mit einem zufriedenen
Lächeln auf dem stillen Gesichte, hörte aufmerksam zu
und billigte, oder gestattete sich einen Änderungsvorschlag,
der dann von seinem Genossen stets in ernste Erwägung
gezogen wurde. — Eine Stunde vor dem Essen sah man
sie auf kleinen Booten auf dem Whampoaflusse. Sie waren
bei den Regatten wie bei den Pferderennen gleich gut
gekannt und gern gesehen. Auf der Rennbahn trug Wilson
die Palmen davon; bei den Regatten war der schwere,
starke Irwing stets einer der Sieger. — Am Abend
aßen sie zusammen in ihrem Hause oder bei gemeinschaftlichen
Bekannten. Niemand würde daran gedacht habe, den
einen ohne den andern einzuladen. Sie waren unzer=
trennlich. Man nannte Wilson: „Irwings Schatten",
und Irwing: „Wilsons". — Nach dem Essen endlich fand
man sie in der Kegelbahn. Dort allein standen sie sich
als Gegner gegenüber, denn beide spielten so gut, daß
die Seite, auf der sie zusammen waren, stets gewinnen
mußte. — Von der Kegelbahn endlich schlenderten sie
nach Hause, saßen noch eine Stunde lang im Nachtanzuge,
das heißt in „Pudjamas und Slippers" auf der Veranda,
und dann zog sich jeder in sein Zimmer zurück. —
Für Damengesellschaft hatte keiner von ihnen großen Ge=
schmack. Wilson erzählte von einer Cousine, die er vor
Jahren, als er Europa verließ, in England gesehen hatte,
und die nach seiner Beschreibung himmelhoch über allen
Schönheiten stand, die Schanghai aufweisen konnte.

„Das Mädchen muß jetzt zwei= oder dreiundzwanzig

Jahre alt sein," sagte er, „und ich bekomme jedesmal, wenn die Post nach Europa schließt, die größte Lust, den Dampfer zu nehmen und nach England zu gehen, um sie mir zu holen. Zwei Sachen nur verhindern mich, dies zu thun: primo weiß ich nicht, ob May sich noch nicht verheiratet hat, denn ich habe seit sechs Jahren nie wieder etwas von ihr gehört; und secundo bin ich mir nicht recht klar darüber, ob sie, für den Fall sie noch frei wäre, meinen Antrag annehmen würde oder nicht. Diese Zweifel allein halten mich hier zurück: denn nach England gehen, nur um einen Korb nach Schanghai zurückzubringen, scheint mir ein mäßiges Vergnügen."

Irwing meinte, sein Freund solle doch an irgend einen Verwandten schreiben und sich erkundigen, was aus seiner hübschen Cousine geworden sei; aber dann antwortete Wilson, so wichtig sei die Sache nicht, und er wolle sie sich erst noch einmal ordentlich überlegen. Irwing schloß daraus, daß die Liebe für May seinen lebenslustigen Genossen nicht geradezu verzehren müsse, und dieser entgegnete darauf mit freundlichem Lachen: „Das Herz soll es mir nicht brechen, wenn meine Cousine mich nicht haben will oder schon einen andern genommen hat. Es giebt der Mädel viele auf der Welt!"

Mit der Zeit wurde Wilsons Lachen weniger laut und frisch, und Irwing, früher ein Bild männlicher Kraft und Gesundheit, fing an, blaß und hohläugig auszusehen. Das Klima von Schanghai, das keines Europäers Freund ist, begann die jungen, starken Naturen anzugreifen. Wilson und Irwing bekamen, ohne das sie sich Rechenschaft davon ablegten, das im fernen Osten so häufige „Europaweh".

Gegen Ende des Monats Januar 1865, als die Freunde eines Abends allein waren und ein jeder von ihnen eine Abschrift der „Bilanz von Wilson & Irwing für das Jahr 1864" in der Hand hielt, die der Buchhalter soeben fertig gemacht hatte, sagte Wilson nach einigem Nachdenken:

„Wir sind nun wohlhabende Leute, und ich schlage vor, wir erklären uns mit dem, was wir haben, vorläufig zufrieden. China ist am Ende doch kein ordentliches Land für unsereinen. Es ist ganz gut, in Schanghai Geld zu verdienen; aber leben kann man hier eigentlich nicht. Was meinen Sie dazu, wenn wir liquidirten? Dann gehen wir nach England, kaufen uns ein hübsches Gut, verheiraten uns — wenn nicht alle hübschen Mädchen bis dahin unter die Haube gekommen sind — halten uns ein paar gute Jagdpferde und vergnügen uns so lange, bis wir der Sache müde geworden sind. Das dauert wohl einige Jahre, und bis dahin finden wir schon etwas anderes zu thun."

Irwing war damit einverstanden, und Wilson legte sofort einen Plan vor, um den gefaßten Vorsatz zur Ausführung zu bringen. Bis zum Monat März wollten beide noch zusammen in Schanghai arbeiten, dann sollte einer von ihnen einen sechswöchentlichen Urlaub nehmen und nach Cheefo im Norden oder nach Yokohama in Japan gehen, um einen „Klimawechsel" zu haben und sich zu erholen. Nach seiner Rückkehr sollte sodann der andere eine ähnliche Vergnügungsreise machen. Darüber würde es Juni oder Juli werden, und bis dahin würde die Liquidation so weit vorgeschritten sein, daß die letzte

Abwicklung des Geschäftes leicht irgend einem guten Be=
kannten, Julius Weber vielleicht, übertragen werden könnte.

„Dann nehmen wir den Pacific=Mail=Steamer," schloß
Wilson, „sehen uns Kalifornien an, reiten mit dem ‚Ponies=
Expreß‘ nach den Oststaaten, schiffen uns in New=York
ein und kommen gerade zur Jagdzeit nach England."

Auch diese Vorschläge stießen bei Irwing auf keinen
Widerspruch.

„Sie sind ein ordentlicher Mensch," sagte Wilson;
„mit Ihnen läßt sich doch ein vernünftiges Wort reden.
— Ich glaube, wir haben uns nie gezankt," fuhr
er nach einer kurzen Pause fort.

„Nein, wir haben uns nie gezankt," bestätigte
Irwing; — und nach einer Weile setzte er lang=
sam und nachdenklich hinzu: „Wissen Sie wohl, daß es
sich eigentlich recht glücklich für mich traf, daß Sie mit
mir zusammen in Su=tschau waren."

„Wie so?"

„Nun," fuhr Irwing bedächtig fort, „wenn Sie mir
nicht vor Affings Hause und später im Kanale zur Seite
gestanden hätten, so wäre es mir vielleicht doch recht
schlecht ergangen. Allein wäre ich mit den Changmaos
niemals fertig geworden . . . und wenn ich mir die
Sache ordentlich überlege, so haben Sie mir damals das
Leben gerettet."

Wilson lachte laut auf. „Langsam aber sicher!" rief
er. „Das haben Sie heute entdeckt? Und weiter nichts?
Mann! wenn Sie nicht, wie ein Terrier vor einem
Rattenloch, an der Godownthüre gestanden hätten und
jeden der Piraten, der herauskriechen wollte, ins Genick

gepackt und halb oder ganz totgeschüttelt hätten, — was wäre aus mir geworden? Gespießt und gebraten hätten mich die Spitzbuben! — In dem Augenblicke, als Sie mir im Boote die Wunden verbanden, wußte ich, daß ich Ihnen mein Leben schuldete; ... und, Gott sei Dank! ich habe es nicht vergessen und ich hoffe, ich werde es nie vergessen." Er wurde plötzlich ernst, stand auf und näherte sich Irwing. „Wenn wir Abrechnung halten wollten," sagte er, „so wären wir vielleicht quitt; aber ich denke, wir fahren unser Leben lang fort, für gemein= schaftliche Rechnung zu arbeiten und trennen uns nicht wieder."

Das hoffe ich auch," bestätigte Irwing mit feierlichem Ernste. Darauf reichte Wilson seinem Freunde die Hand, die dieser so kräftig drückte, daß Wilson, der gewiß nicht verweichlicht war, zusammenzuckte.

Das Wilson'sche Programm wurde getreulich aus= geführt. Alles ging zunächst nach Wunsch. Zu Anfang des Monat März reiste Irwing, der angegriffener erschien als sein Geschäftsgenosse, nach Japan, um sich dort durch sechs Wochen lange Ferien auf die letzten und angreifenden Arbeiten der Liquidation vorzubereiten. Er stieg in Yokohama in dem Hause eines Geschäftsfreundes, des Herrn Thomas Young, ab. Jede Post aus Schanghai brachte ihm ausführliche Briefe. Sie enthielten nur wenig Geschäftliches, sprachen aber desto ausführlicher von den nahe bevorstehenden Rennen, auf die Wilson sich mit jugendlichem Eifer vorbereitete und freute.

„Sie müssen jedenfalls zum 20. April wieder hier sein," schrieb er in einem Briefe, „denn die Freude, die

Sie diesmal an unserem Stall haben sollen, wird Ihnen gewiß ebenso wohl thun wie die japanische Luft. ‚Mammon' und ‚Excentric' sind zwei Ponies, wie sie die Sonne noch gar nicht beschienen hat. Da haben Sie einen guten Griff gethan, als Sie die beiden Tiere unter den fünfzig neuen Ponies herausfanden. Ich bin ganz sicher, daß sie alles, wofür sie rennen, gewinnen werden, und Sie sehen aus einliegender Rennkarte, daß ich sie, wo nur irgend möglich, eingetragen habe. — Für den ‚Great= Welter' hat man diesmal das Gewicht um drei Pfund erhöht; wenn Sie also etwas trainiren wollen, so können Sie dies Rennen ganz gut reiten. Mir bleiben fünf andere übrig, darunter das große Hindernisrennen und ein Hürdelrennen. Das genügt mir, ist sogar etwas zu viel für mich, denn ich bin nicht recht stark. Ich mache Ihnen also kein Zugeständnis, sondern handle im ge= meinschaftlichen Interesse, wenn ich Ihnen vorschlage, daß Sie Mammon im ‚Great=Welter' reiten. Ich habe ein kleines Vermögen auf die Pferde gewettet; aber ich bin durchaus nicht besorgt. Sie sollen sehen, wir gewinnen alles ‚hands down' und schlagen unsere Stallunkosten für die nächsten drei Jahre heraus."

Irwing antwortete auf diesen Brief Folgendes: „Ich werde mit der Costa=Rica, die zur Abreise nach Schanghai via Hiogo und Nagasacki zum 10. April angezeigt ist, von hier fortgehen, und denke also, da wir uns nur einen Tag unterwegs aufhalten, spätestens am 18. in Schanghai zu sein. Den ‚Great=Welter' werde ich reiten, obgleich ich nicht in sonderlicher Kondition bin. Der Aufenthalt hier hat mir übrigens wohl gethan. Ich habe in Youngs

Hause die Bekanntschaft einer amerikanischen Familie ge=
macht. Der Vater hat einen Anteil in Ralston & Co.
und will einen Monat in Schanghai bleiben. Sie werden
ihn und seine Frau und Tochter also auch kennen lernen.
Sie reisen nämlich ebenfalls mit der Costa=Rica."

Am 18. April, des Morgens in aller Frühe legte sich
das amerikanische Postschiff von Japan in Schanghai vor
Anker. Das Dampfboot war wie gewöhnlich bereits zwei
Stunden vor seiner Ankunft von Woosung aus signalisirt
worden, und Wilson hatte Zeit gehabt, sich anzuziehen
und sich mit dem Hausboot an Bord des Fahrzeuges zu
begeben, um dort seinen Freund in Empfang zu nehmen.
Er schüttelt diesem herzhaft die Hand und seine ersten
Worte waren: „Nun, Japan hat Ihnen wirklich wohlgethan!
Sie sehen wieder so frisch und gesund aus wie vor fünf
Jahren." Wilson im Gegenteil erschien Irwing abgemagert
und elend. Als er sich darüber äußerte, antwortete jener:
„Ich habe etwas zu stark trainirt; aber ich befinde mich
ganz wohl. Ich gehe gleich nach den Rennen nach
Cheefo und komme von dort in sechs Wochen mit ebenso
roten Backen zurück, wie Sie aus Japan mitgebracht
haben."

Ehe die beiden das Dampfschiff verließen, nahm
Irwing von einem Herrn und zwei Damen, die dicht an
der Landungstreppe standen, flüchtig Abschied. Sein Be=
gleiter warf einen gleichgültigen und schnellen Blick auf
die Gruppe, der jedoch genügte, um ihm zu zeigen, daß
eine der drei Personen ein hübsches, blondes junges
Mädchen sei.

„Das sind wohl Ihre neuen amerikanischen Freunde?"

fragte er, als er mit Irwing im Hausboote Platz ge=
nommen hatte.

„Ja."

„Und wie heißen sie?"

„Herr und Frau Thorn und Fräulein Mary Thorn.
Ich werde Sie ihnen heute oder morgen vorstellen."

„Nein," antwortete Wilson, „heute und morgen haben
wir keine Zeit. Übermorgen ist der große Tag, und bis
dahin werde ich wenig aus dem Stall und vom Rennplatze
kommen. Nach dem Rennen bin ich Ihr Mann; oder
vielleicht können Sie mich am 20. auf der Tribüne vor=
stellen . . . Halt! da fällt mir noch etwas ein!" setzte er
nach einer kurzen Pause hinzu. „Weber, der sich als
Sekretär unseres Ausschusses unendliche Mühe gegeben
hat, damit alles schön und ordentlich verlaufe, teilte mir
gestern abend jammernd mit, daß er noch keine junge
Dame für den Damenpreis gefunden habe. Schanghai
ist nicht reich an unverheirateten hübschen Mädchen. Ihre
Mary Thorn kommt wie gerufen. Ich werde ihr den
kleinen Julius noch heute zusenden, und sie soll den
Damenpreis überreichen. Da ich ihn zu gewinnen hoffe,
so kann ich bei der Gelegenheit gleich als ruhmgekrönter
Sieger vorgestellt werden."

Irwing war damit einverstanden. Den Rest des
Tages verbrachte er mit Wilson, wie dieser gesagt hatte,
in Gesellschaft von Jokeys und Pferden. Aber am Abend,
kurz vor dem Essen, zog er sich mit großer Sorgfalt an
und ging zu Ralston, um dort der Familie Thorn einen
Besuch zu machen. Mary hatte Herrn Weber bereits
gesehen und war sehr aufgeregt in dem Gedanken, daß

sie übermorgen vor der ganzen Gesellschaft von Schanghai als Überreicherin des „Damenpreis" eine hervorragende Rolle zu spielen haben werde. Weber hatte ihr gesagt, sie müsse den Preis, mit einigen „passenden Worten" begleitet, übergeben, und sie war nun sehr verlegen, wie sie ihre kleine Rede halten sollte. Irwing beruhigte sie, indem er versicherte, sie könne sich damit begnügen zu sagen: „Die Damen von Schanghai überreichen Ihnen durch mich den Damenpreis, den Sie so wohl verdient haben."

„Ich habe bei ähnlichen Gelegenheiten niemals längere Reden gehört," setzte er hinzu, „und Sie brauchen sich keine Mühe zu geben, mehr zu thun, als Ihre Vorgängerinnen gethan haben. Übrigens ist es wahrscheinlich, das Wilson den Preis gewinnen wird, und wenn Sie es wünschen, werde ich ihm sagen, daß er, sobald er Sie stocken sieht, zu sprechen anfängt. Er ist nie verlegen und wird schon verhindern, daß Sie es werden."

Mary nahm das Anerbieten dankend an, und Irwing verabschiedete sich, nachdem er mit Frau Thorn, die der Unterredung beiwohnte, verabredet hatte, daß er sie über= morgen auf der Tribüne antreffen und ihnen in seiner Eigenschaft als Mitglied des Vorstands die Honneurs des Rennplatzes machen werde. — „Ich reite nur in einem Rennen mit," schloß er, „und stehe während der ganzen übrigen Zeit zu Ihrer Verfügung. Wilson ist bei dieser Gelegenheit der eigentliche Vertreter unserer gemein= schaftlichen Interessen. Er reitet fünf Mal — und Sie werden sehen wie er reitet."

Der von ganz Schanghai mit Ungeduld erwartete Tag — denn die Rennen waren ein großes Ereignis für

die durch Festlichkeiten wenig verwöhnten Bewohner der
fremden Niederlassung — verlief wie die meisten Renntage
zu verlaufen pflegen. Die Tribünen waren mit geputzten
Leuten gefüllt. Die Jockeys und die Mitglieder des
Vorstands sahen ernst und wichtig aus, als ob das Wohl
der Welt von ihrem Gebahren abhinge. Die Leute, die
zum Wetten das richtige Pferd erwählt und in Folge
dessen gewonnen hatten, lachten, sprachen laut und waren
vergnügt. Die Verlierenden klagten über den Staub und
die Hitze. Das Publikum endlich, das gekommen war,
um ein hübsches Schauspiel mit anzusehen, klatschte und
rief jedem Sieger Beifall zu, ohne sich um die Verlierenden
zu kümmern.

Wilson war der Held des Tages. Er hatte bereits
zwei Rennen gewonnen und galoppirte nun wieder auf
einem kleinen, breiten, mutigen Excentric, der das Aus=
ehen eines Kürassierpferdes hatte, dem die Beine einen
Fuß lang abgeschnitten wären, in ruhigem Galopp an der
Tribüne vorüber, um seinen Platz unter den Bewerbern
für den Damenpreis einzunehmen.

Weber und Irwing standen auf der Tribüne neben
Mary Thorn und nannten dieser die Namen der Ponies
und ihrer Reiter.

„Wenn Sie Handschuhe gewinnen wollen," sagte Weber,
sich an das junge Mädchen wendend, „so müssen Sie auf
Excentric wetten. Sehen Sie nur das schöne Tier. Es
könnte mit Leichtigkeit vierzehn ‚Stones‘ tragen, und Sie
sollen einmal sehen, wie es mit Wilsons zehn ‚Stones‘
fliegen wird! — Und was für ein Jockey ist nicht Wilson!
Immer ruhig, immer kaltblütig. Er sitzt auf dem Pferde

leicht wie eine Feder und doch so fest, als wäre er mit ihm zusammengewachsen!"

Irwing lächelte wohlgefällig, das Lob seines Freundes zu hören.

Die Pferde jagten gut zusammen vor der Tribüne vorüber, nahmen, beinahe gleichzeitig den breiten Graben, der dort, als eines der Haupthindernisse, zur Befriedigung der Schaulust der Zuschauer angebracht war, verschwanden hinter den Bäumen, kamen, noch immer ziemlich gut zusammen, wieder zum Vorschein und bildeten bald darauf eine Linie, die länger und länger wurde und an deren Spitze die mit Gläsern Bewaffneten Wilson auf Excentric erkannten.

„Natürlich muß Wilson gewinnen," sagte Weber — und er gewann auch, ohne daß ihm der Sieg einen Augenblick streitig gemacht worden wäre. Aber Mary Thorn war dessen ungeachtet sehr unruhig, und als Wilson ihr vom Präsidenten des Rennklubs vorgestellt wurde, um den Damenpreis aus ihren Händen zu empfangen, war sie blutrot und stotterte und stammelte und konnte kaum die wenigen Worte hervorbringen, die Irwing ihr vor zwei Tagen vorgesagt hatte. Dieser schien von der Befangenheit des jungen Mädchens ebenso zu leiden wie sie selbst; aber Wilson war, wie sein Freund vorausgesagt hatte, durchaus nicht verlegen. Die Anstrengung des Rennens hatte seine Wangen leicht gerötet, und seine klaren blauen Augen blitzten noch heller und verwegener als gewöhnlich. Er war in seinem gutgemachten Jockeyanzuge, der das Ebenmaß seiner kleinen, kräftigen Gestalt auf das vorteilhafteste zeigte, eine in ihrer Art beinahe

14*

vollkommene Erscheinung. Sobald er die Verlegenheit
des jungen Mädchens bemerkte, unterbrach er sie, indem
er in scherzhaft übertriebener Weise seinen Dank für den
Preis, der ihm von so „schönen Händen" überreicht wurde,
aussprach. Dann machte er eine tiefe Verbeugung, winkte
Irwing zu, ihm zu folgen, und entfernte sich schnell wieder,
so daß die Aufmerksamkeit der ganzen Tribüne, die während
dieses Auftritts auf Mary Thorn und Richard Wilson
gerichtet gewesen war, nun wieder auf andere Gegenstände
abgelenkt wurde.

In einem der nächsten Rennen zeichnete sich Irwing
aus, indem er auf Mammon den ‚Great=Welter' gewann.
Während dieser Zeit stand Wilson, der sich von Weber
Herrn und Frau Thorn hatte vorstellen lassen, hinter Mary,
und diese mußte nun aus dem Munde Wilsons dasselbe
Lob über Irwing hören, daß dieser und Weber kurz vorher
dem Sieger des Damenpreises gespendet hatten.

Gut reiten zu können ist unter allen Umständen eine
beneidenswerte Eigenschaft und wird von den meisten
Menschen als eine solche anerkannt; aber auf dem Rennplatze,
unter Pferdeliebhabern, inmitten der Aufregung und des
Enthusiasmus, den ein jedes Rennen zu erzeugen pflegt,
wird ein kühner Reiter gewissermaßen ein Held, der kaum
genügend bewundert werden kann. — Mary fühlte sich
stolz, von Wilson und Irwing ausgezeichnet zu werden,
und auch der alte Herr Thorn, der auf Webers Zuraten
einige Dollars auf Mammon und Excentric gewettet und
gewonnen hatte, teilte etwas von der Begeisterung seiner
Tochter für die Helden des Tages. Er flüsterte seinem
Geschäftsgenossen Ralston einige Worte zu, und nachdem

dieser dazu rasch und freundlich genickt hatte, lud er Wilson
und Irwing ein, am Abend des nächsten Tages an Ralstons
gastfreundlichem Tische mit ihm zu speisen. Die jungen
Leute nahmen die Einladung, die ganz und gar mit den
Sitten und Gebräuchen von Schanghai im Einklang stand,
gern an. Der Tag endete mit einem vollständigen Triumphe
für Wilson, der auch das letzte Rennen noch gewann und
darauf, in einen langen Überrock gehüllt, von Irwing
nach Hause gefahren wurde.

Das Essen in Ralstons Hause verlief in angenehmster
Weise. Wilson, als das ältere Mitglied des Geschäfts,
hatte, den in Schanghai streng beobachteten Gesetzen der
Etikette gemäß, den Ehrenplatz zwischen Frau Thorn zu
seiner Linken und Fräulein Mary zu seiner Rechten.
Irwing saß auf der andern Seite der Dame des Hause,
zu weit von Mary entfernt, um sich mit dieser unterhalten
zu können. Aber Frau Thorn war keine Fremde für
ihn. Er hatte während seines fünfwöchentlichen Aufenthaltes
in Yokohama, im Hause von Thomas Young, beinahe
täglich mit ihr gegessen, und es wurde ihm nicht schwer,
sich auch jetzt wieder mit ihr zu unterhalten. Wilson und
Mary auf der andern Seite waren in unterbrochenem und
eifrigem Gespräche. Nach dem Essen wurde Musik gemacht.
Mary spielte ganz hübsch Klavier und ließ sich nicht nötigen,
sich hören zu lassen. Wilson saß ihr wie verzaubert gegen=
über und verlor sie nicht eine Sekunde aus den Augen.
Irwing war in einer Ecke des großen Zimmers mit Herrn
Thorn in den Berechnungen einer Schachpartie vertieft.
Weber, der ebenfalls eingeladen worden war und dessen
Augen alles sahen, was um ihn her vorging, beobachtete

Irwing mit Erstaunen. Er hatte ihn niemals Fremden gegenüber so aufmerksam gesehen. Schon die Gesprächigkeit, die er bei Tisch Frau Thorn gegenüber gezeigt hatte, war ihm aufgefallen. Daß er jetzt mit dem alten Herrn Thorn Schach spielte war noch bemerkenswerter.

„Zukünftiger Schwiegerpapa, zukünftige Schwieger= mama!" sagte Weber lächelnd vor sich hin. „Irwing ist ein Intrigant. Er will Vater und Mutter erobern, ehe er sich um die Tochter bewirbt. Ein hübsches Mädchen! Sie kann sich rühmen, wenn sie Irwing ihre Hand reicht, einen Mann zu bekommen, wie es keinen bessern giebt."

Dann wandte er die Augen nach der andern Gruppe und beobachtete Mary und Wilson. — „Hm," fuhr er in seinem Selbstgespräch fort, „der andere scheint mir auch verliebt; aber das ist Strohfeuer!"

Als die beiden Freunde am späten Abend jenes Tages auf der Veranda saßen, um vor dem Schlafengehen das letzte Glas Sodawasser zu trinken und den letzten Cheroot zu rauchen, unterbrach Wilson eine längere Pause plötzlich, indem er sagte:

„Irwing, ich habe große Lust mich zu verheiraten."

„Das fällt Ihnen alle vierzehn Tage ein. — Warten Sie, bis Sie Ihre Mary wieder gefunden haben."

„Nein ich denke nicht an Mary. Ich will mich hier verheiraten."

Die Veranda war dunkel. Man hatte die Lampen im Zimmer gelassen, um von den Moskitos nicht belästigt zu werden. Wilson konnte Irwings Gesicht nicht sehen, das plötzlich bleich geworden war. Nach einer kurzen Pause fuhr er fort: „Was meinen Sie dazu, Irwing?"

„Wozu?" entgegnete dieser halblaut.

Wilson war an die kurzen Antworten seines Freundes gewöhnt. Seine Einsilbigkeit hatte nichts Auffallendes.

„Wozu?" wiederholte er. „Nun zu meiner Idee natürlich! Dazu, daß ich mich verheirate!"

„Mit wem wollen Sie sich verheiraten?" fragte Irwing mit tonloser Stimme.

„Mit wem?" rief Wilson, seinem Gefährten durch diese Wiederholung gleichsam einen Vorwurf machend. „Sie haben zu gut gegessen, alter Freund! Sie sind schwerfällig, sonst würden Sie nicht eine solche Frage an mich richten. — Mit wem kann ein vernünftiger Mensch sich heutzutage verheiraten wollen? — Mit Mary Thorn natürlich! — Giebt es ein Mädchen auf der Welt, das den Vergleich mit ihr aushalten könnte? — Diese wunderbaren blauen Augen! Und diese Wimpern! Ich hatte, als ich mit ihr sprach, fortwährend die größte Lust um Erlaubnis zu bitten, sie messen zu dürfen. Sie sind dreiviertel Zoll lang, darauf wette ich! — Und dann die blonden Haare und die kleinen Zähne! Von den Händen und den Füßen, von der ganzen Figur gar nicht zu sprechen! Alles ist vollkommen schön. Und wie spielt sie! Sie ist eine vollkommene Künstlerin! — Und ihre Unterhaltung erst! Wir waren schon bei den Früchten angelangt, und ich hätte geschworen, wir säßen noch keine fünf Minuten bei Tische. In meinem ganzen Leben habe ich nicht so angenehme Stunden verbracht, wie heute. — Mit wem, alter Irwing, kann sich ein vernünftiger Mensch verheiraten wollen? — Mit Mary Thorn natürlich, mit Mary Thorn und mit keiner andern! Ich habe mir die Sache reiflich überlegt. Ich kann ohne sie nicht glücklich sein und ich heirate sie — oder es giebt ein Unglück!"

„Reiflich überlegt" — wiederholte Irwing leise und bitter — „wann denn?"

„Wann denn? — Sie sind heute unausstehlich! Den ganzen Abend, bei Tische, nach Tische, während des Zu= hausegehens, jetzt! Ich habe in meinem Leben noch nichts halb so lang und halb so gründlich überlegt, und niemand hat mir jemals vorgeworfen, daß ich kopflos zu handeln pflege. — Ja, mit Ihnen ist es etwas anderes. Sie gehen langsamer zu Werk als ich. Wie viel gute Ge= legenheiten mögen Sie nicht schon ungenützt haben vor= übergehen lassen! . . . Mann, Freund, Bruder! Wenn ich an Ihrer Stelle in Yokohama gewesen wäre, und sechs Wochen mit Mary Thorn unter einem Dache ge= wohnt hätte! — Wir wären jetzt schon ein=, zwei=, dreimal aufgeboten und hätten vor dem Altare gestanden, und ich hätte Ihnen die neue Madame Wilson vorgestellt, anstatt daß Sie mich mit Fräulein Mary Thorn bekannt gemacht haben".

Irwing antwortete nicht. Wie eine furchtbare Last lag es ihm auf dem Herzen. Er konnte kaum atmen. Er wagte nicht aufzustehen, aus Furcht sich zu verraten. Er wischte sich die Schweißtropfen ab, die ihm auf der Stirn perlten und trank hastig einen Schluck Sodawasser; dann beugte er sich wieder zurück und blieb still und unbeweglich im Dunkeln liegen.

„Nun erzählen Sie mir einmal," fuhr Wilson ge= lassen fort, „was Sie von der Familie Thorn wissen. Haben Sie irgend etwas bemerkt, was Ihnen nicht ganz

in Ordnung schiene? — Sind Vater und Mutter ordent=
liche Leute? Und haben Sie etwas gesehen, woraus
Sie den Schluß ziehen könnten, daß Mary Thorn
nicht so vollkommen liebenswürdig ist, wie sie heute
erscheint? — Sprechen Sie, Mann! Können Sie ein
Wort sagen, um mich in meinem Vorsatze schwankend zu
machen?"

„Nein!" brachte Irwing mit großer Mühe hervor.

„Das ist also eine abgemachte Sache. Dann handelt
es sich nur noch darum, meinen Antrag so vorzubringen,
daß er nicht zurückgewiesen wird. Und dazu, alter Freund,
müssen Sie mir behilflich sein. Ich rechne darauf, daß
Sie mit Herrn und Frau Thorn in einer Weise sprechen,
die die Leute im voraus für mich einnimmt. Sie müssen
schon einmal, mir zu Gefallen, ein kleines Opfer bringen
und aus Ihrer gewöhnlichen Schweigsamkeit hinaustreten.
Ich verlange nicht mehr von Ihnen, als daß Sie das
Gute von mir sagen, was Sie von mir denken und wissen.
Sie können sogar auch das Schlechte hinzufügen. Es ist
nicht viel, daß weiß ich. Bringen Sie also den Leuten
im Laufe des Gesprächs meine Biographie bei: Ich bin
siebenundzwanzig Jahre alt. Mein Vater ist ein ge=
achteter, guter Jurist in London, meine Mutter ist tot,
Brüder habe ich nicht, und meine Schwester ist an einen
wohlhabenden, angesehenen Kaufmann in der City ver=
heiratet. Ueber meinen Charakter kann jedermann in
Schanghai, Ralston an der Spitze, Auskunft geben. Was
meine Vermögensverhältnisse anbetrifft, so habe ich gar
nichts dagegen, wenn Sie dem Vater Thorn eine Abschrift
unserer letzten Bilanz zur Verfügung stellen. Er wird

daraus sehen, daß ich in der Lage bin, seine Tochter
anständig zu ernähren. — Sind Sie imstande, ihm dies
alles klar und deutlich zu machen?"

„Ich will es versuchen."

„Haben Sie sich erkältet? Sie sprechen ganz heiser."

„Nein."

„Zur größern Sicherheit werde ich Ihnen übrigens
einen Gehilfen geben. Ich will Weber anweisen, in dem
von mir gewünschten Sinne zu sprechen. Er ist ein
guter Mensch, er hält etwas auf uns und hat den Mund
auf dem rechten Flecke. Ich werde morgen früh zu ihm
gehen und die Sache in Ordnung bringen. Jetzt schläft
er vermutlich schon, sonst würde ich ihn gleich aufsuchen.
— Aber das ist noch nicht alles. Ich verlange noch
etwas von Ihnen . . . Mit den Eltern kann Weber zur
Not schon fertig werden; aber die Tochter, Irwing, die
Tochter, die müssen Sie übernehmen. — Was werden
Sie der von mir erzählen? Glauben Sie sich geschickt
genug, um mich in ihren Augen als einen Menschen
darzustellen, dem sie sich mit Sicherheit anvertrauen
kann? — Schade, daß die Rollen nicht umgetauscht sind!
Wenn ich für Sie zu werben hätte, dann sollten Sie
einmal sehen, wie ich einen Freund loben kann. Einen
solchen Menschen wie Irwing giebt es gar nicht mehr
auf der Welt, würde ich sagen: treu wie Gold, weich wie
ein Kind, mutig und stark wie ein Löwe, der erste Ingenieur des neunzehnten Jahrhunderts, dem es vorbehalten
bleibt, den Tunnel oder die Brücke zwischen England und
Frankreich herzustellen oder die Sahara zu einem Mittel-
meer zu machen. — Ja ja, Sie sollten Ihre Freude an

mir haben, Irwing! Nicht wahr, das wissen Sie und zweifeln nicht daran?"

„Ja, das weiß ich."

„Nun, ich zweifle auch nicht an Ihnen und rechne auf Sie."

Wilson war aufgestanden und hatte sich dem großen Sessel genähert, auf dem Irwing noch immer unbeweg= lich lag.

„Schlagen Sie ein, alter Freund," sagte er und streckte Irwing die Rechte entgegen. Dieser reichte ihm die Hand.

„Ihre Hand ist eiskalt. Fehlt Ihnen etwas?"

Irwing antwortete nicht. Er versuchte sich aufzurichten; aber er fiel auf den Sitz zurück. Wilson war so weit entfernt, an irgend etwas Außergewöhnliches in dem Zu= stande seines Freundes zu denken, daß ihm diese Be= wegungen kaum auffielen. Er wiederholte seine Frage, ob Irwing etwas fehle, und erst als er auch diesmal ohne Antwort blieb, beugte er sich hinunter, um das Ge= sicht seines Freundes zu sehen. Er erkannte im Halb= dunkel, das Irwings Augen geschlossen waren, und er hörte ihn schwer und beklommen atmen. Nun ging er schnell in das Zimmer, um Licht zu holen. Beim Schein der Lampe, die er herbeigetragen hatte, sah er Irwing aschgrau, mit geschlossenen Augen, die weißen Lippen fest zusammengekniffen, einer Leiche ähnlich daliegen. Er lief in sein Zimmer und kam mit einer Flasche Eau de Cologne zurück. Gleichzeitig rief er den Boy und sandte ihn zum Doktor mit dem Auftrag, dieser möge sofort kommen.

„Irwing hat sich gestern zu sehr angestrengt," dachte

er. „Es war sehr heiß. Er war in schlechter Kondition, und ich hätte ihn nicht reiten lassen sollen. Ich selbst war gestern abend matt zum Umfallen."

Lange ehe der Arzt erschien, nach wenigen Minuten bereits, kam Irwing wieder zu sich. „Was fehlt Ihnen?" fragte Wilson teilnehmend.

„Ich bin etwas angegriffen . . . Die Hitze . . ."

„Ja wohl, das ist es! Es war gestern zu heiß, und Sie hatten nicht trainirt. Das dachte ich mir gleich. Wir sind sechs Jahre älter geworden, seitdem wir uns kennen, und sechs Jahre in Schanghai, das ist kein Spaß. Kommen Sie, stehen Sie auf! Stützen Sie sich fest auf mich, ich will Sie in Ihr Zimmer begleiten. Ich habe für alle Fälle Doktor Jenkins rufen lassen, der Ihnen, nach meiner Meinung, etwas Beruhigendes ver= schreiben muß. Wenn Sie die Nacht über ordentlich schlafen, so sind Sie morgen früh wieder frisch und ge= sund. Kommen Sie! Ein bißchen Courage, alter Mann!"

Er hob den schweren Irwing halb in die Höhe, nötigte ihn, sich fest auf seine Schulter zu stützen, und begleitete ihn in das Schlafzimmer. Irwing hatte auf der Veranda im Nachtanzuge gesessen und warf sich, wie er war, auf sein Bett. Dort drehte er den Kopf gegen die Wand und sagte ungeduldig, man möge ihn allein lassen, dann würde er wohl einschlafen.

Wilson entfernte sich auf den Fußspitzen; aber er blieb draußen im Gange, wo er alles hören konnte, was in Irwings Zimmer vorging, stehen und wartete bis der Doktor kam. Als er mit diesem, eine halbe Stunde später, an das Bett trat, schien Irwing eingeschlafen zu

fein. Er hatte fein Lage nicht verändert und atmete
ſchwer. Der Doktor nahm ein Licht und näherte ſich
ihm. Er ergriff die Hand des Leidenden, um den Puls
zu fühlen, dann drehte er ihm den Kopf halb herum,
um das Geſicht ſehen zu können. Irwing öffnete die
Augen und ſah den Arzt feſt und ruhig an. Auf die
Frage, was ihm fehle, antwortete er leiſe, er habe ſich
plötzlich, ohne daß er irgend einen Grund dafür angeben
könne, unwohl gefühlt: er ſchiebe es auf die Hitze von
geſtern.

Dies war auch die Meinung des Doktors, und er
verordnete demgemäß verſchiedene Heilmittel, die Wilſon
ſofort aus der Apotheke holen ließ und die Irwing geduldig einnahm. Dann wiederholte er, diesmal ſanft und
freundlich, die Bitte, man möchte ihn allein laſſen. Wilſons
Vorſchlag, bei ihm zu wachen, wies er zurück. Das
Einzige, was er auf Zureden ſeines Freundes endlich ge-
ſtatten wollte, war, daß einer der Boys vor der Thür
ſchlafe, um, für den Fall er ſich wieder unwohler fühlen
ſollte, Wilſon oder den Doktor rufen laſſen zu können.

Wilſon ſtand in der Nacht zweimal auf und ſchlich
ſich auf den Fußſpitzen in Irwings Zimmer. Die Thür
war nur angelehnt und er konnte ſich dem Bette nähern,
ohne das geringſte Geräuſch zu machen. — Irwing lag,
mit beiden Händen vor dem Geſichte, noch immer in derſelben Stellung, der Mauer zugekehrt. Er träumte wohl
und er ſchien einen böſen Traum zu haben, denn er
ſtöhnte und ächzte und Wilſon glaubte die Worte: „Mein
Gott, mein Gott, was ſoll ich thun?“ die ſich immer
wiederholten, zu verſtehen. Er fragte ſich, ob er den

Schlafenden nicht wecken sollte, um ihn von dem Alp zu befreien, der ihn quälte. — Aber der Kranke wurde etwas ruhiger, und Wilson schlich darauf ungehört, wie er ge= kommen war, wieder aus dem Zimmer.

Am nächsten Morgen stand Irwing zur gewöhnlichen frühen Stunde auf. Er war noch blaß, aber er ging seinen Geschäften ruhig, in alter Weise nach. Wilson wollte ihn daran verhindern.

„Thun Sie mir den Gefallen und bleiben Sie heute ruhig auf der Veranda oder in Ihrem Zimmer," sagte er. „Es ist nichts für Sie zu thun. Ich kann alles besorgen."

Aber Irwing antwortete verdrießlich: „Ich bitte be= kümmern Sie sich nicht um meinen Zustand. Es macht mich ungeduldig. Ich bin nicht krank. Lassen Sie mich nur ganz ruhig."

Er hatte in sechs Jahren niemals so wenig freundlich mit seinem Genossen gesprochen; aber dieser sah darin nichts als ein Anzeichen der Krankheit und fügte sich den Wünschen seines Freundes, ohne weiter ein Wort zu sagen. Er ging jedoch gerades Weges zum Doktor und hatte mit diesem eine lange Unterredung über den Zustand des Kranken. Der Arzt meinte, die Sache habe nichts zu bedeuten und werde in wenigen Tagen beseitigt sein. Irwing habe wahrscheinlich Kopfschmerzen und sei in Folge dessen übler Laune, das Beste, was man für ihn thun könne wäre, ihn nicht zu ärgern, nicht ungeduldig zu machen und ihm seinen Willen zu thun.

Vor Tische machte Wilson den Thorns einen Besuch und erzählte diesen von dem Unwohlsein Irwings. Er

sprach während der halben Stunde, wo er bei ihnen saß,
von nichts anderem. Alle: der Vater, die Mutter, die
Tochter schienen den regsten Anteil an dem Zustande seines
Freundes zu nehmen, und Herr Thorn sagte, daß er noch
im Laufe des Abends kommen werde, um sich nach dem
Befinden des Kranken zu erkundigen.

Während der Mahlzeit berichtete Wilson darauf von
seinem Besuche und teilte gleichzeitig mit, daß Herr Thorn
sein Kommen angezeigt habe. Irwing wurde darüber
wieder ungeduldig und murmelte zwischen den Zähnen, er
sei nicht zum Sprechen aufgelegt und sähe am liebsten
keine fremden Gesichter. Wilson benutzte dies, um ihm
freundschaftlichst Vorwürfe zu machen, daß er so menschen=
scheu sei und selbst Leute, die es aufrichtig gut mit ihm
meinten, mit abschreckender Zurückhaltung behandle.

„Wenn Sie gehört hätten," fügte er hinzu, „mit
welcher Teilnahme man sich nach Ihnen erkundigte, so
würden Sie, schon aus Dankbarkeit, bereit sein, dem
alten Thorn ein freundliches Gesicht zu zeigen. Mary
wurde ordentlich blaß, als ich erzählte, was Ihnen gestern
zugestoßen sei."

Irwing hob den Kopf nicht in die Höhe und schien
aufmerksam mit dem beschäftigt, was vor ihm auf dem
Teller lag."

Am Abend machte Herr Thorn den angezeigten Besuch
und überbrachte dem Kranken die herzlichsten Grüße von
seiner Frau und Tochter. Irwing antwortete, Wilson
habe die Sache schlimmer gemacht als sie sei: er fühle
sich schon wieder wohl, nur er sei noch etwas matt; aber
er denke, morgen ausgehen zu können.

Als Herr Thorn wieder gegangen war, sagte Wilson: „Nehmen Sie es mir nicht übel, wenn ich mir meine eigenen Angelegenheiten nicht aus dem Kopfe schlagen kann. Die Liebe macht egoistisch. Das wissen Sie noch nicht, junger Mann, aber das werden Sie seiner Zeit erfahren, wenn Sie Ihre Mary gefunden haben, wie ich nun die meine. — Bitte, versäumen Sie nicht, wenn Sie die Thorns morgen sehen, meine Sache einzufädeln. Thorn will nur vier Wochen hier bleiben, und ich habe nicht viel Zeit zu verlieren. Aber wenn ich Jahre vor mir hätte, so würde ich es deshalb nicht weniger eilig haben. — Also nicht wahr? Das ist abgemacht! Wenn Sie morgen wohl genug sind, um überhaupt auszugehen, so machen Sie auch den Thorns einen Besuch und sprechen in der verabredeten Weise."

„Ja ja ja!" antwortete Irwing ungeduldig. Dann erhob er sich, ging auf die Veranda und warf sich in der dunkelsten Ecke auf einen langen Stuhl, wo er einzuschlafen schien.

Wilson ging mißmutig im Zimmer auf und ab. Er war auf Irwing böse. Es kam ihm vor, als sei dieser seit vierundzwanzig Stunden ein ganz anderer, ein unliebenswürdiger Mensch geworden, und er wußte nicht, worauf er diese Veränderung zurückführen sollte. Schließlich warf er sich seinen Unmut über Irwing als eine Ungerechtigkeit gegen diesen vor: „Der arme Mann ist krank," sagte er sich, „das ist alles. Er leidet vielleicht mehr, als er mir oder dem Doktor bekennen will." Darauf ging er hinaus auf die Veranda und stellte sich neben Irwings Stuhl und sagte zutraulich: „Nun, alter Mann, wie geht es? Wollen Sie eine Tasse Thee oder ein Glas Soda trinken? Was kann ich für Sie thun?"

Irwing hatte mit der linken Hand das Gesicht bedeckt und sagte leise: „Danke, lieber Wilson, ich gebrauche nur Ruhe." Es kam Wilson vor, als klinge die Stimme wie die eines Mannes, der geweint hat. Es war ihm, als ob er einen Stich in die Brust empfangen hätte. — Woran litt Irwing? Was mochte ihm nur fehlen?

———

V.

Vierzehn Tage waren wieder vergangen, ohne daß eine Änderung zum Beßern in Irwings Gesundheitszustand eingetreten wäre. Zwar klagte er über nichts und ging seinen Geschäften in üblicher Weise nach; aber er ließ sich weder auf dem Rennplatze noch in der Kegelbahn sehen und er saß des Abends stundenlang im Dunkeln auf der Veranda und rauchte. Er hatte Wilson gebeten, ihm den Gefallen zu thun — er hatte das Wort scharf betont — ihm nicht Gesellschaft leisten zu wollen. „Ich habe etwas Kopfschmerzen," sagte er, „und es stört mich, mich beobachtet zu fühlen. Es giebt Leute, die sich gern pflegen lassen. Ich bin keiner von ihnen. Bitte, laßen Sie mich allein."

Wilson ging wie ein unruhiger Geist in Schanghai umher. Er erzählte jedermann, mit dem er zusammentraf, daß Irwing ihm große Sorge mache, und es verging kein Tag, ohne daß er eine lange Unterhaltung mit Doktor Jenkins gehabt hätte. Dieser war mit der Zeit auch unruhig geworden. — Leute, die längere Zeit in Schanghai gelebt haben, werden durch jedes Unwohlsein rasch und schwer angegriffen. Der Arzt hatte deshalb schließlich vorgeschlagen, der Kranke solle wieder in ein nörd=

liches Klima gehen. Irwing war damit einverstanden und
bereitete sich darauf vor, in wenigen Tagen nach Yokohama
zurückzukehren.

Wilsons Bewerbung um Mary Thorn war inzwischen
nicht mit der erwartenden Lebhaftigkeit weitergeführt worden;
doch war sie auch nicht ganz eingeschlafen. Er besuchte
das junge Mädchen fast täglich, aber er sprach mit ihr von
nichts anderem als von Irwings Gesundheitszustande.

„Sehen Sie, Fräulein Mary," sagte er, „Irwing ist
der beste Mensch auf Gottes weiter Welt: treu wie Gold,
weich wie ein Kind, mutig wie ein Löwe, und dabei von
einer geistigen Überlegenheit, von der sich niemand, der ihn
nicht so genau kennt wie ich, auch nur entfernt eine Idee
machen kann. Ich halte ihn für einen der besten lebenden In=
genieure und bin fest überzeugt, daß er noch Großes voll=
bringen und sich einen berühmten Namen machen wird."

Ja, Wilson verstand es in der That, einen abwesenden
Freund zu loben, und dieser hätte mit ihm zufrieden sein
müssen, wenn er ihn gehört hätte. Mary Thorn lauschte
solchen Worten mit nie ermattender Aufmerksamkeit und
wurde nicht müde, dieselben Sachen, wenn Wilson sie
auch zum zehnten Male wiederholte, wieder anzuhören.
Sie war stets für Wilson zu sprechen, sie verabredete mit
ihm Zusammenkünfte in Ralstons Salon, und ließ ihn
niemals auch nur eine Sekunde warten. Die beiden
jungen Leute sahen sich täglich, unterhielten sich jedesmal
lange und eifrig mit einander und wurden dem Anscheine
nach immer vertrauter; — aber sie sprachen niemals von
etwas anderem als von dem abwesenden Francis Irwing.

Herr und Frau Thorn ließen ihre Tochter gewähren.

15*

Irwing hatte sein Versprechen nicht vergessen. Er hatte, trotz seines Unwohlseins, verschiedene Unterredungen mit Marys Eltern gehabt und war bei dieser Gelegenheit bemüht gewesen, in lobendster Weise von Wilson zu sprechen. Julius Weber hatte dasselbe gethan, Ralston endlich, Thorns Geschäftsgenosse, den dieser um Rat gefragt hatte, war ohne Zögern bereit gewesen, alles Gute zu bestätigen, was Weber und Irwing bereits von Wilson gesagt hatten: Wilson erschien demnach als ein junger, wohlhabender Mann, der sich in jeder Beziehung des besten Rufes erfreute und dem ein Vater seine Tochter ruhig anvertrauen konnte. — Mary war neunzehn Jahr alt; wenn sie Wilson liebte, so war es Herrn Thorn ganz recht, den jungen Mann, dessen Persönlichkeit ihm gefiel, als Schwiegersohn zu begrüßen. Weder er noch seine Frau wollten der Bewerbung im Wege stehen. Herr Thorn war deshalb immer gern bereit, Mary und Wilson ungestört mit einander sprechen zu lassen, und er war darauf vorbereitet, daß dieser sich innerhalb weniger Tage unumwunden erklären werde. Die Sache war etwas unerwartet gekommen und schien schnell zu gehen; aber das war in Herrn Thorns Augen kein Grund, sie zu verwerfen.

Irwing hatte jedoch das Versprechen, das er seinem Freunde gegeben hatte, bis jetzt nur teilweise gelöst. In Marys Gegenwart hatte er Wilsons Namen noch nicht ausgesprochen. Das junge Mädchen konnte nicht begreifen, weshalb Herr Irwing, der in Yokohama so wenig wie möglich von ihrer Seite gewichen war, sie seit ihrer Ankunft in Schanghai mied. Auf dem Rennplatze, sie

erinnerte sich dessen wohl, hatte er zum letzten Male
freundlich und zutraulich mit ihr gesprochen. Sie hatte
ihn seitdem häufig wiedergesehen; aber er hatte sich damit
begnügt, „guten Tag" und „guten Abend" zu sagen und
war dann wieder von ihr gegangen, um sich mit ihrem
Vater und ihrer Mutter, mit Herrn Ralston oder einem
andern Mitgliede der Gesellschaft zu beschäftigen. Seine
Besuche waren gewöhnlich kurz gewesen, und nicht ein
einziges Mal hatten ihre Augen die seinigen finden können.
Er blickte, wenn er in ihrer Gegenwart war, auf ein
Buch, oder aus dem Fenster, oder in das Gesicht der=
jenigen Person, mit der er gerade sprach. Aber auf
ihrem Gesichte hatten die guten, ehrlichen Augen, die sie
so häufig bis in den Traum verfolgten, nicht wieder ge=
ruht. — Hatte sie irgend etwas gethan, wodurch sie Herrn
Irwing verletzt hatte? — Sie konnte die Ungewißheit
darüber nicht länger ertragen. Sie wollte wissen, was
die plötzliche Umwandlung in seinem Wesen ihr gegenüber
hervorgerufen hatte.

„Das nächste Mal, wenn ich ihn sehe," sagte sie sich,
„frage ich ihn. Das kann nicht schlecht sein. Ich habe
ein Recht, wissen zu wollen, weshalb er so unfreund=
lich ist."

Wilson hatte den Thorns mitgeteilt, daß Irwing auf
Anraten des Doktor Jenkins nach Yokohama zurückzukehren
beabsichtige und mit dem ersten Dampfboote wieder dort=
hin abreisen werde. Die ‚Costa=Rica' sollte den Hafen
am nächsten Morgen verlassen. Mary Thorn konnte mit
Sicherheit auf Irwings Besuch rechnen. Sie hatte eine
kleine, harmlose Strategie erdacht, um ihre Mutter

zu entfernen und um zu den in Schanghai gebräuchlichen
Besuchsstunden allein zu sein.

Während sie ungeduldig wartete, machte Irwing seinem
ehemaligen Wirte und Freunde Julius Weber einen kurzen
Abschiedsbesuch Die beiden saßen in Webers Arbeits=
zimmer: dieser auf einem hohen Schreibstuhl, Irwing
neben ihm auf einem kleinen Bambussessel. Der Sessel
war sehr niedrig, und Irwing war schwerfällig hinein=
gefallen. Jetzt hielt er sich dort unbeweglich, den Ober=
körper etwas nach vorn gebeugt, die langen Beine dicht
an den Sitz herangezogen und die Hände still und steif
auf den Knieen ruhend. Weber blickte von dem hohen
Schemel auf ihn hinab und war durch den Anblick, den
Irwings Gestalt bot, schmerzlich betroffen. Der junge
Mann, den er so lebensmutig gekannt hatte, erschien
schwach, von sonderbarer Hilf= und Ratlosigkeit. Weber
musterte die langen, abgemagerten blutlosen Hände, die
alle Kraft verloren zu haben schienen. Dann, als sich
seine Augen auf den Kopf seines Besuchers richteten, be=
merkte er, daß der einst so kräftige Nacken die eigentüm=
liche Magerkeit angenommen hatte, die in heißen Ländern
ein sicheres Zeichen großer Entkräftung ist. Die wohl=
geformten Ohren schienen weiter als früher vom Kopfe
abzustehen und waren wie die Hände blutleer, das schlichte
blonde Haar lag spröde und glanzlos an den durchsichtigen
Schläfen. Die ganze Erscheinung war die eines Mannes,
der sich soeben von einer schweren Krankheit erhoben hat.

Irwing hatte Weber erzählt, daß er morgen wieder
nach Yokohama zu gehen beabsichtige. Er hatte auch
schon einmal Adieu gesagt und sich halb in die Höhe

gerichtet, als ob er fortgehen wolle; aber er war dann wieder auf den Stuhl zurückgesunken und seit einer Minute saß er nun da ohne zu sprechen und anscheinend in tiefes Nachdenken versunken.

Es kam Weber vor, als ob Irwing noch irgend etwas auf dem Herzen habe, was er ihm mitzuteilen wünsche. Als dieser beharrlich schwieg, wollte er ihn ermutigen und sagte in teilnehmendem Tone: „Wir sind alte Freunde, Irwing, und Sie wissen, daß Sie sich auf mich verlassen können. Wenn ich in Ihrer Abwesenheit hier etwas für Sie thun kann, was Sie aus irgend einem Grunde einem andern nicht anvertrauen wollen, so verfügen Sie über mich."

„Ja," antwortete Irwing und dann stockte er wieder. Nach einer kurzen Weile fuhr er jedoch fort: „Wenn ich nicht nach Schanghai zurückkehren sollte, so will ich Ihnen hiermit gleich für längere Zeit Lebewohl sagen." Er sprach zögernd und verlegen. Weber sah ihn betroffen an.

„Sie wollen nicht wieder nach Schanghai kommen?" fragte er.

„Ich weiß es noch nicht bestimmt; aber es ist doch möglich und für den Fall wollte ich nicht fortgehen, ohne es Ihnen gesagt zu haben. Sie haben mich zuerst freundlich aufgenommen, als ich vor sechs Jahren hier ankam und haben mir seitdem stets zur Seite gestanden. Ich bin Ihnen dafür dankbar . . . Adieu, lieber Weber!"

Er erhob sich nun, aber er ging noch nicht fort, sondern blieb unschlüssig am Pulte stehen. „Noch eins, Weber," fuhr er fort. „Ich bitte Sie, erzählen Sie Wilson nicht, daß ich auf längere Zeit Abschied ge-

nommen habe. Es würde ihn besorgt machen . . . Und
dann noch eins" — er nahm ein Papiermesser, das
auf dem Pulte lag, drehte es langsam hin und her und
betrachtete es aufmerksam — „noch eins: Wenn Wilson
in meiner Abwesenheit etwas Unangenehmes zustoßen
sollte, so stehen Sie ihm zur Seite. Er ist nicht so
stark wie er aussieht, Schanghai hat ihn mehr angegriffen
als er selbst weiß, und er würde, wenn es ihm schlecht
ginge, der Stütze bedürfen."

„Was soll ihm denn zustoßen?" fragte Weber mit
einiger Unruhe. — „Droht ihm ein Unglück?"

„Nicht, daß ich wüßte. Aber es könnte ihm doch
etwas Unangenehmes vorkommen, und in dem Falle
möchte ich sicher sein, daß Sie ihm in meiner Abwesen=
heit zur Seite stehen."

„Irwing," sagte Weber sehr ernst, „alles dies ist
nicht in Ordnung. Sie verheimlichen mir etwas. Sprechen
Sie doch frei heraus!"

„Nein, ich bin nur etwas ermattet und niedergeschlagen,
und da sehe ich vielleicht schwarz."

„Da haben Sie unrecht, lieber Irwing," erwiederte
Weber wieder mehr beruhigt. „Verbittern Sie sich Ihr
Leben nicht! Freuen Sie sich desselben. Es ist zu kurz,
als daß man schwarzen Gedanken nachhängen sollte."

„Zu kurz, zu kurz!" wiederholte Irwing bitter, „es
scheint mir, daß es lang genug ist . . . Nun ich will
Sie aber nicht länger aufhalten . . . Adieu, Weber! Ich
verlasse mich auf Sie, daß Sie Wilson nicht unnütz be=
unruhigen . . . und sollte ihm in meiner Abwesenheit
irgend etwas zustoßen, so rechne ich auf Sie."

Er entfernte sich endlich und ließ seinen Freund nach=
denklich über das, was er gesagt und wie er es gesagt
hatte, zurück.

Von Webers Wohnung begab sich Irwing langsamen
Schrittes nach dem Hause Ralstons. Er konnte Schanghai
nicht verlassen, ohne von der Familie Thorn Abschied ge=
nommen zu haben, und er wollte sein Versprechen lösen
und mit Mary über Wilson sprechen. Er hatte diese
Unterredung bis zum letzten Augenblick aufgeschoben. Nun,
am Vorabend seiner Abreise, mußte sie stattfinden.

Der Diener, der in der Vorhalle von Ralstons Hause
wartete, um Besuche anzumelden, antwortete Irwing, daß
Frau Thorn, nach der er zuerst gefragt hatte, ausgegangen sei;
Fräulein Mary aber befinde sich im Empfangszimmer. — Ir=
wing trat darauf zögernd in das große Gemach. Es war,
wie die meisten Wohnräume in Schanghai, hoch und luftig.
Drei große Glasthüren öffneten, dem Eingang gegenüber,
nach dem Garten hin und gaben Zutritt zu einer breiten,
verdeckten Veranda, die nach Norden hin lag und auf
der sich die Bewohner des Hauses während der heißen
Jahreszeit vorzugsweise aufzuhalten pflegten. Auf diesem
Balkon standen mehrere kleine Tische und große bequeme
Rohrsessel. Eine breite, wenig Stufen hohe Treppe führte
von dort in den gut unterhaltenen Garten. Die größten
und schönsten Bäume erhoben sich in unmittelbarer Nähe
der Veranda; ihre dicht beblätierten Zweige dämpften dort
das grelle Licht des Tages zu einem ruhigen, ange=
nehmen Halbdunkel herab.

Mary hatte Irwing kommen hören und zeigte sich
nun in einer der Glasthüren, um den Eintretenden zu

bitten, ihr auf die Veranda zu folgen. Dort ließ sich
Irwing neben dem jungen Mädchen auf einen Sessel nieder.
Er saß wieder gerade und steif, wie er bei Weber da=
gesessen hatte. In der Rechten hielt er seinen Hut, die
Linke lag unbeweglich auf dem einen Knie. Mary hatte
die Ellenbogen auf einen kleinen Tisch gestützt, der zwischen
ihr und Irwing stand, und das Kinn auf beide Hände
gelegt. Sie betrachtete Irwing aufmerksam und traurig.
Während der ganzen Unterredung, die nun stattfand, waren
ihre Augen unverwandt, ängstlich forschend auf Irwing
gerichtet. Dieser blickte zu Boden oder sah in den Garten
hinaus.

„Ich komme, um Ihnen Lebewohl zu sagen,“ fing
er an. „Ich kehre morgen mit der ‚Costa=Rica‘ nach
Yokohama zurück.“

„Nun, hoffentlich macht Japan Sie bald wieder
gesund,“ erwiederte Mary. „Ich wünsche es von ganzem
Herzen. Ich bedaure aufrichtig, Sie leidend zu sehen.“

Irwing antwortete nicht.

„Herr Irwing,“ fuhr Mary fort. „Ich muß eine
Frage an Sie richten. Seien Sie mir deshalb nicht
böse! ... Weshalb sind Sie seit unserem Hiersein so
ganz anders gegen mich, als Sie in Yokohama waren?
Habe ich etwas gethan, wodurch ich Sie verletzt habe?“

Eine kurze Sekunde sah er sie an, und sein Blick war
voll unendlicher, trostloser Traurigkeit. — „Herr Irwing,“
fuhr Mary flehend fort, „sagen Sie mir, was habe ich
gethan, daß Sie mir zürnen?“

„Ich zürne Ihnen nicht,“ antwortete er ganz leise.

„Weshalb sprechen Sie nie mehr mit mir? Wes=

halb vermeiden Sie mich? Was habe ich gethan? Bin ich anders, als ich in Yokohama war?"

„Nein."

„Nun weshalb sind Sie so ganz anders?"

„Ich bin nicht recht wohl. Verzeihen Sie mir."

„Wollen Sie mir Ihre Hand geben? wollen Sie mir sagen, daß wir noch gute Freunde sind wie früher?"

Sie wußte nicht, woher sie den Mut nahm, so zu sprechen; aber sie fühlte, daß sie ein Recht hatte, es zu thun. Sie litt unverschuldet; sie wollte und durfte ein Mißverständnis aufklären, das sie unglücklich machte.

Sie streckte ihre kleine weiße Hand Irwing entgegen. Dieser legte seine Rechte zögernd in die ihrige.

„Herr Irwing, sind wir noch gute Freunde?"

„Ja, Fräulein Mary."

Er zog seine Hand langsam wieder zurück. Sie hätte in Thränen ausbrechen mögen. Sie bewahrte nur mit größter Mühe ihre Fassung Aber doch konnte sie ihm nicht zürnen. Er sah so leidend aus, so elend, daß sie alles auf der Welt gegeben hätte, um ihn zu trösten.

Irwing hatte sich fest vorgenommen, sich des Auf= trages, den Wilson ihm gegeben hatte, zu entledigen. Er suchte nach Worten, um dies zu thun. Er war in großer, peinlicher Verlegenheit. Eine neue Frage, die Mary an ihn richtete, gestattete ihm endlich, von seinem Freunde zu sprechen.

„Sie werden Herrn Wilson ohne Zweifel regelmäßig schreiben?" sagte sie, „auf diese Weise werden wir dann wohl auch Nachrichten von Ihnen empfangen?"

Irwing beantwortete diese Frage nicht. Er sagte

nur: „Wilson ist mein Freund." — Er stockte und wieder=
holte langsam und abwesend: „Wilson ist mein Freund...
mein einziger Freund..."

„Er gefällt mir sehr gut," entgegnete Mary. „Er
hat etwas so Offenes, Biederes in seinem ganzen Wesen,
das sofort Vertrauen und Zuneigung einflößt... Er
hat Sie sehr lieb. Sie glauben gar nicht, wie er um
Sie besorgt ist. Sie sollten ihn nur hören, wenn er
von Ihnen spricht. Er stellt Sie höher als alles andere
auf der Welt."

„Er ist der beste Mensch, den ich kenne."

„Er sagt dasselbe von Ihnen."

„Haben Sie Wilson lieb?" Die Frage kam so
sonderbar heraus, sie schien so gänzlich unbegründet, Ir=
wing sah dabei mit einer so eigentümlichen Starrheit
im Blick in die Zweige der Bäume, daß Mary mehr
verwundert als verletzt entgegnete:

„Weshalb richten Sie diese Frage an mich?"

Irwings Antwort kam in demselben teilnahmlosen
Tone, von demselben teilnahmlosen Blicke begleitet: „Weil
ich weiß, daß Wilson Sie liebt."

Mary schrak zusammen. Irwing schien nichts zu
sehen. Er blickte noch immer in das dunkle Laub, den
Kopf halb abgewandt von Mary. — Plötzlich regte sich
in der Brust des jungen Mädchens ein wilder Gedanke,
der ihr das Blut in die Wangen trieb, aber dem sie
Ausdruck geben mußte.

„Was würden Sie sagen, wenn ich ihn wieder liebte?"
fragte sie leise, zitternd.

Irwing schien zu ersticken. Er atmete beklommen, er

schaukelte sich unruhig auf dem Sitze hin und her, er legte ein Bein über das andere und wechselte diese Stellung verschiedene Male, seine trockene Zunge wollte die trockenen Lippen netzen, er strich mit der Hand über die schweißbedeckte bleiche Stirn. — Seine Stimme klang rauh und heiser als er endlich Worte fand:

„Sie würden einen edlen Mann lieben . . . Sie würden ihn glücklich machen . . . Sie würden glücklich sein.“

Mary erhob sich schnell und stand mit blitzenden Augen vor ihm.

„Das sagen S i e mir“ — fragte sie mit tiefer, fremder Stimme, mit langem Ausdruck auf das Wort „Sie“.

„Ja“ — dies kaum hörbar von Irwing.

Sie erbleichte. — „Hören Sie mich, Herr Irwing!“ fuhr sie mit derselben fremden Stimme fort. — „Hören Sie mich? Wenn S i e mir anraten, Herrn Wilson meine Hand zu geben . . . aber nur wenn S i e es mir anraten . . . auf Ihre Verantwortlichkeit hin . . . hören Sie —“ sie konnte kaum sprechen, sie atmete schnell und laut — „auf I h r e Verantwortlichkeit hin werde ich ihm meine Hand geben, wenn er darum anhält . . .“

Sie stockte. Er saß stumm.

„Nun so antworten Sie! Antworten Sie, Herr Irwing!“ — Sie sprach lauter, sie stand ihm beinahe drohend gegenüber, ihre flammenden Augen unverwandt auf sein Gesicht gerichtet. „Soll ich ihm ‚Ja‘ sagen? . . . ja oder nein?“

„Ja,“ brachte er hervor.

„Nun dann, Leben Sie wohl, Herr Irwing.“ Sie wandte sich als wollte sie gehen.

Er versuchte, sich zu erheben; seine Kräfte verließen ihn: er fiel auf den Sessel zurück, aber er machte eine verzweifelte Anstrengung uud stand endlich aufgerichtet an dem kleinen Tisch, auf den er sich mit einer Hand stützte. — Mary war in der Glasthür stehen geblieben und hatte sich nach ihm umgewandt. — Die Sonnenstrahlen, die durch das Laub der Bäume filterten, machten ihr Haar goldig erglänzen, die hohe, schlanke Gestalt, in ein helles Gewand gehüllt, mit dem dunklen Zimmer als Hintergrund, von der Thür wie in einen großen Rahmen gefaßt, erschien wie in einem Bilde. Sie blickte auf Irwing und sah in der ganzen Erscheinung des Un-glücklichen den Ausdruck unbeschreiblichen Leidens. Tiefes, schönes, weibliches Mitleiden füllte ihre ganze Brust.

Hatte sie ihn bei Namen gerufen? — Er wußte es nicht. Er hatte es wie in einem Traume gehört, und wie im Traume näherte er sich der lichten Erscheinung, von den wunderbaren Augen, die sehnsüchtig, liebevoll, trostverheißend auf ihm ruhten, unwiderstehlich angezogen.

Er ergriff ihre Hand, die sie ihm willig überließ und sagte: „O Mary, Mary, ich darf Sie nie, . . . niemals wiedersehen!"

Seine Rechte ruhte zwischen ihren beiden Händen. Sie fühlte, wie er sie sanft zurückzog. „Nimmer, . . . nimmermehr," wiederholte er. Er sah sie lange an; dann wandte er sich langsam ab. — Die Sinne vergingen ihr fast. — Was hatte dies alles zu bedeuten?

Er näherte sich gesenkten Hauptes der Treppe, sie sah ihn mit weitgeöffneten Augen starr, sprachlos nach. — Er stieg die wenigen Stufen hinunter und trat, ohne sich

umgesehen zu haben, unter den Schatten der Bäume. —
Was? Keinen Blick mehr von ihm? Er ging, ohne sich
noch einmal nach ihr umgewandt zu haben? Er wollte
sie nie — niemals wiedersehen? . . Sie hörte seinen
schweren, gemessenen Schritt auf dem knirschenden Kies
der Allee, sie vernahm, wie die Gartenthür schwingend in
ihren Angeln ächzte; dann wurde es still — totenstill.
Er war gegangen . . . für immer! Sie taumelte zurück
und sank, einer Ohnmacht nahe, in einen Sessel.

Vor der Thür von Ralstons Hause begegnete Irwing
seinem Freunde Weber.

„Noch einmal glückliche Reise und auf Wiedersehn!"
begrüßte ihn dieser. „Sie kommen wohl von den Thorns?
Ich will ihnen soeben einen Besuch machen."

Irwing antwortete nur mit einem stummen Nicken.

„Ich wette, "sagte Weber vor sich hin, nachdem Irwing
weiter gegangen war, „Irwing ist in Mary Thorn ver=
liebt, und Wilson hat sie ihm fortgenommen." Er zuckte
die Achseln als wollte er sagen: „Ich kann es nicht ver=
hindern und ich kann auch nicht helfen."

Weber, ein wohlbekannter Freund des Hauses, wurde
von dem Diener ohne weiteres in das Empfangszimmer ge=
führt, das Mary noch nicht verlassen hatte. Sie erhob sich
schnell und mit heftigem Herzklopfen als sie die Thür
öffnen hörte; sobald sie jedoch den neuen Besucher erkannt
hatte, legte sich ihre Aufregung wieder.

Es konnte Weber nicht entgehen, daß etwas Außer=
gewöhnliches mit Mary Thorn vorgefallen sein müsse.
Sie sah blaß und verstört aus und besaß kaum Fassung
genug, um die gewöhnlichen Begrüßungsformeln, mit denen

er sie anredete, zu beantworten. Er vermutete, daß die augenscheinliche Verwirrung des jungen Mädchens mit dem Abschiede von Irwing zusammenhänge; aber er wußte nicht, wozu es nützen könnte, sich darüber Aufklärung zu verschaffen, und da er weder neugierig noch aufdringlich war, so bemühte er sich, unbefangen zu erscheinen, als ob er nichts Außergewöhnliches in dem Wesen Marys bemerkte. Er blieb nur kurze Zeit und empfahl sich dann wieder, ohne von etwas anderem als vom Wetter, vom Klima von Schanghai und ähnlichen Dingen gesprochen zu haben.

„Das ist eine kuriose Geschichte," grübelte er vor sich hin, als er wieder in der Straße war: „Irwing liebt die kleine Thorn; und wenn ich mich nicht sehr irre, so liebt sie ihn. Das verhindert nicht, daß Wilson sie mit Irwings Zustimmung heiraten will . . . Es geht komisch zu in dieser komischen Welt!"

Wilson war im Godown beschäftigt als Irwing wieder nach Hause kam, und dieser konnte unbemerkt auf sein Zimmer gehen, wo er den Boy mit dem Einpacken seiner Sachen beschäftigt fand.

„Befiehlt der Herr, seine Flinte miteinzupacken?" fragte der Diener.

Irwing nickte mit dem Kopf.

„Befiehlt der Herr, Winterzeug mitzunehmen?"

„Ja."

Der Boy schleppte einen zweiten großen Koffer aus Kampherholz herbei, schloß ihn auf, blieb, mit dem Kopf auf einer Seite, eine Weile lang bedenklich stehen, wandte sodann einen fragenden Blick auf Irwing, als erwarte er von diesem irgend welche Anweisungen, und schloß endlich den Koffer still wieder zu.

„Befiehlt der Herr, daß ich mit nach Yokohama gehe?"

„Nein."

Assung, der Boy, schlich darauf geräuschlos aus dem Zimmer und erzählte dem Comprador*), den er in der Hausflur antraf, der Herr gehe auf lange Zeit und weit fort, denn er nehme all' sein Winterzeug mit und lasse ihn, Assung, in Schanghai zurück.

Der Comprador meinte, Herr Irwing werde in wenigen Wochen wieder nach Schanghai zurückkehren, aber Assung erwiederte: „Ich weiß besser" — und der Comprador, der nicht zu einer Unterhaltung aufgelegt war und der sich im Grunde wenig um die ganze Geschichte kümmerte, schloß die Unterhaltung lakonisch mit dem üblichen: „Can see, can sabee" — „Wenn man es gesehen hat, so wird man es wissen." — Jedoch hielt er es als wohlerzogener, höflicher Comprador eines geachteten Handlungshauses für seine Pflicht, für den nächsten Morgen eine Kiste mit „fire crakers" — chinesischem Feuerwerk — zu bestellen, damit Herr Irwing das Haus und den Hafen unter gebührenden Ehrenbezeugungen verlassen könne.

Irwing blieb in seinem Zimmer, bis es anfing zu dämmern; dann zog er sich wie gewöhnlich zum Essen an, und da der „Gong" gerade zur Tafel rief, begab er sich in den Speisesaal, wo Wilson bereits auf ihn wartete.

Die Mahlzeit ging still und traurig vorüber. Wilson

---

*) Name, den man in China dem in europäischen Häusern angestellten chinesischen Kassirer giebt.

war nicht nur um die Gesundheit seines Freundes be=
sorgt; er war auch verstimmt: ja er war gewissermaßen
böse auf Irwing. Er fühlte, daß dieser ihm gegenüber
nicht mehr der Alte war, daß sich etwas Fremdes,
Störendes, er konnte sich nicht erklären was, zwischen ihn
und seinen Genossen geschoben hatte. — Daß Irwing
sich unwohl fühlen mußte, war augenscheinlich. Wilson
wollte es ihm nicht verdenken; aber was er weder be=
greifen, noch entschuldigen konnte, war die scheue Traurig=
keit seines Freundes. — Weshalb klagte er nicht? Wes=
halb sagte er nicht in klaren Worten, wo ihn der Schuh
drückte? — „Wenn ich krank wäre," meinte Wilson,
„nun so würde ich mich zu Bette legen und würde mich
von Irwing pflegen lassen. Es ist unrecht von ihm,
mich wie einen Fremden zu behandeln."

Im Laufe des Abends erzählte Irwing seinem Freunde,
daß er von Fräulein Thorn Abschied genommen habe.

„Haben Sie ein Wort für mich sagen können?"
fragte Wilson, ohne jedoch den Eifer zu zeigen, den er
früher an den Tag gelegt hatte.

„Ja. Ich habe ihr gesagt, daß sie sich Ihnen an=
vertrauen könnte, daß Sie sie glücklich machen würden."

„Sie sind ein wahrer Freund! ... Und wie hat sie
Ihre Bemerkungen aufgenommen? — Seien Sie nicht böse,
alter Mann, daß ich Sie mit diesen Fragen quäle."

„Ich bin Ihnen nicht böse."

„Nun, wie hat sie Ihre Bemerkungen aufgenommen?"

„Ich verstehe nichts von Frauen. Wir sprachen nicht
lange. Ich konnte nicht viel sagen; aber ich habe nur
Gutes von Ihnen gesagt ... Ich gebe Ihnen die Ver=

ſicherung, Wilſon, ich habe mein Beſtes gethan, um Ihnen
zu nützen . . . Ich konnte nicht mehr thun, als ich ge=
than habe."

„Wer zweifelt daran? Weshalb geben Sie mir eine
feierliche Verſicherung? Sie ſind mein Freund. Thun Sie
mir nur den Gefallen und werden Sie ſchnell wieder
geſund. Alles Übrige wird ſich finden."

Am nächſten Tage, um ſieben Uhr morgens, dampfte
die ‚Coſta=Rica‘ aus dem Hafen. Wilſon, der Irwing an
Bord begleitet hatte und ſich nun wieder ſeiner Wohnung
näherte, fühlte ſich niedergeſchlagen wie nie zuvor. Irwing
hatte ganz eigentümlich von ihm Abſchied genommen. Er
hatte mehrere Male wiederholt: „Bewahren Sie mir ein
freundliches Andenken, Wilſon," und ſeine Augen waren
feucht geweſen als er ihm an der Landungstreppe die Hand
gedrückt hatte. — Als er vor wenigen Wochen zum erſten
Male nach Yokohama gegangen war, hatte er nicht in ſo
feierlicher Weiſe Lebewohl geſagt. Damals rief er: „Auf
Wiederſehen in ſechs Wochen! Paſſen Sie auf Mammon
und Excentric auf!" — und ſtand freundlich lächelnd und
winkend auf dem Verdecke, bis er Wilſon aus den Augen
verloren hatte. Heute ſprach er gar nicht von Wiederſehen.
Er ging, als meine er nie wiederzukommen. — Was fehlte
ihm? — Doktor Jenkins vermochte keine Auskunft zu geben.
Wilſon konnte ſich die Sache nicht erklären.

„Ich werde bis zur Rückkehr der ‚Coſta=Rica‘ keine ruhige
Minute haben, ſagte er ſich. „Wolle Gott, daß der erſte
Brief Irwings mir gute Nachrichten bringt!"

VI.

„Die ‚Cofta=Rica‘ mit der Poft von Yokohama, Yeddo, Kobe, Ofakka und Nagafacki ift um ein Uhr nachmittags angekommen. Briefe werden zwifchen drei bis fünf Uhr verteilt werden.“

Wilfon hatte diefen Zettel, der am amerikanifchen Kon= fulate von Schanghai angefchlagen war, zehnmal und öfter gelefen und wartete nun in feinem Schreibzimmer mit großer Ungeduld auf den Diener, der ihm die Briefe aus Japan bringen follte.

Die drei Wochen, die feit Irwings Abreife dahingegangen, waren elende Tage für Wilfon gewefen. Er hatte fort= während an feinen abwefenden Freund denken müffen, und feine Beunruhigung über deffen Schickfal war täglich größer geworden.

Schanghai ift nicht der Ort, wo man fich ungeftraft aufregen darf. — Europäer und Amerikaner, die frifch an= gekommen find und noch einen ungefchmälerten Vorrat nördlicher Energie und Widerftandsfähigkeit befitzen, können fich zur Not den Luxus einer großen Gemütserregung ge= ftatten, gerade wie es ihnen auch noch erlaubt ift, während der Mittagshitze im Sommer auszugehen; aber ältere Be=

wohner der ungesunden, feuchten, heißen Stadt müssen Sorge tragen, sich weder geistig noch körperlich zu sehr anzustrengen. — Ein Europäer akklimatisirt sich in China niemals. Er wird im Gegenteil mit jedem Jahre weniger geeignet, den bösen Einflüssen des ihm unfreundlichen Himmels zu widerstehen. Die Sonne wird ihm ein Feind, dem er nicht mehr zu trotzen wagt und nicht mehr ungestraft trotzen darf. Er spricht nicht von der „lachenden“, sondern von der „brennenden, stechenden“ Sonne, und wenn er gezwungen wird, sich ihren Strahlen auszusetzen, so sucht er sich durch luftige Hüte, durch Schirme, durch helle Tücher im Nacken, durch gefärbte Gläser vor den Augen dagegen zu schützen. Ungeachtet aller Vorsichtsmaßregeln erschlafft seine Kraft mehr und mehr, und nach wenigen Jahren wird selbst der ursprünglich kräftige, kerngesunde Mann gezwungen, nach seiner Heimat zurückzukehren und sich durch einen längern Aufenthalt dort wieder zu stärken und zu erfrischen. Versäumt er dies, so siecht er dahin und wird unzeitig schwach und gebrechlich, um schließlich als ein Opfer des ihm feindlichen Klimas zu fallen.

Wilson war im Jahre 1866 ein ganz anderer, viel schwächerer Mann als zur Zeit, wo er mit Irwing zusammen die Reise nach Su-tschau unternommen hatte. Er zählte nun siebenundzwanzig Jahre. Er war von Natur durchaus nicht dazu angelegt, vorsichtig und ängstlich zu sein; aber er hatte sich, wie alle seine Bekannten und Genossen, nach und nach daran gewöhnt, ein ruhiges, wohlgeordnetes Leben zu führen. Er ging zu regelmäßigen Stunden zn Bette, er stand früh auf, und es wäre ihm niemals eingefallen, im Monat Juli oder August zwischen zehn und drei Uhr ohne Sonnenschirm auszugehen. Diese und ähnliche kleine Vorsichtsmaßregeln störten ihn weiter nicht, aber sie waren doch seiner ganzen Natur zuwider: er ärgerte sich darüber, und ein Hauptgrund, weshalb er sich von China fort und nach England zurücksehnte, war, daß er sich dort nicht mehr um seine Gesundheit zu be= kümmern haben würde.

Die Unruhe, die er während der letzten drei Wochen empfunden, hatte ihn empfindlich angegriffen. Er war ungeduldig, aufgeregt, schlechter Laune, und seine Bekannten klagten, daß das Zusammenleben mit ihm mit jedem Tage schwieriger würde. Sie waren einstimmig der Meinung, daß es hohe Zeit für ihn sei, Schanghai zu verlassen und nach Europa zu gehen, um sich dort einmal wieder ordentlich aufzufrischen und zu erholen.

Wilson konnte von dem Fenster seines Zimmers aus den „Post=Boy" kommen sehen. Er ging ihm entgegen, nahm ihm im Hausflur die Briefe aus der Hand und ließ sie schnell durch seine Finger gleiten, bis er auf einem Umschlag die große, deutliche Handschrift Irwings erkannt hatte. Diesen öffnete er noch im Gehen; dann warf er sich in einen Sessel und las folgenden Brief:

„Yokohama, den 18. Mai 1866.

Mein lieber Wilson!

Wir haben eine stürmische Überfahrt gehabt, nament= lich zwischen Simoda und Yokohama. Die ,Costa=Rica' hat sich während des schlechten Wetters sehr gut be= nommen. Die kleine Reise hat mir wohlgethan, und Sie können über meinen Gesundheitszustand beruhigt sein. Aber ich sehe noch immer etwas angegriffen aus, und ich muß hier von jedermann, den ich kenne und dem ich begegne, dieselbe Frage hören: ‚Was fehlt Ihnen‘? — Da mich das langweilt und da ich von einer größern Seereise vollständige Herstellung hoffe, so habe ich mich entschlossen, mit der ‚Amerika‘, die morgen von hier segelt, nach Kalifornien zu gehen. — Es liegt viel Wasser und Land zwischen Schanghai und San Franzisko, und es kann so manches vorkommen bis wir wieder zusammen= treffen. — Lieber Wilson, bewahren Sie mir ein gutes Andenken. Beunruhigen Sie sich nicht, wenn Sie wäh= rend einiger Monate nichts von mir hören. Ich beab= sichtige, mich in den Prärieen umherzutreiben und werde nicht leicht Gelegenheit finden, Ihnen zu schreiben. Briefe erbitte ich mir unter der Adresse der ‚Bank von Kalifornien‘ in San Franzisko. — Der Ordnung halber teile ich Ihnen noch mit, daß ich mir von Young 10,000 Dollars habe geben lassen, die meinem Privatkonto zu belasten sind. Grüßen Sie Julius Weber von mir.

Der Ihrige

Francis Irwing.“

Wilson las diesen Brief mit wachsender Beunruhigung mehrere Male durch. Beinahe alles darin war ihm un= verständlich. Der Brief enthielt nicht ein Wort von den nächsten gemeinschaftlichen Zukunftsplänen. Der bevor= stehenden Auflösung des Hauses Wilson & Irwing war darin gar nicht Erwähnung gethan. — Was bedeutete diese plötzliche Reise nach Kalifornien, ohne daß ein Wort von der Rückkehr nach Schanghai gesagt war? Was wollte

Irwing mit den zehntausend Dollars anfangen? Sie bildeten im Verhältnis zu seinem Guthaben im Hause keine große Summe; aber was konnte er mit einem solchen Kapital auf einer Vergnügungsreise anfangen wollen? Weshalb diese Bemerkung über das große Stück Erde zwischen San Franzisko und Schanghai? Die Leute in China betrachten die Kalifornier als ihre Nachbarn, und unter gewöhnlichen Verhältnissen würde Irwing gar nicht daran gedacht haben, von der Entfernung, die ihn nun von Wilson trennte, zu sprechen.

„Ich kann das nicht verstehen," sagte sich Wilson ein über das andere Mal. — „Entweder Irwing hat den Verstand verloren oder ich bin nicht recht bei Sinnen." — Er öffnete die anderen Briefe in der Hoffnung, dort noch Aufklärung zu finden; aber das einzige Schreiben, in dem Irwings überhaupt Erwähnung gethan wurde, war ein Geschäftsbrief von Young, der unter anderem die Stelle enthielt: „Wir hatten das Vergnügen, Ihren geehrten Herrn Irwing bei uns zu sehen, der gestern mit der ,Amerika' die Überfahrt nach San Franzisko angetreten hat. — Belieben Sie, uns laut einliegender Quittung für 10,000 Dollars zu erkennen, die derselbe für Rechnung Ihres geehrten Hauses bei uns entnommen hat."

Wilson setzte seinen Hut auf und lief zu Weber, der in der Nachbarschaft wohnte. Dieser bereitete sich gerade darauf vor, einen kleinen Spazierritt zu machen, aber trat sofort wieder mit Wilson in sein Haus zurück, als dieser ihm sagte, er habe mit ihm über Irwing zu sprechen.

Sobald Weber sich gesetzt hatte, zog Wilson Irwings Brief aus der Tasche und gab ihn seinem Freunde zum

Lesen. Weber studirte das Schriftstück aufmerksam durch, ohne eine Miene zu verziehen, legte es sodann auf den Tisch und blickte seinen Gast fragend an.

„Mir ist die ganze Sache unverständlich," sagte Wilson. „Können Sie mir erklären, was dieser Brief zu bedeuten hat?"

Weber nahm den Brief wieder auf und las ihn noch einmal durch. Dann sah er Wilson fest an und sagte ruhig: „Irwing ist fortgegangen, um nicht wieder zu kommen."

„Aber warum?" rief Wilson heftig.

„Warum? ... Ja warum? ... Soll ich Ihnen aufrichtig sagen, was ich denke?"

„Natürlich, so sprechen Sie doch!"

Weber schien in Verlegenheit zu sein und besann sich eine kurze Weile.

„Nun, so sprechen Sie doch," drängte Wilson.

„Es ist eine heikle Geschichte; aber Sie sollen sie wissen . . . Ich glaube, Irwing liebt Fräulein Thorn."

Neben Wilson stand ein kleiner japanischer Tisch. — Wilson sprang mit einem zornigen Fluch in die Höhe und schlug mit der Faust so heftig auf das leichte Möbel, daß die dünne Tischplatte zersprang, und die scharfen Splitter davon ihm die Hand zerschnitten.

„Weber, weshalb haben Sie mir das nicht früher gesagt?"

„Wie konnte ich es Ihnen sagen?" beschwichtigte dieser. „Wie konnte ich es überhaupt wissen? Die Sache ist mir selbst erst nach und nach klar geworden . . . Sie kommen zu mir und erzählen mir, Sie beabsichtigen, sich um die Hand von Fräulein Thorn zu bewerben. Gut! Sie er=

suchen mich, bei Herrn und Frau Thorn ein Wort für Sie
einzulegen, und sagen mir gleichzeitig, daß Irwing dasselbe
thun werde. — Kann ich da vermuten, daß Sie der Neben=
buhler Ihres Freundes seien?"

Wilson hatte ein weißes Tuch aus der Tasche gezogen
und verband sich damit die blutende Hand. Er hatte sich
wieder gesetzt und war auch anscheinend wieder ruhig ge=
worden; aber Weber bemerkte, daß seine Lippen zuckten
und daß er blaß war. „Sehr wohl," sagte er mit er=
zwungener Gelassenheit. „Bis jetzt ist alles in Ordnung;
aber was später?"

„Ja, was später! . . . Später bemerke ich, daß
Irwing, der frisch und gesund aus Yokohama zurückgekehrt
war, der sich während des ganzen Renntages ausschließlich
mit Fräulein Mary beschäftigt hatte, der ganz gegen seine
Gewohnheit Herrn und Frau Thorn gegenüber den zuvor=
kommenden Wirt macht, — später bemerke ich, daß Irwing
plötzlich, ohne irgend welchen erkennbaren Grund krank und
trübsinnig wird. Ich beobachte ihn, denn er ist mein Freund
und ich interessire mich für ihn. Er spricht den Namen
Thorn in meiner Gegenwart nicht mehr aus, er nähert sich
Fräulein Mary nicht ein einziges Mal wieder, ihre Eltern
haben, dem Anschein nach, jeden Wert für ihn verloren,
er wird täglich trübsinniger, geheimnisvoller . . . und auf
einmal verschwindet er. — Es ist möglich, daß ich mich
irre, aber ich kann mir sein rätselhaftes Benehmen nur
dadurch erklären, daß ich mir sage: Irwing hat Ihnen
bei Ihrer Bewerbung um Fräulein Thorns Hand nicht
im Wege stehen wollen, und das ist der Grund, weshalb
er fortgegangen ist."

Wilson war noch immer mit seiner blutenden Hand
beschäftigt. „Alles dies sind Vermutungen," sagte er, ohne
die Augen in die Höhe zu heben, „ich glaube selbst, daß
Sie recht haben; aber denken Sie einmal nach, Weber,
ob Sie nicht ein Mittel wissen, um uns darüber Gewißheit
zu verschaffen."

„Wozu würde das nützen?"

Nun, es würde dazu nützen," antwortete Wilson mit
vollständiger Ruhe, „daß, sobald ich meiner Sache sicher
wäre, ich Irwing sofort nach hier zurückrufen würde."

„Wollen Sie Ihrer Bewerbung um Fräulein Thorn
entsagen?"

Wilson zuckte mit den Achseln und blickte Weber mit
einem Lächeln an, das trauriger als Thränen war. „Sie
kennen mich nicht," sagte er sanft. „Mary Thorn hat
mir wohl gefallen, und ich glaube, ich würde recht glücklich
gewesen sein, wenn sie mir ihre Hand gereicht hätte; aber
was hat das zu bedeuten, wenn es sich um Irwing handelt?"

Wilson sprach so ernst, es wurde ihm so schwer, seine
Rührung zu verbergen, daß dem heitern, leichtherzigen
Weber die Augen feucht wurden. Er rieb sich nachdenklich
das Kinn und sagte nach einer längern Pause:

„Ich glaube, Mary Thorn ist die einzige Person,
die Ihnen mehr Auskunft als ich geben kann. Ich besuchte
sie, als Irwing soeben Abschied von ihr genommen hatte
und fand sie in einer eigentümlichen Gemütsverfassung.
Sie erschien mir niedergeschlagen und war außer stande,
eine gewöhnliche Unterhaltung mit mir zu führen. Ich
sagte mir damals schon: Irwing liebt Mary Thorn, und
sie liebt ihn, und Wilson will sie mit Irwings Zu=

stimmung heiraten. — Ich wunderte mich über die ganze Geschichte."

„O Weber, Weber, warum haben Sie mir derzeit nicht gesagt, was sie wußten?"

„Ich wußte ja nichts, Wilson; ich hatte nur Vermutungen. Setzen Sie sich an meine Stelle: was konnte ich thun?"

„Es nützt nichts, über einen geschehenen Schaden zu klagen:" Wilson war aufgestanden, als er dies sagte. „Ich will sofort zu Fräulein Thorn gehen," fuhr er fort. „Thun Sie mir den Gefallen und bleiben Sie zu Hause, damit ich Sie nach meiner Unterredung gleich wieder sprechen kann. Es handelt sich darum, einen schnellen Entschluß zu fassen. Mir ist der Kopf ganz wirr von dem, was ich erfahren habe. Ihr guter Rat kann nützlich sein. Da steht Ihr Pferd noch. Gestatten Sie mir, es zu nehmen. Ihr Stalljunge kann nebenher laufen, dann bin ich rascher hin und zurück."

Weber war damit einverstanden, und Wilson begab sich in schnellem Trabe nach Ralstons Wohnung. — Frau Thorn und ihre Tochter waren soeben von einer Spazierfahrt zurückgekehrt und wollten sich gerade auf ihr Zimmer begeben, um sich zum Essen anzukleiden, als Wilson angemeldet wurde. Er begrüßte die beiden Damen und sagte, noch ehe diese ein Wort gesprochen hatten: „Wollen Sie mir gestatten, gnädige Frau, daß ich mich fünf Minuten lang allein mit Fräulein Mary unterhalte. Ich habe ihr eine Mitteilung über meinen Freund Irwing zu machen."

Herr und Frau Thorn hatten während der letzten Tage

mehrere Unteredungen über das Verhältnis zwischen Wilson und ihrer Tochter gehabt. Das junge Mädchen hatte seit der Abreise Irwings unter verschiedenen Vorwänden ein zurückgezogenes Leben geführt, und die täglichen Zusammenkünfte die sie früher mit Herrn Wilson gehabt hatte, waren abgebrochen worden. Wilson hatte sich auch seltener als während der ersten vierzehn Tage seines Bekanntwerdens mit der Familie Thorn in Ralstons Hause gezeigt. Er hatte über Kopfschmerzen geklagt, er war verstimmt gewesen, und seine Bewerbung um Marys Hand schien in Stocken geraten zu sein. Die Eltern hatten dieser Änderung in dem Verhältnis zwischen den jungen Leuten keine große Wichtigkeit beigelegt. Wilson war ihnen als zukünftiger Schwiegersohn ganz willkommen gewesen; aber auf der andern Seite beunruhigte sie sein Zurücktreten nicht. Mary war noch sehr jung. Sie war reich und schön. Die Eltern waren um einen Bewerber um sie nicht verlegen und sagten sich untereinander, daß sie in New-York zehn junge Männer für einen finden könnten, die glücklich sein würden, an Wilsons Stelle zu treten. Sie waren jetzt am Vorabend ihrer Rückreise nach Amerika. Am vorhergehenden Tage noch hatte Herr Thorn seiner Frau beiläufig gesagt, daß er neugierig wäre zu sehen, ob Wilson sie abreisen lassen werde, ohne seine Absichten in Bezug auf Mary erklärt zu haben. Frau Thorn hatte darauf mit den Achseln gezuckt und geantwortet, man könne das ruhig abwarten, man würde ja in wenigen Tagen wissen, woran man sich zu halten habe. — Wilsons Gesuch, mit ihrer Tochter allein sprechen zu dürfen, überraschte sie deshalb nicht. Sie vermutete, daß der junge Mann im

letzten Augenblicke den Mut gefunden habe, einen Heirats=
antrag zu machen, und daß er sich nun der Zustimmung
der Tochter versichern wollte, ehe er mit den Eltern spräche.
Die schroffe Weise, in der Wilson gebeten hatte, mit
Mary allein sein zu dürfen, war ihr etwas sonderbar
vorgekommen; aber sie sah darin weiter nichts als einen
Mangel städtischer Sitten. Daß Wilson den Namen Jr=
wings genannt hatte, betrachtete sie als eine harmlose
Ausflucht. Sie nickte freundlich mit dem Kopf und sagte,
Herr Wilson möge ihre Tochter nicht zu lange aufhalten,
da man sich bei Herrn Ralston sehr pünktlich um halb
acht Uhr zu Tische setze, und Mary sich noch umzukleiden
habe. — Damit ließ sie ihre Tochter mit deren vermeint=
lichem Werber allein.

Mary hatte der Nennung des Namens Jrwing eine
ganz andere Bedeutung beigelegt als ihre Mutter. Sie
wußte, daß die Post aus Japan vor einigen Stunden
angekommen war, sie erinnerte sich, daß sie Jrwing bei
ihrem letzten Zusammensein gebeten hatte, ihr durch Wilson
Nachricht von seinem Gesundheitszustande zu geben, und
sie erwartete nun, daß dieser sich eines Auftrages
seines abwesenden Freundes für sie entledigen wollte.
Das Herz klopfte ihr bei dem Gedanken.

„Fräulein Mary," begann Wilson, sobald sie sich
beide gesetzt hatten, „entschuldigen Sie mich, wenn ich
eine ungebührliche Frage an Sie zu richten wage. Es
geschieht im Interesse meines Freundes und in dem
Ihrigen."

Sie blickte ihn fragend an.

„Glauben Sie," fuhr Wilson fort, gerade auf das

Ziel losſteuernd, „glauben Sie, Fräulein Thorn, daß
mein Freund Irwing Sie liebt?“

Sie fuhr erſchreckt zuſammen.

„Wie kommen Sie dazu,“ brachte ſie endlich hervor,
„eine ſolche Frage an mich zu richten?“

„Fräulein Thorn, ich ſpreche in großen Ängſten. Nichts
liegt mir ferner als indiskret ſein zu wollen. Aber es
handelt ſich um das Wohl, es handelt ſich vielleicht um
das Leben meines Freundes. — Glauben Sie, daß er Sie
liebt?“

Das junge Mädchen wußte in der That nicht, was
ſie antworten ſollte. Sie hatte ein mutiges Herz, aber
es war ihr unmöglich, auf dieſe unerwartete Anrede ſo=
fort eine Antwort zu finden. War ſie ſich doch ſelbſt
darüber im Unklaren, ob Irwing ſie liebe, und war ſie
doch ſeit drei Wochen elender als ſie ſich je gefühlt hatte,
einfach weil es ihr unmöglich war, ſich darüber Gewißheit
zu verſchaffen.

„Das weiß ich wirklich nicht, Herr Wilſon,“ antwortete
ſie ausweichend.

„Denken Sie nach, Fräulein Thorn,“ drängte Wilſon.
„Iſt Ihnen nichts in Irwings Weſen aufgefallen, woraus
Sie ſeine Liebe für Sie folgern könnten?“

„Das weiß ich wirklich nicht,“ wiederholte ſie mit
peinlicher Verlegenheit.

Wilſon ſah ſie mit einem Blick an, der ihr durch die
Seele ging. „Ich will Ihnen mitteilen, was ich weiß,“
ſagte er darauf, „vielleicht wollen Sie mir dann antworten.“
— Und er erzählte in ruhiger Weiſe, als ſpräche er von
einem andern, daß er ſich, gleich nachdem er ſie kennen

gelernt, in sie verliebt habe, und daß Irwing von ihm
aufgefordert worden sei, seine Bewerbung um ihre Hand
zu unterstützen. Viele kleine Einzelheiten fielen ihm
während des Erzählens ein und er erwähnte derselben
alle: wie Irwings Stimme plötzlich heiser geworden sei,
als er ihn gebeten habe, für ihn zu werben, — wie er
ihn gleich darauf halb ohnmächtig auf sein Zimmer ge=
führt habe, — daß seine Krankheit von dem Augenblick
herrühre, wo diese Unterredung stattgefunden habe, —
endlich auch, daß Irwing ihm feierlich die Versicherung
gegeben habe, was ihm damals so unnütz erschienen wäre,
er habe alles gethan, was in seinen Kräften stehe, um
Fräulein Mary für ihn, Wilson, günstig zu stimmen.

Im Laufe des Erzählens verlor Wilson die Fassung,
mit der er zuerst gesprochen hatte. Er wurde immer
aufgeregter. Die Meinung, daß Weber richtig gesehen,
befestigte sich in ihm in dem Maße, wie er selbst immer
mehr Beweise in seinem Gedächtnis fand, daß er seinem
Freunde ein furchtbares Opfer auferlegt habe. — „Ich
blinder, blinder Thor!“ sagte er endlich, als er geendet
hatte, „daß ich dies alles nicht gesehen habe! . . . Ich
weiß es jetzt bestimmt, Irwing liebte Sie! — Und nun frage
ich noch einmal, Fräulein Thorn, um seines Glücks willen
sagen Sie mir: wußten Sie dies? . . . Und dann
sagen Sie mir noch eins: — ich habe kein Recht, Sie
darnach zu fragen, aber Sie müssen mich entschuldigen —
dann frage ich Sie noch eins: Würden Sie den Antrag
meines Freundes annehmen?“

Auf diese letzte Frage konnte und wollte Mary nicht
antworten. Diese Frage hatte Irwing allein das Recht,

an sie zu richten. Aber Wilsons ernste Erzählung von
den Leiden seines Freundes, der Schmerz, den er in diesem
Augenblick augenscheinlich selbst erduldete, seine Aufregung
— alles dies wirkte ansteckend auf das junge Mädchen.
Sie war tief ergriffen, und es fiel ihr nicht ein, die Frage
Wilsons zum dritten Male zurückzuweisen. Nein, sie sagte
ernst und ruhig, was sie wußte und was ihr während
Wilsons Erzählung eingefallen war. — Ja, sie hatte eine
Zeitlang geglaubt, daß Irwing sie liebe; aber dann war
eine plötzliche Umwandlung gekommen, und als er von
ihr Abschied genommen, hatte er gesagt, er dürfe sie niemals wiedersehen. Er hatte, als er so sprach, sehr elend
ausgesehen.

Wilson hegte keinen Zweifel mehr: „Ich habe mich
schwer an Irwing vergangen, ich habe ihm großes Leid
zugefügt," sagte er, „Gott ist mein Zeuge, es ist ohne
mein Wissen geschehen. Ich will sehen, ob ich die Sache
wieder gut machen kann." Er erhob sich schnell und entfernte sich, ohne Abschied zu nehmen, und wenige Sekunden
darauf sah Mary über der niedrigen Gartenmauer, wie
er sich auf einem rasch trabenden Pferd entfernte.

An jenem Abend gab Wilson mehrere hundert Dollars
für telegraphische Depeschen aus. Er hatte mit dem
ruhigen Weber genau ausgerechnet, wann Irwing frühestens
in Kalifornien eintreffen könne. Eine außergewöhnlich
günstige Fahrt von Yokohama bis San Franzisko mußte
achtzehn Tage dauern, die gewöhnliche Fahrzeit war zwei-
undzwanzig bis vierundzwanzig Tage. Irwing hatte
Japan am 19. Mai verlassen. Vor dem 7. Juni konnte
er unmöglich in San Franzisko sein: wahrscheinlich war

es, daß er am 12. oder 13. dort eintreffen werde. —
Aber nun schrieb man erst den 29. Mai. Ein Telegramm
nach San Franzisko über Kiachta, St. Petersburg, London
und New-York konnte, wenn man nicht außergewöhnliche
Umstände gegen sich hatte, bis zum 6. Juni in San
Franzisko sein. — Wilson sandte eine ausführliche Depesche
an die zuverlässigen Agenten seines Hauses in London
und ersuchte diese, sofort an die ‚Bank von Kalifornien‘
in San Franzisko zu telegraphiren, daß Herr Irwing, Inhaber des Hauses Wilson & Irwing in Schanghai, mit
dem „Pacific Mail Steamer Amerika“ in der ersten Hälfte
des Monats Juni in Kalifornien eintreffen werde, und daß
man ihn, ehe er das Schiff verlasse, aufsuchen müsse, um
ihm mitzuteilen, er sollte San Franzisko unter keiner Bedingung vor Ankunft der nächsten Post aus Japan verlassen, die ihm wichtige, unerwartete, angenehme Nachrichten aus Schanghai überbringen werde.

Wilson wurde etwas ruhiger, nachdem dies Telegramm
abgesandt worden war. Die Hand, die er beim Zerschlagen
der Tischplatte verwundet hatte, fing an, heftig zu schmerzen.
Er ging zu Doktor Jenkins, um sich verbinden zu lassen.
Nach diesem Besuch begab er sich todmüde nach seiner
Wohnung und legte sich, ohne etwas gegessen zu haben,
zu Bette.

Während der nächsten Tage war er unfähig zu arbeiten.
Seine kräftige Konstitution hielt ihn noch immer aufrecht
und erlaubte ihm, nach wie vor zu den gewöhnlichen
Stunden in seinem Schreibzimmer zu sitzen und in den
Klub zu gehen: aber er war zerstreut und einsilbig, und
sein frisches Lachen, das man früher so häufig gehört hatte,

war verstummt. Weber war der einzige, mit dem er sich gern und häufig unterhielt. Der Gegenstand ihrer Unterredungen war immer derselbe: Irwing.

Weber versuchte, Wilson zu beruhigen und aufzuheitern, und manchmal gelang ihm dies auch. Dann machte Wilson neue Pläne für die Zukunft. „Irwing heiratet Mary Thorn," sagte er, „und ich werde mich mit einer beliebigen Cousine May begnügen. — Offen gestanden, ist mir die Lust zum Heiraten etwas vergangen: aber Irwing könnte sich am Ende einbilden, wenn ich ledig bliebe, daß ich ihm ein großes Opfer gebracht habe. Diesen unangenehmen Gedanken will ich ihm ersparen, und darum werde ich mich, sobald ich in England bin, nach einem Ersatz für Mary Thorn umsehen. Sind wir beide, Irwing und ich, einmal verheiratet, so dürfen wir alles Ernstes wieder daran denken, unsere alten Pläne zur Ausführung zu bringen. Wer weiß, vielleicht wird am Ende noch alles gut."

Er sprach nicht so vertrauensvoll, wie es früher seine Art war, wenn er Luftschlösser zu bauen pflegte, und Weber wurde ganz nachdenklich und fragte sich, ob nicht Wilson, indem er der jungen Amerikanerin entsagte, ein größeres Opfer bringe, als er ihn glauben machen wollte.

Die Abreise der Familie Thorn war nun festgesetzt. Sie wollte Schanghai am 6. Juni verlassen, um am 18. desselben Monats von Yokohama nach San Franzisko weiterzugehen. Herr und Frau Thorn hatten nicht in Erfahrung bringen können, was der Gegenstand der letzten Unterredung zwischen Wilson und ihrer Tochter gewesen war. Diese hatte auf die Anfrage ihrer Mutter mit großer Ruhe geantwortet, Herr Wilson habe sich mit ihr über Herrn Irwing unterhalten, und als Frau Thorn ihre Verwunderung ausgedrückt hatte, daß Wilson zu dem Zweck eine gewissermaßen geheime Unterredung nachgesucht habe, war ihr von der Tochter die Antwort geworden: „Es ist wirklich nicht der Mühe wert, so viel von der Sache zu sprechen." — Fräulein Thorn war eine sehr selbständige junge Dame: ihre Mutter hatte sie dazu erzogen und durfte sie deswegen nicht tadeln. Diese war eine praktische Frau, die grundsätzlich jede Unruhe und Sorge so viel wie möglich von sich wies. Der Aufenthalt in Schanghai war ein kurzer Auftritt in ihrem Leben, der mit der Abreise vollständig abgeschlossen wurde. Herr Wilson, sobald er nicht ein Bewerber um die Hand ihrer Tochter war, wurde ihr vollständig gleichgültig, und wenn Mary es vorzog, sie nicht in ihr Vertrauen zu nehmen, so wollte sie sich nicht hineindrängen. Sie ließ die Sache auf sich beruhen und sah Wilson noch mehrere Male kommen und gehen, ohne zu versuchen, von ihm Aufklärung zu erlangen.

Am 5. Juni waren Wilson und Weber von Ralston zu einem Abschiedsessen eingeladen, das zu Ehren der Familie Thorn gegeben wurde. Wilson saß auch diesmal wieder neben Fräulein Thorn; aber seine Unterhaltung mit dem jungen Mädchen war nicht so lebhaft wie an dem ersten Tage ihres Bekanntwerdens. Doch bemerkte Weber, der ihm gegenüber saß, daß er sich, unbekümmert um seine Nachbarin zur Rechten, lange und ernst mit Fräulein Thorn unterhielt. Der Gegenstand dieses Gesprächs konnte kein anderer sein, als der abwesende Irwing. Wilson erzählte dem jungen Mädchen, daß sie seinen Freund jedenfalls noch in San Franzisko vorfinden werde, daß sie seine Wohnung auf der ‚Bank von Kalifornien‘ in Erfahrung bringen könne, und daß er sie bäte, einen Brief für ihn, der von größter Wichtigkeit sei, mitzunehmen und ihm diesen eigenhändig zu übergeben. Mary sagte dazu bereitwillig „Ja", und Wilson zog darauf einen Brief aus der Tasche, den er ihr überreichte und den sie neben sich auf den Tisch legte.

Ralston, Thorn und Weber hatten alle drei gesehen, was vorfiel, und da die Handlung ganz offen, ohne jede Geheimthuerei vor sich gegangen war, so fragte Herr Thorn seine Tochter laut über den Tisch, für wen der Brief sei? Wilson antwortete an Stelle der Angeredeten, es sei ein wichtiger Brief für seinen Geschäftsgenossen Irwing, den er Fräulein Thorn gebeten habe, diesem eigen= händig zu übergeben.

„Sie scheinen großes Vertrauen zur Pünktlichkeit meiner Tochter zu haben," sagte Herr Thorn lächelnd, „und Sie werden darin nicht getäuscht werden. Der Brief soll am Tage unserer Ankunft abgegeben werden. Sollte Mary ihn vergessen, so werde ich daran denken. Ich freue mich sehr darauf, Herrn Irwing wieder zu sehen, und ich hoffe, ihn in guter Gesundheit zu finden."

Damit war dieser Zwischenfall, dem Anscheine nach, erledigt. Ehe Wilson sich jedoch empfahl, trat er noch einmal zu Fräulein Thorn heran und sagte feierlich: „Ich verlasse mich darauf Fräulein Mary, daß der Brief an Irwing sofort besorgt wird. Sein Lebensglück hängt davon ab."

Sie blickte zur Erde und antwortete errötend: „Sie
können sich darauf verlassen.“

Der Brief, den Wilson nur mit Mühe und unter
großen Schmerzen geschrieben hatte — denn die Wunde
an seiner rechten Hand war noch nicht geheilt, und Doktor
Jenkins hatte ihm sogar streng verboten zu schreiben,
lautete wie folgt:

„Schanghai, den 5. Juni 1866.

„Mein lieber Irwing!

„Dieser Brief wird Ihnen durch Fräulein Thorn über=
bracht werden, die gerade einen Monat nach Ihnen in
San Franzisko eintreffen wird. Ich rechne mit Sicher=
heit darauf, daß Sie mein Telegramm erhalten haben,
daß Sie in San Franzisko geblieben sind und daß Fräulein
Thorn Sie also ohne Mühe auffinden wird. Ich kann
nicht mehr schreiben, als notwendig ist, denn ich habe
eine unbedeutende, aber schmerzhafte Wunde an der Hand
und muß, was ich zu sagen habe, in möglichst wenigen
Worten sagen.

„Weshalb, Irwing, haben Sie nicht Vertrauen zu
mir gehabt? Sie hätten mir und Ihnen viel elende Tage
ersparen können, wenn Sie mir gesagt hätten, was Sie
in Schanghai krank gemacht hat. — Sie lieben Fräulein
Thorn. Ich weiß es jetzt und ich mache mir Vorwürfe,
es nicht früher gesehen zu haben. Ich begreife Ihre
Handlungsweise sehr wohl und finde darin einen neuen
Beweis Ihrer guten Freundschaft für mich. Aber ich muß
tadeln, daß Sie mich falsch beurteilt haben. — Wie konnten
Sie sich einbilden, daß meine Zuneigung zu Fräulein Thorn

eine so tiefe wäre, als daß ich derselben Ihr Glück hätte
aufopfern wollen? — Fräulein Thorn gefiel mir am ersten
Tage sehr gut und gefällt mir auch heute noch. Ich hatte
mir, nach reiflicher Überlegung wie ich sagte, das heißt
zwei Stunden nachdem ich sie kennen gelernt hatte, vor=
genommen, sie zu heiraten. Ich glaube, die Wahl war
keine schlechte; aber es fällt mir nicht schwer, Ihnen nun,
zu sagen daß ich eine andere treffen will. May hat
mir vor sechs Jahren gerade so gut gefallen wie mir
Mary vor sechs Wochen gefiel, und — hundert gegen eins
— finde ich in sechs Monaten, nämlich sobald ich in
England bin, ein anderes Mädchen, das mir gerade eben
so lieb ist wie May oder Mary. Ich habe mich um
diese nicht mehr beworben von dem Augenblicke an, wo
ich erfahren habe, daß ich Ihr Rival sein würde. Das
Feld ist nun also wieder frei, und ich hoffe, Sie werden
den großen Preis dort gewinnen. Ich wünsche es von
ganzem Herzen.

„Ich bitte Sie, mir sofort nach Empfang dieses Briefes
zu telegraphiren und mir in Ihrer Depesche zu sagen,
wie es um Ihre Gesundheit steht und wann Sie nach
Schanghai zurückzukehren gedenken. Ich schlage Folgendes
vor: Sie werden diesen Brief gegen Mitte Juli empfangen.
Bringen Sie Ihre Angelegenheit mit Mary sofort in
Ordnung und kommen Sie mit dem Augustdampfer nach
China zurück. Die Liquidation der Firma ist so weit
vorgeschritten, daß Sie mit dem Septemberboote schon
wieder nach Amerika zurückkehren können. Dann ver=
heiraten Sie sich im November, und zu Weihnachten
stelle ich Sie und Ihre junge Frau meinem Vater und

meiner Schwester vor. Sie sehen, ich berücksichtige, daß Sie in Amerika sind, wo, wie man mir sagt, auch Herzens= angelegenheiten in geschäftsmäßiger Weise erledigt werden. Also ich gratulire zur Verlobung, ich wünsche Ihnen glückliche Reise nach Schanghai und ich sage Ihnen: ‚Auf Wiedersehen hier im September!‘

Treu der Ihrige

Richard Wilson."

VII.

Der Monat Juni ist in Schanghai gewöhnlich sehr warm. Im Jahre 1866 war die Hitze ausnahmsweise stark. Wilson, dessen Gesundheitszustand bereits seit längerer Zeit eine Klimaveränderung verlangte und den die letzten Ereignisse angegriffen hatten, war durch das Wetter sehr ermattet. Er konnte, nachdem die Familie Thorn Schanghai verlassen hatte, nicht mehr dazu gebracht werden auszugehen, und er war gewöhnlich allein, da er Besuche, mit Ausnahme der von Jenkins und Weber, zurückwies.

Am 9. Juni wurde ihm vom Telegraphenamt in Schanmitgeteilt, daß die Drahtverbindung zwischen Kiachta und St. Petersburg eine kurze Unterbrechung erlitten habe und daß seine Depesche nach London mit einer Verzögerung ankommen werde. Dies konnte nicht als ein außergewöhnliches Ereignis bezeichnet werden und war von Weber seiner Zeit in Erwägung gezogen worden. Dessenungeachtet wurde Wilson durch die Nachricht heimlich überrascht und zeigte darüber große Besorgnis.

Weber versuchte, ihn zu beschwichtigen. Er bewies ihm, daß es sich schlimmsten Falls nur um einen kurzen Aufschub handle, das Irwing, dessen ganze Stellung in

Schanhai wurzele, nicht plötzlich verschwinden könne, daß die ‚Bank von. Kalifornien‘ ihn sicherlich und in jedem Fall auffinden werde, und daß Wilsons Besorgnis geradezu „kindisch, eines vernünftigen Mannes kaum würdig“ sei.

Wilson wurde über diese und ähnliche Reden keineswegs ungehalten; aber er ließ sich auch auf keinen Wortwechsel ein, und antwortete nur mürrisch und eigensinnig: „Das verstehen Sie nicht.“ — Sein Gesundheitszustand wurde dadurch verschlechtert, daß die Wunde an seiner Hand immer noch nicht zuheilen wollte. Doktor Jenkins vermutete, daß er den nicht seltenen Fall einer sogenannten Lackvergiftung durch japanischen Firniß vor sich habe, und behandelte den Kranken demgemäß. Die Heilmittel schlugen jedoch nicht besonders an. Wilson war gezwungen, unthätig zu sein. Er konnte weder schreiben noch reiten, noch kegeln, er langweilte sich, und wurde darüber immer mißmutiger und reizbarer.

Am 21. Juni kam eine Depesche aus London an, welche meldete, daß das Telegramm aus Schanghai am 15. nach San Franzisko weiter befördert worden sei. Vier Tage später endlich, am 25., empfing Wilson das mit großer Ungeduld erwartete Telegramm der ‚Bank von Kalifornien‘. Es besagte, das Herr Irwing, zwei Tage vor Ankunft der Depesche aus London, mit der „Amerika“ wohlbehalten angekommen sei und dem Direktor der Bank einen Besuch gemacht habe, um ihm zu sagen, er werde in zwei oder drei Monaten nach San Franzisko zurückkehren, Briefe, die für ihn einträfen, möge man aufheben. Er sei am nächsten Tage nach Sakramento weiter gereist, ohne eine Adresse zu hinterlassen. Nachforschungen, die man auf telegraphischem Wege in dieser Stadt angestellt hätte, seien ohne Erfolg geblieben.

Wilson las das Telegramm mit anscheinender Ruhe von Anfang bis zu Ende durch. Dann blieb er lange Zeit, starr vor sich hinblickend, unbeweglich sitzen. Darauf erhob er sich und ging, leise pfeifend, mehrere Male im Zimmer auf und ab. Er war sehr blaß, seine Augen leuchteten. — Endlich rief er den Boy und ließ sich ankleiden. Es kostete große Mühe und verursachte ihm heftige Schmerzen; aber er schien es nicht zu beachten. Er beschied den Stallknecht zu sich und befahl ihm, Excentric zu satteln.

Der Chinese sah seinen Herr mit Verwunderung an. Es war zwei Uhr nachmittags, Schanghai war in eine glühende Atmosphäre eingehüllt. Excentric wurde seit vier Wochen täglich spazieren geführt. Niemand außer dem kleinen, federleichten Stalljungen, der ihm das Futter gab, hatte es gewagt, das bösartige, wilde Thier zu besteigen; daß Herr Wilson, der augenscheinlich krank und schwach war und seine rechte Hand nicht gebrauchen konnte, es reiten wollte, schien dem Manne unvernünftig. Er glaubte schlecht gehört zu haben und ließ sich den Befehl wiederholen. Selbst dann protestirte er noch, indem er demütig sagte: „Excentric ist seit vier Wochen nicht geritten worden ... Es ist sehr heiß." — Wilson stampfte zornig mit dem Fuße und sagte, man solle das Pferd sofort vorführen. — Nach wenigen Minuten stand es gesattelt im Hofe.

Wilson trug den rechten Arm in einer Schlinge, und mußte, um in den Sattel zu kommen, auf einen Stuhl treten, da ihm die eine Hand jeden Dienst versagte und das unruhige Pferd sich nicht langsam besteigen lassen wollte.

Der Stallknecht hielt dem Tiere mit seiner Jacke die Augen zu, während der junge Bursche, der besondere Freund des Pony, ihm den Hals streichelte. Es gelang auf diese Weise endlich, ihn etwas zu beruhigen; aber sobald er Wilson im Sattel fühlte, machte er einen so wilden Satz, daß er den Stallknecht, der die Zügel hielt, beinah umwarf und mehrere Schritte mit sich fortschleifte. Dann blieb er heftig zitternd, laut schnaufend, die Beine ausgespreizt, stehen.

Der Stallknecht sagte noch einmal in flehendem Tone: „Herr, reiten Sie nicht!"

Wilson rief ungeduldig: „Gieb ihm den Kopf frei!" — und ritt sodann, ruhiger als es die Umstehenden erwartet hatten, zur Hofthür hinaus.

Die europäische Niederlassung in Schanghai ist nicht groß, und man gelangt daraus schnell in das flache, freie Land. Sobald Wilson dort angekommen war, drückte er dem Pferde die Hacken in die Weichen und jagte in wütendem Carrière mit ihm fort. Excentric ging durch, und Wilson machte nicht den leisesten Versuch ihn aufzuhalten. Er hielt die linke Hand niedrig, so daß sie den Sattelknopf beinahe berührte, und stand hoch in den Bügeln über dem Sattel, als gelte es, in einem Wettrennen zu reiten. Das Pferd flog über Hecken und Gräben, seinen wütenden Lauf in schnurgrader Richtung fortsetzend. Wilson atmete tief und regelmäßig. Eine eigentümliche Ruhe, ja ein Ausdruck von Befriedigung lag auf seinen abgemagerten Zügen.

Die guten chinesischen Ponies sind sehr kräftig und ausdauernd. Excentric fühlte das leichte Gewicht, das

er auf den breiten Rücken trug, kaum, und erst als er
Schanghai weit hinter sich gelassen hatte, ermattete
er und verfiel aus der ungestümen Gangart in regel=
mäßigen langgestreckten Galopp. Wilson fühlte, daß er
das Pferd wieder in der Hand habe und versetzte es all=
mählig in ein langsameres Tempo und endlich in Schritt.

Die Sonne brannte unbarmherzig. Alles, was atmete,
hatte sich vor ihren Strahlen verborgen. Die Felder
waren leer. Excentric, mit Schaum und Schweiß bedeckt,
ging, den trotzigen Kopf gesenkt, träge und ermattet in der
Richtung nach Schanghai zurück. Es war nahe an sechs
Uhr, als Wilson dort wieder einzog.

Im Ma=loo, der Hauptstraße der chinesischen Neustadt,
begegnete er dem Doktor Jenkins, der, in weißem Anzug,
einen großen Sonnenschirm in der Hand, bedächtig aus
einem Hause trat und soeben in seinen Wagen steigen
wollte. Er blieb wie versteinert stehen als er Wilson
erblickte. Dieser hatte seinen Pony angehalten

„Sind Sie von Sinnen?" rief Jenkins. „Wo kom=
men Sie her?"

„Ich habe einen kleinen Ritt gemacht."

„Einen Ritt bei diesem Wetter .. bei Ihrem Zustande?
— Sie sehen erschrecklich aus! Dies ist wirklich zu arg!
Man sollte meinen, Sie seien gestern hier angekommen,
wenn man sieht, wie Sie sich benehmen."

„Ich konnte es zu Hause nicht aushalten. Ich mußte
mir etwas Bewegung machen. Ich hoffe, es hat mir gut
gethan."

„Ich wünsche es. — Ich bin in zehn Minuten bei
Ihnen."

Wilson lächelte und nickte und ritt weiter. Es war ein ganz eigenes Lächeln, wie man es bei Sterbenden manchmal sehen kann: unendlich sanft, traurig, hoffnungslos.

Wilsons chinesische Dienerschaft wartete ungeduldig auf die Rückkehr „des Herrn." Der Stallknecht hatte eine lange Unterhaltung mit dem Comprador und dem Boy gehabt und hatte diesen auseinandergesetzt, wie unvernünftig der Ritt auf Excentric sei. Bei dem Pferde hätte man mehr als genug für zwei gesunde Hände zu thun, meinte er, und er fürchte Unglück. Ein zufriedenes Lächeln flog über sein flaches, gelbes Gesicht, als er Wilson unversehrt zurückkommen sah.

„Zu sehr heiß," sagte er nur. „Der Herr wird sich ermüdet haben."

Dieser antwortete nicht und trat in das Haus. Aber kaum hatte er zwei Schritte gethan, als er plötzlich erbleichte, taumelte und umfiel. Der Boy, der ihm auf den Hacken folgte, fing ihn in seinen Armen auf. Er rief einen andern Diener zu Hülfe, und die zwei trugen den anscheinend leblosen Körper auf ein Ruhebett. Wenige Minuten darauf erschien Doktor Jenkins.

Wilson war gefährlich krank. Jenkins verließ ihn nur auf wenige Stunden; in seiner Abwesenheit wachte Weber bei ihm. Wilson war besinnungslos und lag mit halbgeöffneten Augen, die nichts mehr sahen, kurz und schwer atmend da. Bei jedem Atemzuge machte er eine schwingende, regelmäßige Bewegung mit dem Kopfe von einer Schulter zur andern. Es war entsetzlich, ihn in diesem Zustande zu sehen.

Am Abend, um zehn Uhr, trat Jenkins einen Augenblick in den Klub. Er war sofort von allen Anwesenden umringt, die Nachricht von Dick Wilson haben wollten.

„Ich sehe keine Rettung," sagte Jenkins. — Dann, nach einer kurzen Pause, schlug er mit der Hand heftig auf den Tisch und setzte finster hinzu: „Heute früh war der Mensch noch kerngesund, und es fehlte ihm nichts, als was uns allen fehlt: eine ordentliche Dosis frischer, reiner Luft. — Lunge, Leber, Herz — alles war gesund bei ihm. Er war etwas angegriffen wie jeder, der sieben Sommer hintereinander in diesem heißen Neste verlebt hat; aber eine Reise nach Europa hätte ihn in kurzer Frist wieder hergestellt. Er hatte noch für fünfzig Jahre Leben in sich."

„Was hat ihn krank gemacht?"

„Ein Sonnenstich. — Und ist das zu verwundern? Wir hatten heute über dreißig Grad im Schatten, und er ist dabei im freien Felde wie ein Wahnsinniger um= hergeritten. Sein Stallknecht sagt mir, er sei über drei Stunden unterwegs gewesen, und Excentric habe aus= gesehen, als ob er lange und schnell querfeldein ga= loppirt worden wäre. — Wilson mußte nicht recht bei Sinnen sein."

Doktor Jenkins begab sich vom Klub wieder zu seinem Patienten. Der Zustand desselben hatte sich nicht ver= ändert. Er atmete laut und schwer, und der Kopf bewegte sich noch immer regelmäßig, ohne Unterbrechung, wie ein in Schwingung versetztes Pendel.

Gegen Mitternacht wurde das Atmen kürzer und leiser. Weber und Jenkins standen mit gefalteten Händen am Bette des Sterbenden. Leiser und leiser kam und ging

der Atem — jetzt war er nur noch ein kaum vernehm=
bares Röcheln. — Dann lag der Kopf plötzlich unbeweglich
auf dem vom Todesschweiß genäßten Kissen . . . Das
Atmen hatte aufgehört.

„Tot," flüsterte Jenkins.

Weber bedeckte sich das Gesicht mit der Hand und
weinte.

*   *   *

Wilson hatte ein Testament gemacht, das auf dem
englischen Konsulate hinterlegt worden war, und zwar vor
einigen Monaten bereits, als er den Plan gefaßt hatte,
mit Irwing nach Europa zurückzukehren. Er ernannte
darin Irwing — in dessen Abwesenheit Weber - zu
seinen Testamentsvollstreckern, und vertraute diesen die
Liquidation seines Geschäftes an für den Fall, daß sie
zur Zeit seines Todes noch nicht beendet sein sollte. Sein
Vermögen an baarem Gelde vermachte er seinem Vater,
Weber hinterließ er seine Taschenuhr und einen wertvol=
len Ring, den dieser ihm vor Jahren zur Erinnerung
an die Fahrt nach Su=tschau geschenkt hatte. Alles an=
dere, was ihm gehört hatte: einige Schmucksachen, Silber=
zeug, Bücher, Waffen, Sättel, Pferde u. s. w., sein halber
Anteil endlich an dem Mobiliar des von ihm und Irwing
gemeinschaftlich bewohnten Hauses, sollten seinem „guten
Freunde Francis Irwing" zufallen.

In Wilsons Schreibpult fand Weber einen versiegelten
Umschlag mit der Aufschrift: „Nachschrift zu meinem Testa=
mente". Er enthielt auf einem kleinen Bogen Papier,
unter dem Datum vom 6. Juni, dem Tage der Abreise

von Mary Thorn, folgende kurze Bestimmung: „Aus dem Anteile meines Vermächtnisses an meinen Vater behalte ich eine Summe von fünfhundert Pfund vor. Ich bestimme sie zum Ankauf eines Armbandes, das ich Fräulein Mary Thorn zum Andenken an ihren Aufenthalt in Schanghai anzunehmen bitte."

Darunter stand ein „Postskriptum" zwei Tage später datirt:

„Ferner zweihundert Pfund aus demselben Teile meiner Hinterlassenschaft zum Ankauf eines Ringes für meine liebe Cousine May Foster."

Weber schüttelte nachdenklich den Kopf, als er dies las.

Mit der nächsten amerikanischen Post schrieb er, nachdem er bereits unmittelbar nach Wilsons Tode nach San Franzisko telegraphirt hatte, folgenden Brief an Irwing, den er an die ‚Bank von Kalifornien' richtete.

„Schanghai, den 7. Juli 1866.

Lieber Irwing!

„Ich bestätige mein Telegramm vom 26. vorigen Monats, in dem ich Ihnen den Tod unseres armen Freundes Wilson meldete. Ich schreibe Ihnen heute, um Ihnen ausführliche Mitteilungen über den Trauerfall zu geben.

„Wilson war, wie Sie selbst bemerkt haben werden, seit einiger Zeit angegriffen. Jenkins, der ihn seit Jahren kannte, und der ihn wie seinen eigenen Bruder gepflegt hat, sagte mir schon vor mehreren Monaten, Wilson müsse Schanghai endlich einmal verlassen. Er mißbilligte entschieden, daß dieser für die letzten Rennen trainirte, und ich hörte, wie er ihm den Rat gab, ähnliche gefährliche

Spielereien jüngeren und frischeren Leuten zu überlassen und nicht zu vergessen, daß man nach siebenjährigem Aufenthalt in Schanghai ein ‚alter Resident‘ sei. Wilson antwortete damals, es sei dies das letzte Mal, daß er chinesische Ponies reite, da er vor dem Herbstrennen Schanghai verlassen haben werde, und Jenkins möge ihm dies Vergnügen nicht durch übertriebene Vorsicht verderben.

„Das Trainiren griff ihn, wie der Doktor es vorhergesehen hatte, sehr an. Nach den Rennen schien er sich zu erholen; aber bald kam ein Rückschlag. Ihr Unwohlsein beunruhigte ihn in hohem Maße, und er wurde dadurch in einer Weise aufgeregt, die nur durch seinen bereits geschwächten Gesundheitszustand erklärt werden kann. Jenkins sagt mir, er habe ihm förmlich das Haus eingelaufen, und obgleich er zwanzig Male gehört habe, daß Ihr Zustand kein bedenklicher sei, so habe er doch mit ängstlicher Besorgnis bei jedem Besuche die Frage wiederholt, was Ihnen fehle?

„Bald nach Ihrer Abreise glaubte er die Entdeckung zu machen, daß Sie Fräulein Thorn lieben. Er war darüber sehr unglücklich: nicht etwa seinetwegen, sondern weil er annahm, daß seine Bewerbung um die Hand des jungen Mädchens Sie krank gemacht und aus Schanghai vertrieben habe. — Ich darf, ohne indiskret zu sein, von der Angelegenheit sprechen, da Wilson mir alles anvertraute, was ihm in dieser Beziehung das Herz bekümmerte. Es wird Sie deshalb auch nicht in Erstaunen setzen, wenn ich Ihnen mitteile, daß ich seinen letzten Brief an Sie, dem Inhalt nach, kenne. Ich weiß, daß Wilson zu Ihren Gunsten auf Fräulein Thorn verzichtet hat. Ob er dies

Opfer mit Leichtigkeit brachte, vermag ich nicht zu sagen. Er hatte ein starkes Herz, und konnte wohl verbergen, was er geheim halten wollte. Aber ich kann Sie versichern, daß er ohne Zögern, unbedingt entsagte, sobald er die Überzeugung gewonnen hatte, daß er, gegen seinen Willen, Ihr Nebenbuhler gewesen war.

„Von diesem Augenblick an schien er nur noch einen Wunsch zu haben: den, Sie bald wiederzusehen. Seine Sorge um Sie verließ ihn nie. Die Aufregung nagte an ihm, er wurde krankhaft gereizt. — Sein Zustand verschlimmerte sich noch in Folge eines körperlichen Leidens. Er hatte sich eine Verletzung an der rechten Hand zugezogen, die sehr schmerzhaft war und die ihn verhinderte zu arbeiten oder sich in anderer Weise zu zerstreuen.

„Als er erfuhr, daß sein Telegramm an Sie verspätet befördert worden sei, war er ganz außer sich. Es gelang mir nicht, ihn zu beruhigen, obgleich ich mir große Mühe gab, um dies zu erreichen. Das letzte Telegramm aus Kalifornien endlich, das ihm anzeigte, daß Sie San Franzisko verlassen hätten, ohne Ihre Adresse aufzugeben, scheint ihn vollständig verwirrt zu haben.

„Ich selbst habe ihn seit Ankunft des Telegramms nicht mehr bei Besinnung gesehen und kann nur Vermutungen aussprechen. — Der Boy, der ihm die Depesche gebracht hatte, erzählte mir, Wilson habe ihn bald darauf gerufen, um sich beim Anziehen helfen zu lassen. Dann habe er, zwischen zwei und drei Uhr nachmittags, bei zweiunddreißig Grad Hitze, Excentric satteln lassen und sei erst nach vier Stunden von seinem Ritt zurückgekehrt. Beim Absteigen wäre er ihm schwerfällig vorgekommen; aber er

habe dies darauf geschoben, daß sein Herr sich der rechten
Hand nicht bedienen konnte. Kaum sei Wilson in das
Haus getreten, so sei er umgefallen.

„Mehr weiß niemand zu erzählen. Wilson hat kein
Wort mehr gesprochen. Er ist nicht wieder zur Besin=
nung gekommen. Es wird Sie beruhigen zu erfahren,
daß sein Tod, der für seine Freunde so traurig ist, für
ihn schmerzlos war. — Wir haben ihn am 28. morgens
um sechs Uhr, beerdigt. Die ganze fremde Gemeinde ist
seinem Sarge gefolgt.

„Einliegend überreiche ich Ihnen eine Abschrift des
Testaments. Ich habe den Wünschen unseres Freundes
gemäß, die Vollstreckung desselben vorläufig übernommen;
aber ich vermute, daß Sie sich die Ehre nicht nehmen
lassen wollen, die letzten Bestimmungen des Verstorbenen
auszuführen, und ich erwarte Sie deshalb mit dem nächsten
Boote von San Franzisko.

Stets der Ihrige

Julius Weber."

Sechs Wochen nach Abgang des Briefes erhielt Weber
ein Telegramm aus Kalifornien: „Ich werde Anfang
Oktober mit der ‚Japan‘ in Schanghai eintreffen — Irwing.“

Irwing hatte bei seiner Abreise von China im Monat
Mai elend und traurig ausgesehen, und Weber bemerkte
keine Veränderung an ihm, als er am bestimmten Tage
in Schanghai eintraf. Er erzählte Weber, daß er gegen
Anfang August von einem Ausfluge in den Prärieen
und in der Sierra Nevada nach San Franzisko zurück=
gekehrt sei, und dort Wilsons Telegramm und letzten Brief,

sowie Webers telegraphische und schriftliche Mitteilungen
vom Tode seines Freundes gleichzeitig vorgefunden habe.
— Kein Wort der Klage kam über seine Lippen. Aber
als er mit Weber in das kleine Arbeitszimmer trat, in
dem Wilson ihm an demselben Pulte sechs Jahre lang
gegenüber gesessen hatte, da warf er einen Blick hilfloser
Verzweiflung um sich, und dann bedeckte er das Gesicht
mit den Händen und beugte den Kopf nieder auf den ver=
lassenen Tisch und weinte laut.

Er blieb einen Monat in Schanghai, ohne außer
Weber und Jenkins irgend jemand zu sehen. Von diesen
ließ er sich nach dem Kirchhof an das Grab seines
Freundes führen, und dorthin kehrte er während seiner
Anwesenheit in Schanghai täglich zurück. Den Namen
Mary Thorn sprach er nicht ein einziges Mal aus. Auch
Weber erwähnte ihrer in Irwings Gegenwart nicht. Er
hatte, ohne mit diesem Rücksprache zu nehmen, das testa=
mentarisch vermachte Armband durch Wilsons Vater in
London kaufen und an Fräulein Thorn abschicken lassen,
und es war ihm mitgeteilt worden, daß „die junge Dame
ein passendes Dank= und Beileidsschreiben" an den Vater
gerichtet habe. Weber betrachtete damit die Sache erledigt.
Die hübsche Amerikanerin war ihm unsympathisch geworden.

Zu Anfang des Monats November kehrte Irwing
nach Kalifornien zurück. Er hatte alles Geschäftliche gut
und beinahe vollständig geordnet, und Weber übernahm
gern, das wenige, was noch zu thun blieb, zu besorgen.
Die meisten der ihm von seinem verstorbenen Freunde
hinterlassenen Sachen ließ Irwing sorgfältig verpackt nach
England an den alten Herrn Wilson schicken, mit dem er seit

Jahren in Briefwechsel stand und den er bat, diese Re=
liquien für ihn aufzuheben. Wilsons Jagdflinte und Büchse,
dessen Revolver, das in Su=tschau eroberte große Messer
und einen soliden Sattel, den Wilson zum Trainiren zu
benutzen pflegte — diese Gegenstände und einige kleine
Schmucksachen nahm Irwing mit sich nach Amerika.

Mehrere Jahre vergingen, ohne daß man in Schanghai
von ihm hörte. Weber hatte inzwischen sein Geschäft in
China aufgegeben und war nach Hamburg, seiner Heimat,
zurückgekehrt, um dort sein wohlerworbenes Vermögen in
Ruhe zu genießen. Er hatte in London Wilsons Vater
und Schwester besucht, aber auch diese waren seit 1866
ohne Nachricht von Irwing.

Die geliebtesten Toten werden mit der Zeit vergessen,
und den Abwesenden geht es in dieser Beziehung wie den
Toten. Im Jahre 1870 tauchte der Gedanke an den
verstorbenen Wilson und den verschollenen Irwing nur
noch selten in Webers Geiste auf. — In China dagegen,
wo man weniger Zerstreuung hat als in Europa und
deshalb auch alten Freuden und Freunden ein treueres
Andenken bewahrt, sprach man im englischen Klub und
besonders im „Renn=Klub" noch häufig von den alten
Helden der Rennbahn. — Arthur Mitchell, der frühere
Buchhalter von Wilson & Irwing, fand deshalb auch
einen aufmerksamen Zuhörerkreis, als er im Frühjahr 1871,
am Tage seiner Rückkehr von England, wo er einen
sechsmonatlichen Urlaub verbracht hatte, im „Bar=Room"
des Klubs gesprächsweise erwähnte:

„Habe ich schon gesagt, daß ich Irwing in Kalifornien
gesehen habe?"

„Nein. — Wo sahen Sie ihn? — Was treibt er? — Was hat er Ihnen gesagt?"

Mitchell, von allen Seiten mit Fragen bestürmt, stellte sich mit dem Rücken gegen die „Bar" und berichtete wie folgt über sein Zusammentreffen mit Irwing:

„Ich bin, wie Sie sich erinnern, via San Franzisko nach Hause gegangen. Ich wollte den Pacific Rail=Road kennen lernen und wollte den alten Leuten zu Hause er= zählen können, daß ich die Reise um die Welt gemacht habe. Ich hatte einen Kreditbrief auf die ‚Bank von Kalifornien' und lernte, als ich mich dort vorstellte, in dem jüngern Direktor einen gefälligen Menschen kennen. Als ihm sagte, daß ich früher für Wilson & Irwing häufig mit ihm korrespondirt hätte, antwortete er mir, es habe ihm leid gethan, daß das junge Haus, das so schnell vorwärts gegangen, nach wenigen Jahren bereits wieder verschwunden sei. Ich erzählte ihm, wie Wilson gestorben ist und fragte, ob er niemals wieder etwas von Irwing gehört habe. — Er antwortete mir, Irwing habe ein kleines Guthaben auf der Bank und käme in langen Zwischenräumen, vielleicht alle Jahre einmal, unerwartet nach San Franzisko, um Geld zu hinterlegen oder zu entnehmen. Er sei ein kräftiger Mann, dem man es an= sehe, daß er viel in der freien Luft lebe, denn er sei so braun wie ein Indianer. Er sei äußerst zurückhaltend, und er, der Direktor, habe keine Ahnung davon, wo und wie er eigentlich lebe.

„‚Viel Fragen ist nicht unsere Sache,' meinte er, ‚denn wir haben unter unseren Kunden, so manchen, der nicht gern von seiner Vergangenheit oder von seinen Geschäften spricht. Es ist deshalb eine allgemeine Regel bei uns, daß wir uns um Leute, die keinen Kredit beanspruchen, nicht mehr bekümmern, als ihnen dies angenehm zu sein scheint. — Wären Sie vierzehn Tage früher gekommen, so hätten Sie Ihren alten Prinzipal hier angetroffen, denn es sind gerade zwei Wochen her, daß er hier am Pulte neben mir stand und eine Quittung für ein paar hundert Dollars unterschrieb, die er entnommen hatte. Der Portier im Occidental-Hotel, wo er abgestiegen war, sagte mir, er habe ein Billet für ihn nach Ogden gelöst. Es wäre also wohl möglich, daß Sie ihn „irgendwo" auf dem Central-Road anträfen.'

„Es ist ein weiter Weg zwischen San Franzisko und dem Salzsee, und ich hatte wenig Hoffnung meinen Chef wiederzusehen. Der Zufall begünstigte mich.

„In einem kleinen Orte, inmitten der Humboldtwüste, wo wohl niemals irgend jemand daran gedacht hat, sich zu seinem Vergnügen aufzuhalten, sollte gefrühstückt werden. — Als wir uns in der unmittelbaren Nähe der Station befanden und der Zug bereits langsam fuhr, drängten sich alle Reisenden auf die Plattform der Waagen, um so schnell wie möglich zum Büffet gelangen zu können. — Es ist nämlich mit dem Restaurationswesen in der Mitte von Amerika noch nicht sonderlich gut bestellt, und vorsichtige Reisende, die Hunger haben, richten sich immer so ein, daß sie mit unter den ersten einen Stuhl und ein Gericht bekommen. — Ich befand mich im letzten Wagen, dicht an der Treppe, und wartete darauf, ohne Gefahr abspringen zu können. Da sah ich im langsamen Vorbeifahren, rechts vom Gleis, dem Bahnhofsgebäude schräg gegenüber, eine Gruppe, aus einem Mann, einem Pferd, einem Maulesel und zwei großen schottischen Windhunden bestehend. Das Pferd war gesattelt, der Maulesel mit einem Zelte, mit Decken, Schaufeln, einer Axt und ähnlichen Gerätschaften bepackt. Ich sah das alles über meine Schulter, ohne sonderlich aufzupassen. — Der Mann, der ein weites, rotes Flanellhemd trug, drehte dem Zuge den Rücken zu und war damit beschäftigt, etwas am Sattel seines Pferdes festzuschnallen. Die Hunde, ein Paar schöne starke Tiere, lagen links und rechts, die Nasen zwischen den Vorderbeinen, neben ihm.

„Als ich zwei Minuten später beim Frühstück saß, kamen meine Gedanken unwillkürlich wieder auf den Mann zurück, den ich draußen gesehen hatte. Es war in der Erscheinung etwas mir Bekanntes, das mich an alte Zeiten erinnerte; aber ich konnte mir nicht klar machen, was dies sei. — Ich hatte nicht viel Muße zum Grübeln und aß unverdrossen weiter, als plötzlich zum Einsteigen gerufen wurde. — Wenn dies einmal geschehen ist, so hat man in Amerika nicht viel Zeit zu verlieren, denn der Zug geht gewöhnlich gleich darauf fort, ohne sich darum zu kümmern, ob seine Reisenden wieder eingestiegen sind oder nicht. Ich bezahlte also schnell und sprang in meinen Wagen — und in demselben Augenblick setzte sich der Zug auch schon in Bewegung.

„Zwanzig Schritte von mir stand der Mann mit seinen Packtieren und Hunden. Er war mit seiner Arbeit fertig und hatte sich dem Zuge zugewandt, um ihn abfahren zu zu sehen. Die Sonne schien ihm hell ins Gesicht, und ich erkannte Irwing. Ich rief ihn so laut ich konnte, und er wußte sofort wer ich war. — Er winkte mit der Hand und rief zurück: ‚Gruß an die Freunde in Schanghai!‘ Und plötzlich, ehe ich mich dessen versah, war er auf sein Pferd gesprungen und galoppirte neben uns her.

„Eine lange Unterredung konnten wir nicht haben, denn er ritt ein schweres Tier, das mehr zum Lasttragen als zum Wettrennen mit einer Lokomotive gebaut war; — aber zwei oder drei Minuten hielt er es doch mit uns aus. Da fragte er nach Weber und Jenkins und Ralston und nach zwei oder drei anderen, und auch nach seinem alten Comprador und Boy, ohne mir viel Zeit zu geben, mich nach ihm zu erkundigen.

„‚Wie geht es Ihnen!‘ rief ich ihm endlich zu. — ‚Gut!‘ antwortete er; aber nun war er schon einige fünfzig Schritte hinter dem Zuge. Da richtete er sich in den Steigbügeln in die Höhe und setzte beide Hände an den Mund und rief aus voller Brust, so daß alle Leute im Zuge die Köpfe aus den Fenstern steckten: ‚Gruß an die Freunde in Schanghai! Gruß an den Rennklub=Vor= stand!‘ — Darauf hielt er sein Pferd an und blieb un= beweglich stehen, bis er mir aus den Augen verschwand.

„Er sah gut aus auf dem hohen schwarzen Pferde, mit einer Büchse auf dem Rücken und einem Revolver und einem großen Messer im Gürtel. Er sah nicht aus wie einer, der sich vor Indianern oder Goldgräbern zu fürchten hat. Die beiden langhaarigen Windhunde, die mitgelaufen waren, und die das Wettrennen noch lange Zeit ausgehalten haben würden, standen zur Rechten und Linken des Pferdes. Es war eine hübsche Gruppe, und wenn ich ein Maler wäre, so hätte ich sie gezeichnet: die flache, baumlose öde Ebene, und in der Mitte der einsame, bewaffnete Reitersmann mit seinen zwei Hunden."

Man sprach an jenem Abend und am folgenden Tage noch viel in Schanghai von dem Zusammentreffen zwischen Mitchell und Irwing. — Strachan, Webers Nachfolger in dem Ehrenamt eines Sekretärs des „Renn=Klub", ein enthusiastischer Verehrer der Reitertalente des verstorbenen Wilson und seines verschollenen Freundes, war der Meinung daß irgend etwas geschehen müsse. um „dem verehrten ehemaligen Mitgliede des Klubs einen Dank für den übersandten Gruß und einen Gegengruß zu übermitteln." Es wurde daher in der nächsten öffentlichen Sitzung des Vorstandes vorgeschlagen und einstimmig angenommen, daß „der ehrenwerte Sekretär, Herr James Strachan, ermäch= tigt sei, aus den Mitteln des Renn=Klubs eine Summe von einhundertundfünfzig Dollars zu verwenden, um in den vorzüglichsten amerikanischen und englischen Blättern einen Gruß der Gemeinde von Schanghai an das ab= wesende Mitglied des Renn=Klubs, Herrn Francis Irwing zu veröffentlichen."

Diese Anzeige erschien unter Andern im „New=York Herald" und in der „Times", und dort las sie auch Julius Weber, der dabei an seinen alten Freund zurück= dachte, und Frau Henri Benson, geborene Mary Thorn.

Sie hatte ein volles Jahr auf Irwing gewartet. Sie hätte fünfzig Jahre warten können, ohne daß er sich ihr je wieder genaht hätte. Er wollte sein Glück nicht dem Tode seines Freundes verdanken. Mary konnte das nicht wissen, und würde es nicht verstanden haben, wenn man es ihr gesagt hätte. — Sie wurde des Wartens müde

und fing an, wie ihre Standes= und Altersgenossinnen
dies thaten, sich von der eleganten New=Yorker Herren=
welt den Hof machen zu lassen. Sie galt für die „Belle“
der großen Stadt, und sie fand, daß „Flirtation“ ein
höchst angenehmer Zeitvertreib ist. Es fehlte nicht an
Bewerbern um ihre Hand. Einmal hieß es, sie werde
den reichen Merival heiraten, dann den noch reichern Burton,
schließlich verlobte sie sich mit dem allerreichsten Benson.

Dieser, ein hochschulteriger, engbrüstiger junger Mann,
mit langen, dünnen Beinen, die er, wenn er sich setzte, in
seltsamer Weise kreuzte, so daß es aussah, als schlinge er
damit einen Knoten, — hatte ein vornehmes schmales,
knochiges Gesicht, mit einer großen Adlernase, fein wie ein
Messerrücken, schwarze stechende Augen, schmale blutlose
Lippen und ein langes, spitzes Kinn. Er konnte seine
Braut im Centralpark mit zwei Vollbluttrabern spazieren
fahren, welche die englische Meile in drei Minuten zurück=
legten, und die zehntausend Dollars gekostet hatten. Er
beschenkte sie mit den kostbarsten Spitzen, mit Perlen und
Diamanten, um die eine Königin sie hätte beneiden können.
Sie war sehr schön an ihrem Hochzeitstage, sehr stolz auf
die Bewunderung, die sie erregte und vollständig zufrieden.

Man findet Witwen berühmter großer Männer, die
nach dem Tode des geliebten Gatten, sofort nach Ablauf
der gesetzlichen Frist, irgend einen beliebigen Gecken gehei=
ratet haben und mit diesem in glücklicher Ehe leben. —
Irwing war kein großer berühmter Mann gewesen, und
Mary Thorn hatte ihm niemals angehört. Es ist kein
Wunder, daß sie ihn nicht zu lange betrauerte. — Auf ihren
Reisen nach London und Paris, wo sie sechs Monate des

Jahres zubrachte, hatte sie die größten Erfolge. Prinzen
von königlichem Geblüt und aus der Finanzwelt, ja auch
Prinzen der Kunst und Wissenschaft umringten sie und
brachten ihr ihre Huldigungen dar. Sie empfing Sonnette
auf ihre „wunderbaren, blauen Augen", ihr „goldenes
Loreleihaar", ihren „rosigen Mund". Man verglich sie
mit der Sonne, dem Mond, den Sternen, mit verschiedenen
Blumen und mehreren Göttinnen. — Wie konnte da das
Andenken an den schlichten Irwing bestehen, der ihr nie
ein zärtliches Wort gesagt hatte?

Und doch dachte sie noch manchmal an ihn, und dieser
Gedanke machte ihre Augen träumerisch und noch schöner
blicken, und verlieh ihrem Antlitz einen noch größern Reiz.
Sie wußte es und verscheuchte das verschönernde Bild nicht
und lächelte wehmütig und geheimnisvoll, wenn einer ihrer
Anbeter teilnehmend fragte, weshalb sie so traurig sei?

Das Armband, das Wilson ihr vermacht hatte, verließ
sie nie. Sie trug es mit jedem Schmuck, und man wußte,
daß ihre bezaubernde Schwermut damit in irgend einer
Verbindung stehe: denn ihr Narr von Mann hatte mit
wichtiger Miene angedeutet, daß sich an diesen Schmuck eine
höchst tragische Geschichte knüpfe. Er war stolz auf den
Roman im Leben seiner Frau, und es hätte ihn nicht ver=
drossen, wenn ein halbes Dutzend Wilson und Irwing ihret=
wegen Glück und Leben eingebüßt hätten. Das machte sie
noch interessanter und ihn noch stolzer, sie zu besitzen.

Eines Abends, als Frau Henri Benson in Paris in
der großen Oper in ihrer Loge saß, und viele Blicke auf
ihre strahlende Erscheinung gerichtet waren, während sie,
nachlässig zurückgelehnt, das Haus mit halbgeschlossenen,

müden Augen musterte, trat das Bild des Erstgeliebten unerwartet und lebhaft vor ihre Seele. — Sie sah, wie im Traume, die hohe, männliche Gestalt, das stille, ernste Gesicht mit den ruhigen Augen ... Und plötzlich ging er in leiblicher Gestalt an ihr vorüber.

Der Vorhang war während eines Zwischenaktes gefallen, und die Zuschauer in den Sperrsitzen verließen langsam den Saal, um im Foyer die übliche Promenade zu machen ... Und da, ihr gerade gegenüber, ging Irwing!

Sie erkannte ihn auf der Stelle. Er war wenig verändert, noch beinahe ebenso wie sie ihn in Yokohama vor seiner Krankheit gesehen hatte. Nur war er von der Sonne stark gebräunt und erschien ihr, im Vergleich zu den zierlichen Stutzern, in deren Mitte er sich befand, noch herrlicher und stolzer. Er bewegte sich zwischen den Sitzen, langsam seitwärts gehend, der Thür zu, das hellbeleuchtete Gesicht voll der Loge zugewandt, in der sie sich befand. — Sie beugte sich weit über die Brüstung, sie flüsterte seinen Namen, sie hätte ihn rufen wollen. Ihre Nachbarn rechts und links warfen verwunderte Blicke auf sie. Sie kümmerte sich um nichts. Sie sah nur ihn. Noch einen Schritt — und er war aus der Thür verschwunden.

Sie erhob sich schnell und nahm den Arm eines der Herren, die mit ihr in der Loge saßen, und eilte in das Foyer. Sie suchte dort überall, sie wartete noch lange als der nächste Akt bereits angefangen hatte, und sie setzte ihren Begleiter, einen wirklichen Herzog, in maßloses Erstaunen, indem sie auf eine höfliche Bemerkung, die er ihr machte, kurz angebunden antwortete: „Lassen Sie mich jetzt in Ruhe!" Sie kehrte endlich in ihre Loge zurück und musterte von dort aus einen jeden Sitz im Parket. — Ein einziger Platz, gerade in der Reihe, wo Irwing ihr erschienen war, blieb leer. Es mußte wohl der seine gewesen sein, denn all' ihr Suchen und Spähen blieb erfolglos. Sie sah ihn nicht wieder, und sie hat ihn auch seitdem nie wieder gesehen. — Er ist verschollen.

Die Welt ist klein, und es hält schwer, sich darin aus dem Wege zu gehen. Irwing und Mary sind jung und werden sich wohl noch einmal begegnen. Aber was kann das nützen? — Sie sind bis zum Grabe von einander geschieden. — Beider Leben ist ein anderes geworden, als sie gewünscht hatten. Sie mögen glauben, daß dies ihr Unglück sei. — Aber ist es ein Unglück? Ist nicht vielleicht am Ende doch alles am besten gerade so, wie es schließlich gekommen ist? — „Can see, can sabee“, sagen die Philosophen in Schanghai. — Das, was nie geschehen ist, kann nicht beurteilt werden — und den Verlust eines Gutes, das man nie besessen hat, soll man nicht beklagen.

Der Seher.

———

I.

Der Schnellzug, der von London über Folkstone und Boulogne nach Paris geht, hat in Verton einen Aufenthalt von wenigen Minuten. Verton ist ein kleiner Ort. Reisende, die dort ein= oder aussteigen, gehören zu den Seltenheiten. Die Locomotive macht an dieser vereinsamten Station nur Halt, um Wasser einnehmen zu können.

Wir saßen an einem drückend heißen Julitage zu sieben in demselben Coupé und hatten während der Fahrt von Boulogne nach Verton bereits bitter über den Geiz der Nordbahngesellschaft geklagt, die, um den Transport eines Wagens zu sparen, uns den Raum so kärglich zu= gemessen hatte, als an der genannten Haltestelle, in dem Augenblicke, wo der Zug sich wieder in Bewegung setzen wollte, die Thür unseres Abteils schnell aufgerissen wurde, und ein achter, höchst unwillkommener Reisender in den Wagen trat.

Ich saß in der einen Ecke, nächst der geöffneten Thür. Neben mir, zur Rechten, ruhte, in tiefem Schlafe ver= sunken, ein wohlbeleibter Engländer, ihm gegenüber be= fand sich der letzte unbesetzte Platz im Wagen, der vor= läufig noch mit allerlei Handgepäck und mit Decken,

19*

Schirmen und Stöcken belegt war. Neben diesem freien
Platz, also mir gegenüber, saß ein junger Mann von
vielleicht fünfundzwanzig Jahren, dessen Äußeres meine
Aufmerksamkeit erregt hatte, und über dessen Nationalität
ich im Unklaren geblieben war, bis er ein schweres
silbernes Cigarettenetui aus der Tasche gezogen und einen
stark duftenden russischen Papyros angezündet hatte, dessen
Rauch er zuerst immer verschluckte, um ihn dann langsam
und mit sichtlichem Wohlbehagen durch die weitgeöffneten,
äußerst beweglichen Nasenlöcher wieder auszublasen.

Der junge Russe trug einen eleganten dunkelgrauen
Reiseanzug und hatte das Aussehen eines kränklichen,
den Anstand eines vornehmen Mannes. Er war groß
und hager, seine Hautfarbe dunkel wie die eines sehr
brünetten Spaniers, die Hände waren schmal, die langen,
knochigen Finger mit spitzgeschnittenen, sorgfältig ge-
pflegten Nägeln erschienen von eigentümlicher, fast unangenehmer Beweglichkeit. Sie zerrten und drehten in
einem fort an dem dünnen, röthlichbraunen, langen
Barte, der die Oberlippe bedeckte. — Der Reisende hatte
dichtes, kurzgeschorenes Haar, das tief in die Stirn und
den Nacken hineinwuchs und den schmalen, langen Kopf
wie mit einer Pelzkappe überzog. Der jugendliche Mund,
mit blutroten Lippen, zwischen denen zwei Reihen weißer,
kleiner, regelmäßiger Zähne hervorglänzten, gab der
Physiognomie einen angenehmen Ausdruck. Es war der
bewegliche Mund eines nervösen, gutmütigen, unentschlossenen
Menschen. Das Auffallendste in dem Gesichte waren die
weit auseinander stehenden und weit geöffneten, runden,
dunkeln Augen, die unermüdlich von einem Gegenstande

zum andern wanderten und sich von Zeit zu Zeit mit
eigentümlicher Starrheit auf irgend ein Gesicht hefteten.
Ich war diesem Blicke bereits einmal begegnet und war
dadurch unangenehm berührt worden. Es lag darin
etwas Argwöhnisches, Forschendes. Man fühlte sich un=
willkürlich veranlaßt darauf zu antworten: „Bin ich Ihnen
bekannt? Habe ich Ihnen ein Unrecht zugefügt? Was
suchen Sie in meinem Gesicht?" — Der Blick war um
so auffallender, als er mit den höflichen, zuvorkommenden
Manieren des jungen Russen gar nicht in Einklang zu
bringen war. Es war der rücksichtslose, der „sachliche"
Blick, möchte ich sagen, eines geheimen Polizisten, der
auf die Entdeckung eines Verbrechers ausgeschickt ist und
in jedem neuen Menschen, den er antrifft, zunächst den
Übelthäter vermutet.

In der zweiten Hälfte des Wagens saßen vier, von
der kurzen Seereise angegriffene Franzosen, die mit einander
bekannt zu sein schienen und sich eifrig, lebhaft ge=
sticulirend unterhielten.

Die ganze Gesellschaft, mit Ausnahme meines Nachbars
zur Rechten, des ruhig schlafenden Engländers, richtete
vorwurfsvolle, unfreundliche Blicke auf den letztangekommenen
Eindringling. Dieser schien sich aber wenig um unsere
gute oder üble Laune zu kümmern.

„S'il vous plaît", sagte er kurz und herrisch, auf den
Haufen Plaids und Reisetaschen deutend, mit denen der
einzig unbesetzte Platz im Wagen bedeckt war. — Von
den Eigentümern der Sachen nahm ein jeder das Seinige.
Nur eine schwere Reisedecke blieb liegen, die dem schlafenden
Engländer gehörte. Der Neuangekommene wartete noch

einen Augenblick; dann bündelte er die Decke zusammen, schob sie mit den Füßen unter den Sitz und ließ sich nieder. Ich wunderte mich im Stillen über die rohe Ungeniertheit, mit der der Mann fremdes Eigentum behandelte. Gleich darauf pfiff die Locomotive, und der Zug setzte sich wieder in Bewegung. — Und nun betrachtete ich meinen neuen Reisegefährten.

Ein sehr unangenehmes Äußere: ein gemeiner Mann in seinen besten Kleidern, mit von Schweiß genäßter, zerknitterter grober Wäsche; die schweren Stiefel, der ganze unbehagliche Anzug dick bestäubt. Der Mann mochte einige dreißig Jahre alt sein und war von untersetzter Gestalt. Der Bullennacken, die runden Schultern, die breiten, roten, von der Hitze angeschwollenen Hände, die sehnigen Handgelenke, die kurzen, stämmigen Beine ließen auf große Körperkraft schließen. Er hatte sandgelbes, kurzes Haar und die Gesichtsfarbe eines Mannes, der viel in freier Luft lebt. Die Stirn war niedrig, die Nase dick und stumpf, der Mund groß, gerade, festgeschlossen, das Kinn breit. Die hellen kleinen Augen blickten bald scheu, bald verwegen herausfordernd. Das Gesicht war glatt rasirt.

Sobald der Mann sich gesetzt hatte, warf er auf einen jeden von uns einen schnellen, unruhigen Blick, dann zog er, mit dieser flüchtigen Prüfung, wie es schien, befriedigt, ein großes, buntes Sacktuch aus der Tasche und trocknete sich damit, laut atmend, die mit Schweiß bedeckte Stirn. Ich bemerkte, daß er um den Zeige- und Mittelfinger der rechten Hand ein feines, weißes Battisttuch, dem Anschein nach ein Damentaschentuch, gebunden hatte.

Dies Tuch war an einer Stelle von halbgetrocknetem
Blute gerötet. Die beiden eingewickelten Finger waren
augenscheinlich verletzt. — Nach einer kurzen Weile
lüftete er die Halsbinde und atmete tief und schwer auf
wie jemand, der eine harte Arbeit verrichtet hat und sich
nun zur Ruhe vorbereitet. Darauf warf er mit einer
leichten Handbewegung den runden, niedrigen Hut, den
er auf dem Kopfe trug, in den Nacken zurück, spreizte die
kurzen Beine auseinander, stemmte die Hände auf die
Schenkel und blieb, den Kopf gesenkt, die Augen starr
auf den Boden gerichtet, lange Zeit unbeweglich, wie in
tiefem Nachdenken versunken, sitzen.

Der junge Russe hatte den Neuangekommenen mit
demselben eigentümlichen, forschenden Blick gemustert, den
er vorher auf mich geworfen hatte. Aber sein Nachbar
zur Linken schien ihn ganz besonders zu interessiren. Denn
während er mich und die andern Reisenden kaum eines
zweiten Blickes gewürdigt hatte, wandte er sich jetzt halb
nach jenem um und blickte ihn so fest und lange an,
als wolle er sich die rohen, häßlichen Züge für immer
ins Gedächtnis prägen. Der Mann bemerkte dies eine
Zeit lang nicht. Er war mit seinen eignen Gedanken
beschäftigt und schien sich keine Rechenschaft von dem ab=
zulegen, was in seiner unmittelbaren Nähe vorging.
Plötzlich jedoch, als der Zug in der Nähe der Station
Abbeville seinen schnellen Lauf allmählich zu hemmen be=
gann, und der Mann den Kopf in die Höhe hob, um
aus dem Fenster zu sehen, begegneten seine Augen un=
erwartet denen des Russen. Das Gesicht dieses letzteren
nahm den Ausdruck verlegener Überraschung an; die Stirn

des achten Reisenden runzelte sich, und mit zornigen
Augen fragte er barsch:

„Was blicken Sie mich an? Kennen Sie mich? Was
wollen Sie?"

Ich konnte es dem Manne kaum verdenken, so zu
sprechen, denn ich selbst hatte kurze Zeit vorher Lust
verspürt, von dem Russen Rechenschaft für sein Anstarren
zu verlangen; die Art und Weise, wie dieser antwortete,
stimmte mich jedoch wieder wohlwollend für ihn.

„Ich bitte tausendmal um Entschuldigung", sagte er,
sich höflich verbeugend und mit unsicherer Stimme. „Ich
versichere, daß ich nicht die Absicht hatte, indiscret zu sein."

Der achte Reisende brummte etwas Unverständliches
zwischen den Zähnen, dann stand er auf, und mit einem
kurzen „pardon" zwischen mich und den Russen tretend,
bog er sich zum Fenster hinaus und blickte aufmerksam
nach der Haltestelle, der wir uns jetzt bis auf wenige hundert
Schritte genähert hatten. Nach einigen Sekunden setzte
er sich darauf wieder nieder; aber sobald der Zug an-
hielt, sprang er aus dem Wagen und blieb, die rechte
Hand in der Seitentasche seines Rocks, ungeduldig nach
rechts und links blickend, vor der Thür stehen.

Der Bahnsteig war vereinsamt. Außer einigen Eisenbahnbeamten erblickte ich dort nur einen Gendarmen, der,
gleichgültige Blicke in die Wagen werfend, langsam auf-
und abging. Vor unserm Wagen blieb er einen Augenblick, ganz zufällig meine ich, stehen. Ich bemerkte, daß
sich die Hand des Reisenden von Verton in der Tasche
zur Faust schloß. — Kurz vor Abgang des Zuges stieg
der Mann darauf wieder ein; aber er blieb an der Thür,

zwischen dem Russen und mir, stehen, und erst als der
Zug den Bahnhof verlassen hatte, nahm er seinen Platz
mir schräg gegenüber wieder ein.

Der Russe hatte inzwischen ein Buch aufgeschlagen
und versucht, sich den Anschein zu geben, als ob er
darin läse; aber stets von neuem und in kurzen Zwischen=
räumen sah ich seine Augen auf die Gestalt zu seiner
Linken schweifen. Sein Gesicht trug dabei einen ganz
eigenen Ausdruck. Er sah aus wie jemand, der ver=
geblich damit beschäftigt ist, die Lösung eines für ihn
wichtigen Rätsels zu finden. Einmal begegneten sich
unsere Augen. Es kam mir vor, als wolle er mich um
Rat oder Hilfe bitten. Ich selbst war durch das Ge=
baren meiner Reisegefährten aufmerksam und neugierig
geworden, und als ich im Speisesaal von Amiens neben
dem jungen Russen stand, konnte ich nicht umhin, ihn
zu fragen, ob er den Mann aus Verton vielleicht zu
kennen glaube, daß er ihn so aufmerksam beobachte.

„Ich kenne ihn nicht", antwortete er höflich und sicht=
lich geneigt, das Gespräch mit mir fortzusetzen; aber er
hat etwas in seinem Gesichte, was mich anzieht."

„Nun", entgegnete ich lächelnd, „es ist gerade kein
anziehendes Gesicht, sollte ich sagen. Ich habe selten ein
gemeineres, unangenehmeres Äußere gesehen. Der Mann
sieht aus, als ob er reif für den Galgen wäre."

„Ein häßliches, widerliches Gesicht in der That. —
Ein eigentümliches Gesicht", — der Russe machte eine
kurze nervöse Bewegung.

„Wollen Sie mir gestatten, Ihnen einen Rat zu geben?"
fuhr ich fort. „Bekümmern Sie sich nicht weiter um den

Mann. Sehen Sie ihn nicht mehr an. Er ist ein roher Patron. Haben Sie bemerkt, wie er sich rücksichtslos zwischen uns schiebt, um aus dem Fenster zu sehen? Er hat es vor Amiens wie vor Abbeville gethan. Ich habe mich geärgert; aber wozu würde es nützen, einen solchen Menschen zur Rede stellen zu wollen? — Leider sind alle Wagen voll, sonst würde ich mir einen andern Platz ausgesucht haben."

Auf der Fahrt bis Creil setzte ich die in Amiens begonnene Unterredung fort. Ich fand, daß ich mit einem gebildeten und liebenswürdigen Menschen zu thun hatte. Nach kurzer Zeit stellte sich auch heraus, daß wir in Paris sowohl wie in Petersburg einige gemeinschaftliche Bekannte hatten. Mein Reisegefährte überreichte mir darauf seine Karte, und ich gab ihm meinen Namen. Er hieß Graf Boris Stachowitsch und wohnte in Paris in der Avenue Friedland.

„Wie klein doch die Welt ist!" — meinte der Russe. — „Haben Sie bemerkt, daß ein Mensch in einem gewissen Alter, vorausgesetzt, daß er sich etwas in der Welt umgesehen habe, nur noch selten eine ganz neue Bekanntschaft machen kann? Vor einer Viertelstunde erschienen Sie mir als ein wildfremder Mensch. Nun stellt es sich heraus, daß ein Vetter von mir ein alter Freund von Ihnen ist, und daß ich mit einem Verwandten von Ihnen studirt habe. Und so geht es mir bei jeder Gelegenheit. Ich möchte wetten, daß, wenn ich Ihren schlafenden Nachbar weckte und mich mit ihm unterhielte, ich bald herausfinden würde, daß er und ich ebenfalls gemeinschaftliche Bekannte haben. — Die kleine Welt! Ich habe mich manchmal gefragt, wie die Leute es anfangen, die sich darin verbergen

wollen. Ich sprach darüber kürzlich mit einem Polizei=
beamten, den ich in London kennen gelernt hatte. Der
Mann sagte mir: ‚Viele Verbrechen werden nie entdeckt,
und der Übelthäter entgeht dem Gesetze; aber in tausend
Fällen kommt es kaum einmal vor, daß ein Verbrecher, der
als ein solcher erkannt ist, sich durch die Flucht der Strafe auf
lange Zeit entziehen kann. Früher oder später, gewöhnlich
in wenigen Tagen finden wir ihn. Die Welt . . .‘"

Das Gespräch wurde plötzlich unterbrochen. Stacho=
witsch hatte, wenn auch nicht laut, so doch ungezwungen
gesprochen; der Mann aus Verton, sein Nachbar, konnte
seine Worte ebenso gut hören wie ich. Jener erhob sich
jetzt schnell und trat zwischen uns, um aus dem Fenster
zu blicken, wie er dies in Abbeville und Amiens gethan
hatte. Und ehe wir es uns versahen, hatte er die
Thür geöffnet und stand auf dem schmalen Brette, außer=
halb des Wagens, auf dem die Schaffner entlang zu gehen
pflegen, um sich die Fahrscheine vorzeigen zu lassen.

Wir blickten uns erstaunt, sprachlos an. In dem=
selben Augenblick sprang der Mann vom Wagen ab. Ich
lehnte mich zum Fenster hinaus und sah ihn ein paar
wilde Sätze machen und dann mit ausgestreckten Armen
auf das Gesicht zu Boden fallen. Gleich darauf wurde
er durch eine Mauer, an der wir vorbeifuhren, meinen
Blicken entzogen.

Der Russe war blaß geworden, die vier Franzosen
hatten zu sprechen aufgehört und sahen mich fragend an,
der schlafende Engländer war erwacht und suchte nach
seiner Decke, die der Mann aus Verton unter den Sitz
geschoben hatte.

„Was mag das zu bedeuten haben?" fragte Stacho=
witsch.

Ich konnte nur die Achseln zucken, denn die Sache
war mir selbst unverständlich. Aber nach wenigen Minuten
sollte sie aufgeklärt werden.

. Wir befanden uns nun in der Nähe von Paris, und
der Zug fuhr ziemlich langsam. Einige hundert Schritte
vor dem Bahnhofe hielt er plötzlich an. Zwei Eisen=
bahnbeamte, die neben dem Gleis gestanden hatten, sprangen
auf das Brett außerhalb der Wagen, und während die
Locomotive sich ganz langsam wieder in Bewegung setzte
und uns in die Bahnhalle zog, gingen sie von einem
Wagen zum andern und riefen in jede Abteilung hinein:
„Bitte nicht auszusteigen!" — Eine halbe Minute später
hielten wir im Nordbahnhof von Paris an. Er war voll=
ständig leer. Plötzlich traten aus einer Thür zwei Herren,
die von einem Eisenbahnbeamten gefolgt waren. Der
eine von ihnen trug das Band der Ehrenlegion im Knopfloch,
beide hatten ein militärisches Aussehen. Sie näherten
sich den Wagen, hielten vor jedem Abteil eine halbe
Minute und gingen sodann weiter. — Jetzt waren sie
bei uns angelangt: der Herr mit dem roten Bändchen
steckte den Kopf durch das Fenster in den Wagen und
musterte einen jeden von uns scharfen Blickes.

„Ist hier irgend jemand unterwegs ausgestiegen?"
fragte er.

Er wandte sich dabei an mich als den Nächstsitzenden;
der eine der Franzosen kam mir aber mit der Antwort
zuvor. Er erzählte, was er von dem achten, fehlenden
Reisenden wußte: daß derselbe in Verton eingestiegen, vor

Paris aus dem Wagen gesprungen sei, und daß der Herr
in der Ecke — er bezeichnete mich — wohl am besten
in der Lage sein würde, den Platz zu zeigen, wo er ent=
flohen wäre.

Der Herr, ein höherer Polizeibeamter, wie wir bereits
erraten hatten, bat mich darauf, ihm die Personbeschreibung
des Reisenden aus Verton zu geben. Ich konnte darauf
genau antworten, denn ich hatte den Mann scharf an=
gesehen. — Der Polizeibeamte nickte, währenddem ich sprach,
beistimmend mit dem Kopfe. Dann sagte er:

Es ist kaum ein Zweifel darüber: der Entflohene
ist der Mann, auf den wir fahnden. — Darf ich Sie
ersuchen, mich zu begleiten?"

Ich trat aus dem Wagen. Stachowitsch folgte mir
auf den Fersen. Die Eisenbahnbeamten riefen: „Aus=
steigen!" und während sich der Perron nun schnell mit
Gepäckträgern und den neuangekommenen Reisenden füllte,
begab ich mich in Gesellschaft des Russen und des Be=
amten in das Zimmer des Bahnhofsvorstehers. Von
dort aus wurden sofort Befehle gegeben, eine Maschine
zu unserer Verfügung zu stellen, und wenige Minuten
später befand ich mich in einem Gepäckwagen, in Gesell=
schaft des Polizeibeamten, seines Begleiters, eines hand=
festen Mannes in den Dreißigen, zweier Gendarmen und
des Russen endlich, dem die Erlaubnis bewilligt worden
war, sich uns anzuschließen. — Ich hatte bereits erzählt,
daß der Mann aus Verton nicht weit von St. Deniz
aus dem Wagen gesprungen sei und daß ich mich an=
heischig mache, den Ort wiederzufinden. Während der
kurzen Fahrt dorthin sagte mir der Polizeibeamte, daß

eine verwitwete Dame, die Baronin von Massicux, auf
ihrem Landgute in der Nähe von Boulogne, während der
vergangenen Nacht ermordet worden sei, und daß der
Kutscher der Ermordeten, ein gewisser Béchouard, in dem
Verdacht stehe, die Übelthat begangen zu haben.

„Wir haben vor einer Stunde ein Telegramm mit
der Personbeschreibung Béchouards empfangen", schloß der
Polizeiamte seinen Bericht, „und wären gerade noch zur
rechten Zeit auf dem Bahnhofe gewesen, um den Mann
dort sofort zu verhaften, wenn er nicht vorgezogen hätte,
den Zug vor Ankunft in Paris zu verlassen. Die Sache
wird nun etwas schwieriger, aber weit kann Béchouard
noch nicht sein, und früher oder später werden wir ihn
schon finden."

Stachowitsch nicte mir zu, als wollte er sagen: „Das
ist auch meine Meinung, wie Sie wissen. Die Welt ist
zu klein, um sich darin verbergen zu können." Ich konnte
mich aber nicht in ein Gespräch mit ihm einlassen, denn wir
waren bereits über St. Denis hinaus, und die Locomotive
fuhr ganz langsam, um mir Zeit zu geben, mich wohl zu
orientiren.

„Ich erkenne dies Haus" — sagte ich — „hier ist
die Gartenmauer . . . und dies ist die Stelle . . . Dort! . . .
Da liegt der Mann . . . Er hat sich nicht gerührt . . .
Er ist tot . . ."

Eine halbe Minute später stiegen wir alle aus dem
Wagen. Fünf Schritte rechts von der Bahn lag, was wir
suchten. Der linke Arm des Mannes war unter der Brust
zusammengebogen, der rechte nach vorn gestreckt, das Tuch,
das die beiden Finger verband, hatte sich gelöst und die

Wunde, die es verdeckt, sich geöffnet und leicht ge=
blutet. Die Beine waren weit ausgespreizt. Der Körper
lag vollständig regungslos. — Der Begleiter des Polizei=
beamten, der wie ein Jagdhund, den man auf ein ange=
schossenes Wild losläßt, zuerst aus dem Wagen gesprungen
war, bückte sich jetzt und drehte den schweren Körper be=
dächtig um. In der Art und Weise wie er dies that,
lag etwas eigentümlich Sicheres, was den Professionisten
bekundete. Das Gesicht des toten Mannes war unverletzt.
An den Mundwinkeln zeigte sich ein leichter rötlicher
Schaum, aus den Nasenlöchern sickerten einige dunkle
Blutstropfen. Die weitgeöffneten weißen Augen stierten
uns entsetzlich an. Stachowitsch, der sich über meine Schulter
gebeugt hatte, um das tote Gesicht zu betrachten, stieß
einen Schrei aus und sank ohnmächtig nieder.

II.

Die Ermordung der Baronin von Maſſieux war von
der großen Menge ſchnell vergeſſen worden. Die Unter=
ſuchung hatte feſtgeſtellt, daß das Verbrechen von Béchouard
allein verübt worden war. Dieſer war beſtraft, war ſeinem
Opfer nur wenige Stunden ſpäter in die Ewigkeit gefolgt.
Die Menſchen hatten nichts mehr mit der Sache zu thun.
Sie war erledigt. Aber die verwaiſte achtzehnjährige
Marie Maſſieux war noch in tiefer Trauer um den Tod
ihrer unglücklichen Mutter, und für das Leben von Boris
Stachowitſch war der tragiſche Tod derſelben von großer
Bedeutung geweſen.

Es war nun im Monat December, ein halbes Jahr
ungefähr, nachdem ich in der Eiſenbahn die Bekanntſchaft
des jungen Ruſſen gemacht hatte. Unſer Verkehr war
ein lebhafter geworden. Wir wohnten in demſelben Viertel,
hatten gemeinſchaftliche Bekannte, aßen nicht ſelten in dem=
ſelben Reſtaurant zuſammen und ſahen uns beinahe täglich.
Mich intereſſirte das vollſtändig ungekünſtelte und eigen=
tümlich geheimnisvolle Sonderbare in dem Weſen und
den Anſchauungen meines neuen Bekannten, auch entdeckte
ich mit der Zeit vorzügliche Eigenſchaften des Charakters

und des Geistes an ihm, die mich zu ihm hinzogen. Er
war aufrichtig, wahr, von großer Weichheit des Gemüts,
freigebig, lernbegierig und für sein Alter außerordentlich
belesen. Er war im wahren Sinne des Wortes ein liebens=
würdiger Mensch. Dazu kam, daß ich Mitleid mit ihm
fühlte. Stachowitsch war unglücklich. Darüber war kein
Zweifel; aber es war mir unmöglich zu entdecken, woran
er litt. Er klagte nie: meine wiederholten Anfragen, was
ihm fehle, hatte er immer ausweichend und mit so sicht=
licher Verlegenheit beantwortet, daß ich, um nicht neu=
gierig zu erscheinen, nun aufgehört hatte, nach der Ursache
seiner tiefen Verstimmung zu forschen.

Er bewohnte eine prachtvolle Wohnung, hielt sich
Pferde und Wagen, warf, so zu sagen, mit dem Gelde
um sich und schien sehr reich zu sein. Geldsorgen waren
es sicherlich nicht, die ihn drückten. Auch seine Gesundheit
schien ihn nicht zu kümmern. Zwar sah er angegriffen
aus; aber er aß und trank mit gutem Appetite, und auf
einem kleinen Ausflug, den ich mit ihm gemacht, hatte ich
bemerkt, daß er ein unermüdlicher Fußgänger, ein ver=
wegener Reiter sei, und daß er starke Strapazen ohne
große Ermüdung ertragen konnte; auch war er als einer
der besten Schläger in den Pariser Fechtsälen und Klubs
berühmt. Man kannte dort einige seiner Sonderheiten
und spottete, ohne Böswilligkeit darüber. Es gab z. B.
einige unter seinen Bekannten, mit denen Stachowitsch sich
nie schlagen wollte, ohne je einen vernünftigen Grund für
seine Weigerung anzugeben. Furcht eine Niederlage zu
erleiden, oder seinen Ruf als Schläger zu schädigen, konnte
ihn dabei nicht leiten: dazu war er zu wohl bekannt;

auch hatte man bemerkt, daß sich unter den Personen, mit denen er sich nicht messen wollte, Leute befanden, die als Schläger ungleich schwächer als er waren. Er schien in der Wahl seiner Gegner einer eigentümlichen Laune zu folgen, die er, um nicht beleidigend zu werden, in höf= lichster Weise zu entschuldigen versuchte, ohne sie jedoch zu erklären. Ich selbst wohnte einmal im Fechtsaal seines Klubs einer Unterhaltung bei, die seine Sonderbarkeit deutlich zeigte.

„Kommen Sie, Stachowitsch", redete ihn der junge Freiherr von Mofferat an, „lassen Sie uns einen Gang machen. Ich möchte mich endlich einmal mit Ihnen messen."

„Entschuldigen Sie mich", antwortete Stachowitsch, „Sie wissen, ich würde mich nicht gern mit Ihnen schlagen."

„Aber warum? Seien Sie doch vernünftig. Haben Sie Furcht, daß ich Sie totsteche?"

„Nein, mein lieber Baron. Ich habe nicht die ge= ringste Furcht vor Ihnen; aber ich ziehe vor, Ihnen nicht gegenüber zu stehen."

Der Baron Mofferat, ein eleganter und hübscher junger Mann, stellte sich Stachowitsch gegenüber und sagte scherzend:

„Stachowitsch, Sie haben Furcht vor meiner Klinge! Ich habe mich aber darauf erpicht, mich mit Ihnen zu messen, und wenn Sie mir das Vergnügen versagen dies hier im Fechtsaal zu thun. so fühle ich mich dadurch be= leidigt und dringe darauf, daß Sie mir die Ehre erweisen, mir auf der Mensur entgegenzutreten."

„Das verhüte Gott!" antwortete Stachowitsch. „Bitte, scherzen Sie nicht in der Weise. Sie machen sich keine Idee, wie weh Sie mir thun."

Mofferat und ich sahen uns erstaunt an. Stachowitsch war bleich geworden.

„Nichts für ungut", sagte Mofferat und nahm die Hand des Russen, die er herzhaft drückte. „Sie sind mir ein werter Freund, und ich beabsichtige durchaus nicht, eines Mißverständnisses, eines Scherzes oder einer Laune wegen mir von Ihnen das Leben nehmen zu lassen oder Ihnen ein Leid zuzufügen. — Aber thun Sie mir einen Gefallen: bekennen Sie, weshalb Sie sich gerade mit mir nicht schlagen wollen?"

„Nehmen Sie es mir nicht übel. — Ich kann es nicht. Ich habe eine Ahnung, daß ein Unglück geschehen muß, wenn ich Ihnen jemals feindlich gegenüber stehen sollte. — Geben Sie mir noch einmal Ihre Hand. Seien Sie mir nicht böse."

„Hier ist meine Hand; aber Sie sind das größte Original, das mir frei umherwandelnd in den Weg gelaufen ist."

Stachowitsch, der eine große Zuneigung zu mir gefaßt zu haben schien und mir vieles anvertraute, vermied in auffälliger Weise, als wir nach dieser Unterredung zusammen nach Hause gingen, auf den Vorfall zurückzukommen. Ich bemerkte seine Bemühungen und kam ihm gern zur Hilfe, indem ich jede Anspielung auf den Auftritt, dessen Zeuge ich gewesen war, vermied. Wir hatten übrigens seit einiger Zeit von weit wichtigeren Sachen zu sprechen. — Ich wußte wohl, weshalb Stachowitsch sich zu mir hin= gezogen fühlte, weshalb ich in kurzer Zeit der vertrauteste seiner Pariser Freunde geworden war. — Ich war der einzige, mit dem er von Marie von Massieux sprechen konnte.

Die Stachowitsch'sche Theorie von der „kleinen Welt"
hatte sich wieder einmal glänzend bewährt. Es hatte sich
nämlich, unmittelbar nach dem Tode der Frau von Massieux,
herausgestellt, daß die Gräfin Villiers, eine in Frankreich
verheiratete, ältere Schwester meines neuen russischen
Freundes, die Baronin von Massieux sehr gut gekannt
hatte, und ferner, daß der Freiherr von Mosserat, den
Stachowitsch, wenn er in Paris war, fast täglich sah, mit
der Familie Massieux in verwandtschaftlicher und freund=
schaftlicher Verbindung stand. Marie von Massieux lebte
jetzt bei ihrer Tante, einer Frau von Mauny, und diese
wohnte im Faubourg St. Honoré mit der Gräfin Villiers
in demselben Hause. Stachowitsch triumphirte, als er
diese Entdeckungen machte, und wiederholte mir wohl ein
Dutzend Male: „Sehen Sie, wie recht ich hatte. — O, die
wunderbar kleine, kleine Welt!"

Stachowitsch, der seine Schwester häufig besuchte, hatte
eines Tages Fräulein von Massieux bei ihr angetroffen.
Er war dem jungen Mädchen vorgestellt worden und hatte
ihr zunächst ein gewissermaßen unheimliches Interesse
eingeflößt, nachdem sie in Erfahrung gebracht, daß
Stachowitsch der Mann gewesen sei, an den der Mörder
ihrer Mutter die letzten Worte vor seinem Tode gerichtet
hatte. Stachowitsch hatte ihr mehrere Male erzählen
müssen, was in dem Eisenbahnwagen zwischen Verton und
St. Denis vorgegangen sei.

„Weshalb sahen Sie den Mann an?" fragte sie.
„Ahnten Sie, daß er ein Mörder sei?"

„Nein. Aber sein Gesicht war eigentümlich, furchtbar.
Neugierde und Schrecken machten es mich anstarren . . .

Er hatte weiße, tote Augen .... weiße Augen." Stacho=
witsch schauderte zusammen.

„Weiße Augen?" wiederholte Marie verwundert. „Ich
verstehe Sie nicht. Ich habe Béchouard lebend gekannt.
Er hatte hellgraue, heimtückische Augen. Ich sehe sie in
diesem Augenblick vor mir."

Stachowitsch antwortete darauf nicht und bemühte sich,
das Gespräch abzubrechen. Marie, die sich bereits an seine
Wunderlichkeiten gewöhnt hatte, und der er von der Gräfin
Villiers sowie auch von ihrer Tante, Frau von Maunh,
als ein Sonderling, aber gleichzeitig als ein vorzüglicher,
liebenswürdiger Mensch geschildert war, bestand nicht da=
rauf, die Unterhaltung über den Gegenstand fortzusetzen,
und diese nahm eine andere Wendung.

Bald darauf trat der Freiherr von Mofferat in das
Zimmer. Er warf einen nicht gerade freundlichen Blick
auf Stachowitsch, begrüßte Marie und setzte sich darauf
zu seiner Tante, Frau von Maunh, in deren Salon
Stachowitsch und Mofferat sich seit einigen Wochen täglich
begegneten. Stachowitsch, dem die Stunden schnell dahin=
flogen, wenn er ungestört in Mariens Gesellschaft war,
sah nun nach der Uhr und bemerkte, daß er seinen
Besuch bereits über Gebühr ausgedehnt habe. Er nahm
seinen Hut und empfahl sich. Von Frau von Maunh
begab er sich dann zu mir, und ich mußte nun zum
hundertsten Male die noch unvollendete Geschicht seiner
Liebe zu Marie von Massieux hören. Ich war ihm ein
wohlwollender und ermutigender, wenn auch nicht immer
ein aufmerksamer Zuhörer; — und deshalb war ich
sein vertrauter Freund geworden, und deshalb wurde

er nie müde, sich bei mir Rat und Aufklärung zu holen.

„Werden Sie nicht ungeduldig", sagte ich ihm, „oder wenn Ihre Geduld bereits zu Ende ist, nun, so fassen Sie Mut und wagen Sie einen entscheidenden Schritt! Sie können doch nicht erwarten, daß Fräulein von Massieux Ihnen ihre Liebe erklärt. Sie müssen dem jungen Mädchen zuerst sagen, daß Sie sie lieben, und dann um Bescheid bitten. Sie werden eine günstige Antwort bekommen. Verlassen Sie sich darauf. Nach allem, was Ihre Frau Schwester Ihnen mitgeteilt hat, können Sie sicher sein, daß Frau von Mauny Ihnen ihre Einwilligung nicht versagen wird; sie wird Ihnen im Gegenteil bei Ihrer Bewerbung um die Hand ihrer Nichte gern behilflich sein. Ich selbst habe darüber keinen Zweifel. Die kluge alte Dame würde sicherlich nicht ruhig mit ansehen, daß Sie sich stundenlang mit dem jungen Mädchen unterhalten, wenn sie nicht überzeugt wäre, daß diese Unterhaltungen schließlich zu einem Heiratsantrage führen werden. Die Tante ist Ihre Verbündete. Das ist eine hohe Trumpfkarte in Ihrem Spiel. — Ihren Nebenbuhler, den Baron von Mofferat, brauchen Sie, nach meiner Überzeugung, nicht zu fürchten. Er ist ein eleganter Kavalier, in den sich ein junges Mädchen, das sich allein überlassen wäre, wohl verlieben könnte; aber wenn ich mich nicht ganz und gar irre, so ist er nicht ein Mann nach dem poetischen Herzen Ihrer jungen Geliebten. Ich habe bemerkt, daß sie seinen Erzählungen nur wenig Aufmerksamkeit schenkt, daß sie wohl mit ihm scherzt und lacht, aber sich niemals in philosophische Unterhaltungen mit ihm einläßt, die,

komischer Weise, die Grundlage des Gesprächs zwischen
jungen Leuten bilden, die sich in einander verlieben wollen,
oder die bereits in einander verliebt sind. — Mofferat
erzählt seiner hübschen Base allerhand drollige Geschichtchen,
die ihr die Zeit ganz angenehm vertreiben, aber die sie
ebenso gern, vielleicht noch lieber im „Figaro" lesen würde,
wenn die strenge Tante ihrer Nichte die Lektüre eines so
unmoralischen Blattes gestatten wollte. Während Mofferat
spricht, lacht Fräulein Marie oft, und sie lacht herzlich
und aufrichtig. Ein Mann aber, der ein junges Mädchen
viel lachen macht, ist kein gefährlicher Mann, wenigstens
nicht für das junge Mädchen. Bei jungen Leuten zeigt
sich die Liebe nicht lächelnd. Dort ist sie eine sentimentale
Komödie, die mit großem Ernste durchgespielt sein will, und
die für den älteren, wohlwollenden Zuschauer, etwas un-
gemein rührend Komisches hat. — Fräulein von Maffieux
spricht mit Ihnen von ihrer Vorliebe für Blumen, Lamar-
tinesche Poesie, Chopinsche Musik und Promenaden bei
herrlichem Mondschein unter den alten Bäumen im großen
Park von Maffieux. Sie empfehlen ihr gute Bücher an,
lesen ihr daraus vor, zeigen ihr den Orion, die Wage,
die Plejaden, die Cassiopeja und andere Sternbilder, die
ihr, der Mindergebildeten, noch nicht bekannt sind, und
deren Dasein sie nun mit Achtung vor Ihrer unbegrenzten
Gelehrsamkeit kennen lernt. Sie geben ihr Unterricht in
den Grundzügen der Geologie, die sie auf das lebhafteste
interessiren, obgleich sie ihr vollständig unverständlich bleiben,
erklären ihr den Faust, die IX. Symphonie und Schopen-
hauers Philosophie. — Das ist normal, das muß so sein!
Sie sind eben in Fräulein von Maffieux in der guten,

alten, schwärmerischen Weise verliebt, in der ein junger
Mann sich verlieben muß, und welche die Geliebte Ihres
Herzens tödlich langweilen würde, wenn sie nicht ebenfalls
bereits in Ihnen, unbewußt vielleicht, den würdigen Gegen=
stand ihrer jungfräulichen Liebe erblickte. Also Mut, junger
Freund! Alles geht nach Wunsch. Halten Sie morgen
nachmittag um Fräulein Mariens Hand an, und ich bin
überzeugt, daß ich Sie morgen abend als verlobten Bräu=
tigam begrüßen werde."

Stachowitsch hörte diesen und ähnlichen längeren Vor=
lesungen mit schmeichelhafter Aufmerksamkeit und voll=
ständiger Unterordnung seines Urteils unter dem meinigen
zu; aber meinen Rat, um Mariens Hand anzuhalten,
befolgte er dessenungeachtet nicht. — Er hatte irgend etwas
auf dem Herzen, was er mir nicht anvertrauen wollte und
was ihn verhinderte, der Ungewißheit, die ihn peinigte, ein
Ende zu machen.

Eines Abends, als er wieder in meinem Zimmer saß,
fragte er mich nach einer längeren Pause plötzlich: „Glau=
ben Sie, daß ein Mann, der weiß, daß er nicht alt werden
kann, das Recht hat, sich zu verheiraten?"

Ich bog mich in dem Sessel, auf dem ich saß zurück
und musterte meinen jungen Freund aufmerksamen Blickes.
Ich fand ihn abgezehrt, elend aussehend, seine Augen
wanderten unstät von einem Gegenstand zum andern.

„Stachowitsch, schämen Sie sich nicht?" sagte ich mit
väterlichem Ernste. „Sehen Sie mich einmal gerade an."

Er that es.

„Sie kann ich gern ansehen", sagte er. Sein Blick
war in der That ruhig und freundlich geworden. „Sie

erblicke ich wie einen alten, guten, ehrwürdigen Groß=
papa. Es macht mir Freude, Sie anzusehen."

„Nun", antwortete ich lächelnd, „da erweisen Sie mir
mehr Ehre, als ich von Ihnen beanspruche. Glücklicher=
weise bin ich noch nicht in dem Alter, Ihr Vater sein zu
können, geschweige denn Ihr Großpapa. Aber von mir
ist jetzt nicht die Rede, sondern von Ihnen. — Was?
Sie ein junger kräftiger Mensch, der es den meisten
seiner Altersgenossen in allen körperlichen Übungen zuvor=
thut, Sie machen sich Todesgedanken? Das heißt die Sen=
timentalität etwas zu weit treiben! Das entschuldigt Ihre
Liebe nicht einmal. Woran wollen Sie denn eines in=
teressanten frühen Todes sterben? Thut Ihnen das Herz
weh? Haben Sie Brustschmerzen? Denn ich vermute,
etwas Prosaischeres als Herzleiden oder Schwindsucht
würde Ihnen verächtlich erscheinen. Worüber klagen Sie?
Was fehlt Ihnen?"

„Mir fehlt nichts."

„Weshalb richten Sie dann die sonderbare Frage an
mich, ob ein zu frühem Tode verurteilter Mann sich ver=
heiraten dürfe?"

„Ich bin ein elender Mensch. — Niemand ahnt, wie
furchtbar unglücklich ich bin." Er sprach dies mit ton=
loser Stimme und starrte dabei unbeweglich in das hell=
flackernde Kaminfeuer. Ich sah stille große Thränen die
hohlen Wangen hinuntergleiten.

Ich stand auf und legte freundlich beschwichtigend
meine Hände auf seine Schultern.

„Ich will Ihnen einen Rat geben", sagte ich, „Sie
bilden sich ein, krank zu sein. Der Fall ist nicht neu in

der Geschichte der Medicin und ist nicht unheilbar. Gehen Sie zu einem tüchtigen Arzt."

Er schüttelte den Kopf.

„Thun Sie es mir zu Gefallen", fuhr ich fort.

„Es würde zu nichts nützen."

„Doch, es würde nützen, und ich verlange von Ihnen, daß Sie mir gehorchen. Sie haben mir Ihr Vertrauen geschenkt, und ich bin Ihr Freund. Dies legt mir Ver= pflichtungen auf, die ich gern erfülle; es giebt mir aber auch gewisse Rechte, denen ich nicht entsage. Ich hole Sie morgen um zwei Uhr ab und führe Sie zu einem mir befreundeten Arzte. Ich bestehe darauf, daß Sie mir folgen, oder daß Sie mir einen vernünftigen Grund für Ihre Weigerung angeben."

Er wandte sich zu mir und sagte sanft: „Ich will Ihnen gern folgen, lieber Freund, aber glauben Sie mir, es nützt zu nichts. Seien Sie mir nicht böse. Ich ver= diene es nicht. Ich bin ein unglücklicher Mensch."

Der Besuch bei dem mir befreundeten Arzte endete mit einem vollständig befriedigenden Ausspruch über Stacho= witschs Gesundheitszustand. Der Arzt stellte fest, daß der junge Mann eine ganz vorzügliche, starke Constitution habe, und daß die nervöse Aufregung, auf die ich aufmerksam gemacht hatte, ein wahrscheinlich leicht zu beseitigendes Übel sei. Er empfahl zunächst eine gewisse Diät, für später, im Sommer, eine Wasserkur an, und verabschiedete Stachowitsch mit den Worten: „Machen Sie sich keine Sorge: Sie können hundert Jahre alt werden."

Als wir wieder in der Straße waren, sah ich Stacho= witsch mit den Achseln zucken und traurig den Kopf schütteln.

„Nun", sagte ich, „sind Sie noch nicht zufrieden? Wollen Sie etwa hundert und fünfzig Jahre alt werden?"

„Ich wußte", antwortete er, „daß der Besuch beim Doktor nichts nützen werde."

In der That, seine Unruhe, seine Schwermut wichen nicht nur nicht, sondern wurden im Gegenteil täglich auf=fallender; und ich nahm mir vor, den Doktor noch einmal allein zu besuchen und mit ihm zu beraten, was zur Heilung meines kranken Freundes geschehen könne. Ein unerwarteter Zwischenfall vereitelte meine Absicht.

III.

Der Winter nahte seinem Ende. Es war im Monat März. Ich war durch verschiedene Einladungen mehr als gewöhnlich in Anspruch genommen worden und hatte zum ersten Male seit meiner Bekanntschaft mit Stachowitsch, diesen mehrere Tage lang nicht gesehen. Eines Abends gegen elf Uhr, als ich nach Hause gehen wollte, führte mich mein Weg an seiner Wohnung vorüber. Ich blickte auf und sah die Fenster seines Zimmers erleuchtet. Ich klingelte, trat in das Haus und erfuhr vom Portier, daß Herr Stachowitsch nicht ausgegangen sei.

Ich fand ihn schreibend.

„Sie kommen wie gerufen", sagte er sich schnell erhebend und mir entgegengehend. „Ich habe Sie um einen Freundschaftsdienst zu bitten." Darauf nötigte er mich zum Sitzen und nahm mir gegenüber Platz. Ich bemerkte auf den ersten Blick, daß er sich in außerordentlicher und peinlicher Aufregung befinde.

„Was ist vorgefallen?" fragte ich.

Stachowitsch erhob sich und ging einige Male schnell im Zimmer auf und ab. Dann blieb er vor mir stehen und fragte mich:

„Halten Sie mich für einen Feigling?"

„Nein, sicher nicht!" antwortete ich. „Aber was soll diese Frage bedeuten?"

„Ich bin beleidigt worden . . . und kann mich nicht schlagen."

„Hm", antwortete ich etwas gedehnt, „es giebt Leute, die sich grundsätzlich nicht schlagen. Das ist eine Gewissensfrage, vielleicht auch nur eine Geschmacksache; darüber läßt sich nicht streiten . . ."

„Sie verstehen mich falsch", unterbrach mich Stachowitsch. „Ich habe bereits mehrere Duelle in meinem Leben gehabt . . . aber ich bin von Mofferat beleidigt worden . . ."

Er stockte. „Nun", fragte ich, „was hat das zu bedeuten? ob von Mofferat oder von einem andern?"

„Ich kann mich mit Mofferat nicht schlagen."

„Weshalb nicht?"

„Ich kann es nicht . . . ich darf es nicht!"

Er sprach laut, mit großer Heftigkeit.

„Lieber Stachowitsch", sagte ich ruhig, „ich stehe gern zu Ihren Diensten, unter der Bedingung jedoch, daß es Ihnen gefallen möge, mir klar zu machen, wie ich Ihnen nützlich sein kann. Ich verstehe Sie nicht. Sie sprechen in Rätseln. — Was ist vorgefallen?"

„Ich bin von Mofferat beleidigt worden."

„So sagten Sie mir bereits zwei Male."

„Ich habe ein Recht, Genugthuung zu verlangen."

„Darüber werden wir uns verständigen, sobald Sie mich etwas mehr in die Sache eingeweiht haben. Mofferat gilt für einen Ehrenmann, der Ihnen keine Genugthuung verweigern wird."

„Aber ich kann mich nicht mit ihm schlagen."

Ich war nahe daran, die Geduld zu verlieren und er=
hob mich. „Ich werde morgen früh um neun Uhr zu
Ihnen kommen", sagte ich, „bis dahin werden Sie sich
hoffentlich genügend beruhigt haben, um wie ein vernünf=
tiger Mensch mit mir zu sprechen. Gute Nacht!"

„Nein, bleiben Sie! Verlassen Sie mich nicht! Ich weiß
nicht, was ich anfangen soll, wenn Sie mir nicht beistehen."

„Sehr wohl. Ich bleibe. Seien Sie ruhig. Geben
Sie mir Feuer. Stecken Sie sich eine Cigarette an.
— So. — Nun sagen Sie mir, weshalb Sie sich nicht
mit Mofferat schlagen können."

Er sah mich lange starr an. Seine weitgeöffneten
Augen nahmen einen Ausdruck des Entsetzens an.

„Weil ich nicht sein Mörder werden will", antwortete
er endlich langsam, jedes Wort fest betonend.

„Sie werden immer unverständlicher."

„Weil ich sicher bin, Mofferat zu töten, wenn ich mich
mit ihm schlage."

Ich zuckte die Achseln und gab deutliche Zeichen von
Ungeduld.

„Lassen wir das für den Augenblick", sagte ich ziem=
lich übler Laune. „Wir können davon später sprechen.
Aber zunächst erklären Sie mir, was vorgefallen ist. Ehe
ich das nicht weiß, ist es mir schlechterdings unmöglich,
irgend etwas für Sie zu thun."

Die Geschichte, die mir Stachowitsch nun endlich er=
zählte, war kurz und durchaus nicht verwickelt. Seit
längerer Zeit bereits war das alte freundschaftliche Ver=
hältnis zwischen ihm und Mofferat abgebrochen worden.
Die beiden jungen Leute waren gegenseitig auf einander

eiferſüchtig und beobachteten ſich, wenn ſie bei Frau von
Mauny mit einander zuſammentrafen, mit ſchwer zu ver=
bergendem Übelwollen. — Vor einigen Wochen hatte
Mofferat um die Hand von Fräulein von Maſſieux ange=
halten; ſein Antrag war von dem jungen Mädchen wie
etwas gänzlich Unerwartetes mit Erſtaunen und auf das
entſchiedenſte abgewieſen worden. Seitdem hatte Mofferat
das Haus ſeiner Tante gemieden, aber er hatte Stacho=
witſch doch nicht ganz aus den Augen verloren. Er traf
mit ihm nach wie vor, häufig im Klub zuſammen. Die
beiden begrüßten ſich zwar noch, aber ſeit geraumer Zeit
wechſelten ſie kein Wort mehr mit einander. Vor einigen
Stunden, im Fechtſaal des Klubs, hatte Mofferat ſeinen
ehemaligen Freund plötzlich angeredet und ihn gefragt, ob
er einen Gang mit ihm machen wollte. Stachowitſch hatte
dies, wie bei früheren Gelegenheiten, abgelehnt.

„Ich bin mir bewußt, mit ausgeſuchter Höflichkeit ge=
ſprochen zu haben“, — erzählte er weiter — „denn die
Abſicht, Streit mit Mofferat zu ſuchen, lag mir fern;
aber dieſer hatte es darauf abgeſehen, mit mir anzubinden.
Er antwortete mir gereizt, beinahe unhöflich, und als ver=
ſchiedene andere Mitglieder des Klubs, die dem Auftritt
beiwohnten, ihn beſchwichtigen wollten, ihm geradezu ſagten,
daß er im Unrecht ſei, da Jedermann im Klub meine
Sonderbarkeit in der Wahl meiner Gegner ſeit Jahren
als etwas vollſtändig Harmloſes dulde, wurde er nur noch
heftiger und zuletzt ſo beleidigend, daß ich mich gezwungen
ſah, ihn zu erſuchen, ſeine Worte zurückzunehmen. Er
lachte und ſagte, er denke gar nicht daran etwas Ähnliches
zu thun, und überlaſſe es mir, ſeine Worte einzuſtecken

oder dafür Rechenschaft von ihm zu fordern. — Alle An=
wesenden gaben ihm einstimmig unrecht. — Einige waren
über sein Betragen entrüstet und erklärten unumwunden,
daß man ein solches im Klub nicht dulden dürfe, daß
Mofferat mich um Verzeihung bitten oder seiner Aus=
stoßung gewärtig sein müsse; — aber das alles ändert
an meiner Lage nichts. Ich darf die Beleidigung, die
mir zugefügt ist, nicht auf mir sitzen lassen und muß
dafür Rechenschaft verlangen. — Raten Sie mir, stehen
Sie mir bei."

Ich antwortete zunächst, daß ich den Versuch machen
werde, die Sache beizulegen. „Mofferat wird morgen
früh wohl wieder zur Vernunft gekommen sein", meinte ich.
„Ich werde ihm klar machen, daß er seinen Ruf, seine
ganze Stellung bloßstellt, wenn er das Ihnen mutwillig
zugefügte Unrecht nicht wieder gut macht. Machen Sie
sich nicht vor der Zeit Sorgen, die Sache wird sich wahr=
scheinlich auf friedlichem Wege regeln lassen; jedenfalls
übernehme ich es, Ihnen volle Genugthuung zu verschaffen."

Ich begab mich am nächsten Morgen in aller Frühe
zu Mofferat. Er erwartete meinen Besuch und gab mir,
sobald ich den Zweck desselben angedeutet hatte, die Adresse
zweier seiner Freunde, die er, wie er sagte, beauftragt
habe, die Angelegenheit in seinem Namen in Ordnung zu
bringen. Ich versuchte, Mofferat zu bedeuten, daß die
Sache wohl am leichtesten zwischen ihm und mir geordnet
werden könne und bat ihn, sie mit mir zu besprechen; er
entgegnete mir aber ziemlich kurz angebunden, daß ihn
die ganze Geschichte vorläufig nichts mehr angehe, und
daß er vorzöge, sie ihren regelmäßigen Gang nehmen zu

laſſen. Ich zog mich übler Laune von ihm zurück und ging ſchnurſtracks zu ſeinen Sekundanten.

Mofferat hatte Sorge getragen, mich mit zwei blut-jungen Leuten in Verbindung zu ſetzen, die die ganze Sache wie einen guten Spaß betrachteten und keinesweges geneigt waren, ſich denſelben entgehen zu laſſen. Meine Vor-ſtellungen fanden kein Gehör bei ihnen. — „Aber, ver-ehrteſter Herr", wurde mir geantwortet, „ſo laſſen Sie doch die beiden Herren ſich ſchlagen, wenn es ihnen Vergnügen bereitet. Wozu Verſöhnungsverſuche machen? Mofferat iſt feſt entſchloſſen, ſich nicht zu entſchuldigen. Er hat es uns auf das beſtimmteſte erklärt. Er muß am beſten wiſſen, was er zu thun hat. Er hat uns gebeten, ſeine Zeugen zu ſein; wir haben uns dazu bereit erklärt. Wenn Ihr Freund, Graf Stachowitſch alſo darauf beſteht, Genug-thuung von Mofferat zu verlangen, ſo bleibt nichts mehr zu thun übrig, als die Bedingungen, unter denen das Duell ſtattfinden ſoll, feſtzuſtellen. Wir ſtehen zu Ihrer Ver-fügung."

Ich verabredete darauf eine neue Zuſammenkunft mit den beiden jungen Leuten und ging von ihrer Wohnung zu Stachowitſch, um dieſem Rechenſchaft von dem, was ich gethan hatte, abzulegen.

„Ich wußte im voraus, daß Sie nichts erreichen würden", — ſagte er mir, als ich ihm Bericht erſtattet hatte. — „die Art und Weiſe, wie Mofferat ſich mir gegenüber benommen hat, zeigte mir deutlich, daß er Streit mit mir ſuchte. Ich habe gethan, was in meinen Kräften ſtand, um das Duell zu vermeiden. Ich waſche meine Hände in Unſchuld. Sein Blut komme über ihn!"

Stachowitsch sprach ruhig und gesetzt, aber mit einem Ernste, den man bei solchen Gelegenheiten, wenn man ihn auch fühlen mag, doch nur selten zur Schau trägt.

„Es scheint mir, daß Sie die Sache zu tragisch nehmen", sagte ich. „Es handelt sich am Ende doch nur um eine ganz alltägliche Geschichte. Sie sind von einem ungezogenen Menschen beleidigt worden und haben von ihm Genugthuung verlangt, die er Ihnen gewährt. Ein bißchen Blut wird bei der Gelegenheit wohl vergossen werden. Sie scheinen sicher zu sein, daß es das Ihres Gegners sein wird. Ich wünsche es von ganzem Herzen. Jedenfalls haben Sie das gute Recht auf Ihrer Seite. Also kaltes Blut!"

Das Duell fand schon am nächsten Morgen, bei Tages= grauen, im Bois de Vincennes statt. Ich hatte am Abend vorher einige Befürchtung gehegt, daß Stachowitsch sich auf der Mensur nicht so gut benehmen würde wie ich dies gewünscht hätte, da er sich in meiner Gegenwart nicht einmal Mühe gab, die große Unruhe, die ihn quälte, zu verbergen. Auf der Fahrt von der Avenue Friedland nach dem Bois de Vincennes überzeugte er mich jedoch, daß meine Befürchtung unbegründet war.

„Sie scheinen anzunehmen", — sagte er — „daß es mir an persönlichem Mute fehle. Machen Sie sich darüber keine Sorgen, lieber Freund. Ich fürchte nichts für mich. Ich weiß, was mir zu thun übrig bleibt, und werde Ihrer Freundschaft keine Schande zu machen."

Stachowitschs Haltung während des Duells war in der That tadellos: ernst, besonnen, würdig. Als er den Rock und die Weste abgeworfen, das Halstuch gelöst und das Hemd oben am Kragen aufgeknöpft hatte und nun, mit

dem Degen in der Hand, seinem Gegner in edler, männlicher
Haltung gegenüberstand, bemerkte ich, daß er niemals so
elegant, ja so schön, möchte ich sagen, ausgesehen habe
wie in diesem Augenblicke. Mofferat griff ihn mit großer
Heftigkeit an. Stachowitsch begnügte sich lange Zeit damit,
einfach zu pariren. Nach und nach erwärmte er sich bei
der Arbeit und ging zum Angriff über. Mehrere Male
schien es mir, als sähe ich die Spitze seines Degens auf
Mofferats Brust; aber der Kampf dauerte lange Zeit ohne
Ergebnis fort. Plötzlich trat Stachowitsch einen Schritt
zurück und ließ den Degen sinken. Wir eilten auf ihn zu.
Er hatte einen tiefen Stich in den Vorderarm erhalten,
der die Fortsetzung des Kampfes unmöglich machte. Mofferat
sah unzufrieden aus. Er wandte sich mürrisch ab und
bereitete sich langsam zum Fortgehen vor. Seine Zeugen
fragten mit großer Höflichkeit, ob sie von irgend welchem
Nutzen sein könnten, und auf meine verneinende Antwort
zogen sie sich, wie sie gekommen waren, artig grüßend,
mit Mofferat zurück.

Der Ausdruck im Gesichte Stachowitschs ist mir unvergeß=
lich geblieben Es war durch Freude gewissermaßen verklärt.

„Gott sei Dank!" sagte er mit tiefer Inbrunst, „daß
die Sache dies Ende genommen hat. Sie wissen nicht,
nein, Sie können nicht wissen, welch' ungeheure Last mir
vom Herzen genommen ist."

„Es wäre mir viel lieber, und es wäre mehr in
Ordnung gewesen", antwortete ich, „wenn Sie dem un=
liebenswürdigen Freiherrn eins versetzt hätten. — Aber
das ist Ihre Sache; und wenn Sie zufrieden sind, so will
ich nicht klagen."

Die Wunde war inzwischen von dem Doctor, der uns begleitet hatte, verbunden worden, und wenige Minuten darauf saßen wir wieder im Wagen und rollten der Avenue Friedland zu.

Während der Fahrt war Stachowitsch von ausgelassener Lustigkeit. Von Zeit zu Zeit versank er in tiefes Nachdenken. Die Gedanken, die ihn beschäftigten, schienen angenehmster Natur zu sein, denn ein zufriedenes, ruhiges Lächeln, wie ich es noch gar nicht bei ihm gesehen hatte, lagerte sich dabei über seine Züge.

„Es ist mir, als sei ich aus einem bösen Traume erwacht", sagte er. — „Also alles war nur eitles Gebilde meiner Phantasie! Und nun bin ich bei Sinnen, bin ein Mensch wie andere, darf wie diese hoffen, glücklich zu werden . . . Heute noch halte ich um Mariens Hand an. Sie wird mir nicht verweigert werden. Jetzt bin ich nicht mehr mißtrauisch, jetzt hoffe ich alles Gute. — Auf heute Abend, lieber Freund! Gratuliren Sie mir. Ich bin ein glücklicher Mensch!"

„Ein sonderbarer Kauz bist du", dachte ich; aber ich hatte nicht die Absicht, seine Freude zu trüben und sagte ihm: „Auf Wiedersehen!" nachdem ich ihn wohlbehalten bis vor seine Thüre geleitet hatte.

IV.

Stachowitsch war der verlobte Bräutigam von Marie
von Massieux und schien überglücklich. Er war wie um=
gewandelt. Seine alte Schwermut, deren Grund mir ein
Geheimnis geblieben war, hatte einer lauten, ausgelassenen
Freude Platz gemacht. Ich konnte nicht umhin, mich da=
rüber etwas zu wundern. Stachowitsch hatte, meiner
Meinung nach, kein außerordentlich hoch gestecktes Ziel
erreicht, und sein Jubel über den von ihm errungenen
Erfolg erschien mir übertrieben. Marie von Massieux
war in der That ein hübsches, gutes Mädchen; und da
sich Stachowitsch nun einmal in sie verliebt hatte, so ver=
gönnte ich ihm gern, des Glückes, sich von der Geliebten
wiedergeliebt zu wissen, froh zu sein; aber mir sowohl wie
allen, die Stachowitsch und seine Braut kannten, war
es seit Monaten klar gewesen, daß das junge Mädchen
nur gefragt zu sein verlangte, um zu dem Antrage, ob
sie Gräfin Stachowitsch werden wolle, „ja“ zu sagen.
Es wunderte mich, daß mein Freund, dem es sonst an
Scharfblick und Menschenkenntnis durchaus nicht fehlte, sich
so hatte täuschen können, um nun durch die erlangte Zu=
stimmung vollständig überrascht zu erscheinen.

„Ich bin der glücklichste Mensch von der Welt“, sagte er mir wohl zwanzig Mal, und ich konnte darauf nur antworten: „Das freut mich; aber ich glaube, es hätte nur von Ihnen abgehangen, vor mehreren Monaten schon ein so beneidenswerter Sterblicher zu werden.“

Stachowitsch sah mich, als ich dies sagte, an, als ob er mir etwas anvertrauen wolle; er besann sich jedoch eines andern und schwieg, und ich verließ ihn, ohne über sein neues Glück aufgeklärter zu sein als über sein altes Unglück.

Mofferat war seit dem Duell von Paris verschwunden. Ich erfuhr zufälligerweise, daß er eine Reise nach Griechen= land unternommen habe.

Ich wünsche ihm alles nur denkbar Gute“, sagte Stacho= witsch, als ich ihm von seinem abwesenden Gegner und besiegten Nebenbuhler sprach, „denn ich verdanke ihm all' mein Glück.“

„Es gefällt Ihnen wieder einmal, in Rätseln zu sprechen“, entgegnete ich. „Was hat Mofferat mit Ihrem Glücke zu thun gehabt?“

Stachowitsch nickte darauf geheimnisvoll lächelnd, als wolle er sagen: „Das weiß ich allein; aber verlassen Sie sich darauf, daß ich recht habe“, — und die Unterredung endete, wie viele ähnliche Unterredungen mit Stachowitsch geendet hatten: d. h. ich fragte mich als ich ihn verlassen hatte, ob es mit seinem Verstande auch wohl ganz richtig sei.

Ich mußte mir dieselbe Frage wenige Tage später von neuem stellen. — Ich begab mich nämlich eines Abends gegen zehn Uhr zu Stachowitsch, um ihn abzuholen. Wir hatten uns vorgenommen, zusammen zu seiner Schwester, der Gräfin

Villiers, zu gehen. Stachowitschs Diener öffnete mir die
Thür und ließ mich sodann, da ich ein häufiger Gast
war, unangemeldet in den Salon treten. Er war leer.
Ich durchschritt das mit einem dicken Teppich belegte Gemach
geräuschlos und wollte soeben durch die offene Thüre schreiten,
die in das Schlafzimmer führte, als ich auf der Schwelle
wie gebannt stehen blieb.

Auf dem Kamin, über dem sich ein großer Spiegel
erhob, brannten zwei Lampen, die helles Licht verbreiteten,
und vor dem Spiegel stand, ganz wunderliche Grimassen
schneidend, mein armer Freund Boris Stachowitsch. Er
blickte sich starr, ängstlich forschend, an. Es war derselbe
Blick, den er im Eisenbahnwagen auf den Mörder Béchouard
geworfen hatte. Dann trat er einige Schritte zurück, so
daß sein Spiegelbild etwas undeutlicher wurde. Er blinzelte
dabei mit den Augen und zog die Mundwinkel nach unten,
wie jemand, der seinem Gesichte einen alten grämlichen
Ausdruck geben will. Aber der frische Mund mit den
roten Lippen blieb der eines jungen Mannes. Darauf
näherte er sich dem Spiegel wieder und ich sah zu meinem
größten Erstaunen, daß er sich mit einer kleinen Stange
Kohlenstift Falten auf die Stirn und um die Mundwinkel
zeichnete. Dann betrachtete er sich wieder aufmerksam,
ängstlich. — Mir wurde ganz unheimlich zu Mute. Ich
zog mich auf den Fußspitzen bis zur Eingangsthüre des
Salons zurück und, nachdem ich mich dort einen Augen=
blick gesammelt hatte, rüttelte ich laut an der Klinke,
öffnete die Thür, schlug sie dann wieder zu und rief von
dem Platze aus, auf dem ich stand, Stachowitsch bei seinem
Namen.

„Eine Sekunde, lieber Freund", antwortete er mit ruhiger Stimme. „Ich stehe sofort zu Ihren Diensten. Nehmen Sie ein Buch."

Er schloß die Thüre des Schlafzimmers, ließ mich einige Minuten allein und gesellte sich sodann mit dem= selben zufriedenen Gesichte, das er seit seiner Verlobung zeigte, zu mir.

Mir brannte es auf der Zunge, ihn um Aufklärung über sein sonderbares Gebaren zu bitten; aber eine gewisse Scheu, mich in ein Geheimnis zu drängen, das er mir verbergen wollte, legte mir Schweigen auf.

An der Ecke der Avenue Friedland und des Faubourg St. Honoré nahmen wir eine Droschke.

„Das ist eine gute Nummer", sagte ich, den kleinen Zettel lesend, den mir der Kutscher beim Einsteigen über= geben hatte: Nr. 1881."

„Weshalb?" fragte Stachowitsch.

„Weil sie durch 9 teilbar ist."

Stachowitsch sah mich fragend an.

„Es ist eine Manie von mir", fuhr ich fort, „mir die Nummern der Droschken, in denen ich fahre oder die Nummern der Häuser, in die ich trete, genau anzusehen. Geht die Zahl 9 in diesen Nummern auf, so bin ich zu= frieden. Ergiebt die Totalsumme der einzelnen Zahlen dagegen 13, wie z. B. die Zahl 9112, so bin ich ver= drießlich. Ich besuche Freunde, die sich einer guten Haus= nummer erfreuen, lieber als solche, die eine schlechte haben. Es ist mir eine Beruhigung, durch Ihre Straße, die Avenue Friedland, zu gehen, weil es dort keine Nummer 13 gibt. Die Häuser folgen sich 11, 11bis, 15. — Ein

weiſer Mann, der Mann in 11bis! Ich kenne ihn nicht,
aber er gefällt mir."

Stachowitſch hörte mir mit dem allergrößten Ernſte zu.

„Glauben Sie wirklich an ſolche Sachen?" fragte er.

Ich wußte nicht, ob er ſcherzte, und antwortete ebenſo
ernſthaft, wie er geſprochen: „Natürlich glaube ich daran."

„Dann gehören Sie wahrſcheinlich auch zu den Leuten,
die vor dem Freitag Furcht haben, und z. B. an dieſem
Tage keine Reiſe antreten oder kein neues Geſchäft be=
ginnen wollen?"

„Nein", antwortete ich, als ob es ſich um eine ernſte
Frage gehandelt hätte, „das wäre Aberglauben. Aber
eine kleine harmloſe Gewohnheit, die man fortwährend
leicht befriedigen kann, trägt viel zum täglichen Vergnügen
bei. Ich habe mir deshalb die Zahlenmanie angeſchafft
und pflege ſie ſeit Jahren mit großer Beharrlichkeit."

„Geben Sie das auf", unterbrach mich Stachowitſch
mit einem Eifer, der mich lachen machte. — „Sie
ſpielen da ein geſährliches Spiel. Glauben Sie mir!
Ich ſpreche aus trauriger Erfahrung."

„Im Ernſte?"

„Im vollſten Ernſte."

„Nun, da kann ich Ihnen nur ebenſo ernſthaft er=
widern, daß Sie mir wieder einmal unverſtändlich ſind.
Welche Gefahr kann mir oder einem Mitmenſchen daraus
erwachſen, daß ich Droſchke 999 der Droſchke 13 vorziehe,
und lieber in einem Hauſe Nr. 18 als Nr. 49 wohne?"

„Jede Manie dieſer Art iſt gefährlich; — mania-
maniacus! Traurige Worte! Sobald Sie den Weg der
Vernunft verlaſſen, ſind Sie auf dem Wege zum Wahnſinn."

Ich wollte das Gespräch nicht weiter fortsetzen. Die Wendung, die es genommen hatte, kam mir lächerlich vor. Ich sagte: „Ja ja, da haben Sie in der That ganz recht", — die beste Antwort nach meiner Erfahrung, um einer unersprießlichen Unterhaltung ein Ende zu machen, — und wir sprachen darauf von etwas anderem. Ich war übrigens nicht mehr zum Scherzen aufgelegt. Ich konnte mich eines gewissen Unbehagens nicht erwehren, wenn ich meinen Freund von Wahnsinn sprechen hörte und an den Auftritt vor dem Spiegel dachte, dessen Zeuge ich soeben gewesen war.

Der peinliche Eindruck, den dieser Abend auf mich hervorgebracht, hatte sich übrigens bald wieder verwischt. Stachowitsch hatte seitdem nichts Absonderliches gethan, und ich war geneigt zu glauben, daß ich einer Spielerei beigewohnt hatte. — Es giebt Menschen, auf die das eigene Spiegelbild einen ganz eigentümlichen Einfluß ausübt, und die angesichts desselben allerlei Thorheiten zu begehen im stande sind. Ich erinnerte mich, Leute gesehen zu haben, die sich im Spiegel zulächelten oder zunickten, die vor demselben schmachtende, zornige, traurige, entrüstete Mienen annahmen. — Stachowitsch war der größte Narr auf diesem Gebiete, der mir begegnet war. Das war alles, so meinte ich. Ich wollte der Sache keine Wichtigkeit beilegen und vergaß sie.

Die Verheiratung meines Freundes sollte am 3. Juni stattfinden. Wir waren nun in den letzten Tagen des Monats Mai. Die Abende waren lau und schön. Ich hatte die Gewohnheit angenommen, Stachowitsch, der häufig bei der Tante seiner Braut aß und von dort nach

dem Essen nach Hause ging, zwischen zehn und elf Uhr
abzuholen, um vor dem Schlafengehen einen Spaziergang
in den Champs Elysées mit ihm zu machen. — Eines
Abends, als ich zur gewöhnlichen Stunde bei ihm erschien,
teilte mir der Diener mit, sein Herr sei ausgegangen,
lasse mich aber inständigst bitten, auf ihn zu warten, da
er mich jedenfalls noch heute sprechen müsse. — Ich meinte,
es handele sich um die Ausführung irgend eines auf seine
nahe bevorstehende Hochzeit bezüglichen Auftrages, und da
ich nichts Besonderes zu thun hatte, so nahm ich ein Buch
vom Tische, warf mich in einen Sessel und begann zu
lesen. Das Zimmer war hell erleuchtet, die Fenster
standen offen, man konnte daraus die Bäume und Laternen
der Avenue Friedland sehen und sogar das laute Sprechen
einiger Vorübergehenden vernehmen. Alles um mich her
war so wenig unheimlich wie möglich, und ich befand
mich durchaus nicht in der Stimmung, um mich durch
irgend etwas Phantastisches aufregen oder beeinflussen
zu lassen. Aber plötzlich stieß ich einen Ausruf des
Schreckens aus. Vor mir stand, bleich wie der Tod,
zitternd, die Augen fieberhaft leuchtend, mein Freund Boris
Stachowitsch.

„Lesen Sie! Lesen Sie!" sagte er mit heiserer
Stimme, ohne mir Zeit zu geben, eine Frage an ihn zu
richten. Und er hielt mir eine zerknitterte Abendzeitung
vor die Augen.

Ich sah ihn anstatt des Blattes an.

„Was fehlt Ihnen, Stachowitsch?" rief ich.

„Lesen Sie!" wiederholte er, „Hatte ich recht? —
O! meine Ahnung!"

Ich nahm die Zeitung und las die Zeilen, auf die er mit zitternden Fingern wies. Es war ein kurzes Telegramm der Agence Havas. Es lautete wie folgt:

„Man meldet uns aus Athen, daß der Freiherr Gaston von Mofferat während eines kleinen Ausfluges in der Umgegend von Athen, von Banditen überfallen, ausgeplündert und ermordet worden ist. Die Identität der Leiche ist vom französischen Konsul festgestellt worden. Der Freiherr von Mofferat ist durch einen Stich in die Brust getötet worden. Die Polizei wendet alle ihr zur Verfügung stehenden Mittel an, um die Thäter dieses abscheulichen Verbrechens zu ermitteln."

„Das thut mir wirklich sehr leid", sagte ich. — „Der arme junge Mann!"

„Ich wußte, ich wußte, daß Mofferat durch einen Stich in die Brust sterben würde", unterbrach mich Stachowitsch.

Ich sah ihn erstaunt an. Ich mußte daran denken, daß Stachowitsch einen so entschiedenen Widerwillen ge= zeigt, sich mit Mofferat zu schlagen, daß er mir damals gesagt hatte, er wolle Mofferat nicht gegenüber stehen, weil er sicher sei, ihn zu töten. Die ganze Geschichte wurde mir etwas unheimlich. Aber ich sagte mir doch auch sofort wieder, daß es sich nur um ein absonderliches Zusammentreffen handeln könne, und daß es Stachowitsch gegenüber meine Pflicht als älterer und besonnener Freund sei, ihn zu beruhigen und den Versuch zu machen, ihm Aufklärung zu verschaffen. Ich drang deshalb in ihn, sich mir anzuvertrauen, und nach einiger Zeit gelang es mir, ihn zum Sprechen zu bringen. Er zeigte dabei große Aufregung: bald setzte er sich, dann sprang er wieder auf und lief unruhig im Zimmer auf und ab, er gesticulirte lebhaft, er sprach so laut, daß ich die Fenster schloß, da ich meinte, man müsse ihn von der Straße aus hören können. Auch sprach er nicht etwa in zusammenhängender, logischer Weise. Er sprang im Gegenteil von einem Gegenstand zum andern. Anfänglich war er mir unverständlich, nach und nach erst gelang es mir, den Faden seiner verwirrten Erzählung zu finden und ihm an diesem bis zu Ende zu folgen. — Viele seiner Worte sind mir im Gedächtnis geblieben; aber um seine Erzählung verständlich zu machen, muß ich sie hier so wiedergeben, wie sie sich mit der Zeit in meinem Geiste als ein Ganzes gestaltet hat.

V.

Dies ist die Geschichte meines Freundes Boris Stachowitsch:

„Ich saß eines Tages, während eines großen Fest=mahles, neben einem schönen jungen Mädchen. Ihre Glieder waren vom edelsten Ebenmaß. Ich erinnere mich nicht, jemals schönere Schultern, Arme, Hände, Füße gesehen zu haben. Sie hatte klare, kluge, große Augen, einen rosigen Mund. Die Augenbrauen waren so fein, so regelmäßig in ihren Linien, so vollendet schön, als hätte ein großer Künstler sie gezeichnet, die langen, dunkeln Wimpern verliehen den Augen, wenn sie den Blick niederschlug, einen wunderbaren Reiz. — Ich war von ihr wie bezaubert und unterhielt mich eifrig mit ihr. Sie lauschte mit sichtlichem Vergnügen und verstand es, immer zur rechten Zeit ein Wort zu sagen, das der Unter=haltung neues Leben, neuen Reiz verlieh. Manchmal sah sie mich schelmisch lächelnd, aufmunternd, dann wieder mit beinah feierlicher Aufmerksamkeit an, als präge sie sich jedes Wort, das ich ihr sagte, für immer ins Ge=dächtnis. Einigemale schlug sie den Blick träumerisch auf und saß regungslos, stumm da, als ob ihr Geist sie in himmlische Sphären hinübergetragen habe, dann senkten

sich die Augen ganz langsam wieder zur Erde und ver=
bargen sich hinter dem dichten Schleier ihrer dunkeln
Wimpern. — Nach Tische wurde sie von unsrer Wirtin
aufgefordert, sich an das Klavier zu setzen. Sie ließ sich
nicht nötigen und spielte mit der Unbefangenheit und
sichern Fertigkeit einer Künstlerin. Dann sang sie Sie
hatte eine prachtvolle, vorzüglich ausgebildete Stimme. —
Die Anwesenden umringten sie, beglückwünschten sie, be=
dankten sich für den Genuß, den sie ihnen bereitet hätte.
Sie hörte bescheiden lächelnd zu und hatte ein Wort
des Dankes für jedermann, der sie anredete. Ich verlor
sie nicht eine Sekunde aus den Augen. — Da sah ich,
wie sie sich plötzlich aus dem Kreise ihrer Bewunderer
entfernte und sich zögernden Schrittes einer ältern Dame
näherte, die dem Klavier gegenüber an der Wand des
großen Gemachs Platz genommen hatte, und um die sich
niemand sonderlich zu kümmern schien.

Das Gesicht dieser Frau, die ganze Erscheinung hatte
etwas mir Bekanntes; aber ich konnte mir nicht klar
machen, was dies sei. — „Wo habe ich diese Gestalt
doch schon einmal gesehen?“ fragte ich mich. Ich sah
sie aufmerksam an. Die Frau hatte ein mir unangenehmes,
fast widerliches Aeußere. Sie war nicht etwa häßlich.
Sie sah böse, kalt, grausam aus. Sie war groß und
hager. Sie trug ein dunkles, einfaches Kleid. Ihre
Hände, die in schwarzen, glänzenden Handschuhen steckten,
waren winzig klein. Das spärliche, aber noch nicht er=
graute Haar, war in schlichtester Weise geordnet. Ihre
Haut war von wächsener Farbe und spröde, vertrocknet
wie die einer Mumie. Die auffallend hellen blauen Augen

blickten aufmerksam, alles sehend, unheimlich klug aus tiefen Höhlen hervor. Die Lippen waren schmal, blutlos, fest zusammengepreßt. — „Hui!" sagte ich mir; „welch' ein abstoßendes Weibsbild! Die Frau hat gewiß ein steinernes Herz." — Jetzt hob sie die Augen auf und blickte sinnend nach der Decke. — „Ich kenne doch dies Gesicht! Wo habe ich es gesehen?" — Nun senkte sich der Blick wieder; die Augen wurden unsichtbar, schlossen sich wie zum Schlafe.

„Wer ist die Dame, mit der Fräulein Olga M... in diesem Augenblicke spricht?" Ich richtete diese Frage an einen ältern Herrn, einen Freund meiner Familie und des Hauses, in dem ich Gast war.

„Das ist die Mutter Ihrer Tischnachbarin, die Gräfin M..."

Ich war wie versteinert. „Ist es möglich!" rief ich aus, „daß ein so reizendes Mädchen eine so abscheuliche Kreatur zur Mutter haben kann?"

Mein Freund lächelte. „Ich habe die Gräfin als junges Mädchen gekannt", sagte er, „da nannten wir sie ‚die schöne Natalie‘. Sie war unvergleichlich schöner als Olga, ihre Tochter. Und so klug, so amüsant! Jeder junge Mann, der sich ihr näherte, wurde in ihre Netze verstrickt. Ich bin sterblich in sie verliebt gewesen. — Ja, Natalie verstand es zu sprechen, zu singen, zu spielen und zu liebäugeln. Ihr Vater, mein lieber Boris, war nahe daran, sich das Leben zu nehmen — vor seiner Verheiratung selbstverständlich — weil sie nichts von ihm wissen wollte. Ihre Frau Mutter kennt die Geschichte und hat meinen alten Freund oftmals darüber ausgelacht.

Er, ebensowenig wie ich, waren jedoch gut genug für das hochfahrende Mädchen. Sie hatte es auf den reichen M... abgesehen, und dieser mußte sie auch schließlich heiraten. Sie hat ihm in fünf Jahren drei Kinder geboren und ihn in sechs Jahren zu Tode geärgert. Von ihren Töchtern sind zwei gut unter die Haube gebracht. Die jüngste, Olga, ist noch zu haben. Wenn Sie meinem Rate folgen wollen, Boris, so bekümmern Sie sich nicht um sie. Olga gleicht ihrer Mutter, als diese achtzehn Jahre alt war: sie hat dasselbe Lächeln, sie weiß die Augen zu verdrehen, wie die Alte es verstand, sie ist ebenfalls sehr klug. Passen Sie auf! Sehen Sie doch! Dieselben hellen Augen bei Mutter und Tochter, derselbe Blick nach oben und unten, dieselben kleinen Hände und Füße, dieselbe Stirn, dieselbe lange Oberlippe. Bei der Mutter ist jetzt alles scharf und eckig, was bei der Tochter noch abgerundet schön ist. Aber lassen Sie die Zeit nur arbeiten. Sie wird an Ihrer Olga nagen, wie sie an meiner Natalie genagt hat, und in dreißig Jahren kann jene grade so aussehen wie diese heute. Experto crede Roberto! — Gute Nacht, Boris! Träumen Sie nicht von der schönen bezaubernden Olga, träumen Sie lieber von dem jungen Mädchen dort in Rosa, das ganz still und eingeschüchtert neben ihrem freundlich lächelnden, behäbigen Mütterchen sitzt. Sie hält sich mit ihren roten Händchen an dem Kleide der Mama fest, als fürchte sie, hier im Salon verloren zu gehen. — Olga kennt keine Furcht."

Ich zog mich in eine entlegene Ecke zurück, um über das Gehörte nachzudenken. Ich habe scharfe Augen, und

ich konnte Olgas Züge aus der Entfernung gerade ebenso
genau mustern, als ob sie noch neben mir gesessen hätte.
Ja, in der That, ich erkannte es jetzt deutlich: sie sah
ihrer Mutter sehr ähnlich; nicht etwa auf den ersten Blick,
aber sobald man ihre Züge im Geiste der Schönheit der
Jugend beraubte. Wie scharf, beängstigend konnten die
klugen Augen blicken! Wie streng erschien der Mund mit
den schmalen Lippen, sobald ich das Lächeln, das jetzt auf
demselben schwebte, davon verscheuchte. — „So wird also
die schöne Olga in dreißig Jahren aussehen", dachte ich
bei mir, indem ich auf die Mutter blickte. Mir schauderte
plötzlich vor dem Mädchen, das noch vor einer Stunde
meine Sinne berückt hatte. — Ich weiß nicht, wie es
kam, daß der Gedanke an meines Vaters Mutter und
deren uralte Schwester, die damals noch lebte, plötzlich in
mir aufstieg. Die beiden greisen Frauen sahen sich zum
Verwechseln ähnlich; und doch hatte ich meinen Vater
oftmals sagen hören, daß seine Mutter in der Jugend
schön, seine Tante dagegen häßlich gewesen sei. Allerhand
eigentümliche Gedanken gingen mir durch den Kopf: von
der unveränderlichen Beständigkeit der ursprünglichen Form
eines jeden Menschen, die durch Äußerlichkeiten, durch die
Jugend, durch Kummer oder Freude, durch Wohlleben oder
Elend verdeckt, eine Zeit lang verborgen werden kann,
aber nach und nach, aller Gewänder, alles falschen Schmucks
entledigt wird und einem entblätterten Baume gleich, im
Alter, in ihrer häßlichen oder schönen nackten Wahrhaftig=
keit wieder hervortritt. — Ich verließ meine Ecke und
begab mich in das gesellschaftliche Gewühl. Ganz anders
erschienen mir jetzt die Gestalten, die mich umgaben!

Plötzlich stand ich neben Olga. Ihre Augen winkten mir freundliches Willkommen zu.

„Was macht Sie so tränmerisch blicken, Herr Philo=soph?" redete sie mich an. „Geben Sie mir Ihren Arm und führen Sie mich in ein kühles Gemach. Ich ersticke hier."

Sie stellte sich, ohne meinen Arm zu verlassen, an ein offenes Fenster, sie wandte die klaren großen Augen dem besternten Nachthimmel zu und blieb, das junge Antlitz durch süße Schwermut verklärt, lange unbeweglich stehen. Ich fühlte ihr Herz pochen, ein tiefer Atemzug, ein Seufzer hob die wundervolle Brust. — Und ich wußte mit tödlicher Gewißheit, daß dies alles Lüge sei: Lüge das träumerische Auge, der lächelnde Mund, das zutrau=liche Wort! Lüge jeder Schlag des falschen Herzens! Ich sah sie, während sie neben mir stand, nicht mehr wie sie damals erschien, sondern wie sie in dreißig Jahren in Wahrheit sein würde. Ich malte mir einen jeden ihrer Züge aus. Es waren genau die ihrer Mutter, der Frau mit den bösen, kalten Augen, mit dem grausamen Munde. — Abscheu ergriff mich. Ich ließ den Arm des jungen Mädchens fallen und trat einen Schritt zurück.

„Was fehlt Ihnen?" fragte sie verwundert. „Sie sind bleich geworden."

Ich konnte in dem Augenblicke nicht heucheln und falsche Worte der Entschuldigung suchen. „Mir graut vor Ihnen", flüsterte ich. Erst nachdem das Wort gesprochen war, und ich es gehört, legte ich mir Rechen=schaft ab von dem, was ich gesagt hatte. Sie lachte laut auf, sie mußte glauben, ich scherze. — Ich aber ließ sie stehen und eilte aus dem Hause fort, meiner Wohnung zu.

Von jenem Tage begann ein anderes Leben für mich. Meine Unbefangenheit war dahin. Ich konnte mich nicht erwehren, jedermann, den ich kannte, ja jedes neue Gesicht, das an mir vorüberging, mit einer mir bis dahin fremden Aufmerksamkeit zu mustern. Junge Leute im besonderen zogen mich an. Traf ich sie in Gesellschaft ihrer Eltern, so konnte ich die Augen nicht mehr von ihnen abwenden, bis es mir gelungen war, das junge, frische, lebenslustige Antlitz in das müde, scharfe, abgelebte, strenge oder traurige Gesicht des Vaters oder der Mutter umzuwandeln. Die junge, rosige Haut vertrocknete so zu sagen unter meinem Blicke und schrumpfte zusammen, oder spannte sich in glänzender Feistheit, der lächelnde, frische Mund erschlaffte, die Augen wurden trübe. — Die Sucht, das zukünftige Gesicht in dem heutigen zu erforschen, wurde zur krankhaften Manie bei mir. Oftmals bereitete sie mir große Unannehmlichkeiten: fremde Leute stellten mich darüber zur Rede, wollten wissen, weshalb ich sie oder Verwandte von ihnen anstarrte. Ich wurde in manchen Streit verwickelt, mußte Entschuldigungen vorbringen, ja, mußte mich mehr als einmal schlagen. Ich nahm mir hundert Mal vor, mich von meiner ungeselligen Eigentümlichkeit zu heilen; aber sie war bereits stärker geworden als mein Wille und beherrschte mich mehr und mehr. — Ich stellte mir Aufgaben: ich suchte im Theater oder im Concerte nach einem jungen, unbekannten Gesichte, dann verwandelte ich es in meinem Geiste in das alte, in das „typische“ Gesicht. Darauf wandte ich Künste

und Mühe an, als gelte es, ein wertvolles Gut zu er=
werben, um die Eltern des jungen Mannes oder Mädchens
kennen zu lernen. Zu Anfang stellte sich oft heraus, daß ich
das zukünftige Gesicht falsch gezeichnet hatte, daß der
Vater oder die Mutter des von mir beobachteten Indi=
viduums dem Bilde meiner Phantasie gar nicht ähnlich
sahen. Dann suchte ich nach dem Grunde meines Irr=
tums, und in den meisten Fällen fand ich ihn. Ich
bildete mir Regeln, ich entdeckte feste Gesetze, nach denen
sich das junge Gesicht in das entsprechende alte ver=
wandeln mußte. Mit der Zeit brachte ich es zu
einer beinahe vollkommenen Fertigkeit in der peinigenden,
unnützen Arbeit, der ich mich, sobald ich neue Gesichter
sah, unterzog. Ein einziger scharfer Blick genügte mir,
um das zukünftige Gesicht in dem heutigen zu er=
kennen. Daher meine unüberwindliche Abneigung gegen
gewisse Leute, meine schnell wachsende aufrichtige Freund=
schaft für andere.

Ich lebte nur kurze Zeit in diesem Zustande, der
meiner Lehrzeit, wenn ich so sagen kann, unmittelbar
folgte. Nachdem ich in meiner traurigen Kunst Meister
geworden, nachdem ich ganz sicher war, aus einem jeden
Gesichte das zukünftige „typische" Gesicht herstellen zu
können, mußte es mir auffallen, daß einige Gesichter sich
ganz unerklärlicher Weise als gewissermaßen „refractär"
erwiesen. Ich konnte mir die größte Mühe geben, es war
mir unmöglich, diese zu altern.

Eines dieser widerspenstigen Gesichter war das meines
nur wenige Jahre älteren Bruders, ein anderes das eines
jungen Mädchens, einer Freundin meiner Schwester, die

ich täglich im Hause meiner Eltern sah, und die ich im geheimen anbetete.

„Wie kommt es", fragte ich mich, „daß ich diese beiden Menschen nicht alt machen kann?" — Ich bedeckte mir die Augen mit der Hand und grübelte und sann. Dann erblickte ich die beiden bleich, mit geschlossenen Augen — aber die jugendlichen Züge unverändert.

Bald darauf sah ich sie als Leichen, gerade wie ich sie mit meines Geistes Augen erkannt hatte, leibhaftig vor mir liegen. Sie waren bei einer Wasserfahrt verunglückt, ertrunken.

Mein tiefer Schmerz über den Verlust des geliebten Bruders und der Geliebten meines Herzens wurde durch die Entdeckung meiner unheimlichen Sehergabe beinah bis zum Wahnsinn gesteigert. Ich erkrankte. Wochenlang lag ich zwischen Leben und Sterben. Ich genas von dem Fieber, das mich dem Tode nahe gebracht hatte; aber die alte, furchtbare Krankheit, an der ich bereits seit zwei Jahren litt, war nicht geheilt.

Ich zog mich ein ganzes Jahr lang auf ein von der Hauptstadt entferntes Landgut zurück. Ich lebte dort in beinah vollständiger Einsamkeit. Meine Diener waren alte Leute mit guten Gesichtern, oder deren Kinder. Ich hatte sie unter den Leibeigenen meines Vaters mit größter Sorgfalt ausgesucht. Außer ihnen durfte mir niemand nahen: ich wollte niemand sehen.

Eines Tages brachte mich tödliche Langeweile auf den unglücklichen Gedanken, meine eigenen Züge derselben Prüfung zu unterwerfen wie alle andern Gesichter, denen ich im Leben begegnete. — Ich konnte mein Gesicht nicht

alt machen. Ich sah es mit glänzenden Augen, mit
hohlen Wangen und bleicher Stirn — aber ich sah es
jung, unzweifelhaft jung. — „Ich werde wie Alexis und
Sophie eines frühen Todes sterben", sagte ich mir, und
ich war darüber nicht einmal traurig. Das Leben war
mir zur Last, und ich zählte kaum zwei und zwanzig Jahre.

Als der nächste Winter wiederkam, wurde ich der er=
drückenden Einsamkeit müde. Ich begab mich auf wenige
Tage nach Moskau und von dort nach Paris. Ich wollte
versuchen, des kurzen Lebens, das ich vor mir sah, noch
einmal froh zu werden, ich wollte auch meine Schwester,
die Gräfin Villiers, vor meinem Tode wiedersehen.

Nach wie vor beobachtete ich alle neuen Gesichter, die
während der langen Reise an meinen Augen vorüberzogen.
Es war mir nun gradezu unmöglich geworden, ein Gesicht
anders, als in seiner normalen, zukünftigen Form zu
sehen. Ich gewöhnte mich daran. Ich lebte so zu sagen,
in Gesellschaft alter Leute, die jugendliche, für mich aber
vollständig durchsichtige Masken trugen. Ich erkannte da=
hinter mit Leichtigkeit ihre wahren Gesichter. Einige
waren gefällig, gut. An die Eigentümer solcher Gesichter
schloß ich mich gern an. Andere waren abscheulich. Diese
vermied ich einfach, wie ich unangenehme Menschen in
der Gesellschaft zu meiden pflegte. Man hielt mich für
launenhaft, man nannte mich einen Sonderling. Ich mußte
es mir gefallen lassen.

Aber meine Krankheit, denn als solche erkannte ich
meinen Zustand wohl, sollte noch neue, erschreckliche Fort=
schritte machen. Ich stellte dies zum ersten Male auf
meiner Reise nach Paris fest.

Als der Zug in dem ich mich befand, Verviers ver=
lassen hatte, trat ein Schaffner in das Coupé, um die
Fahrscheine der Reisenden in Augenschein zu nehmen.
Er hatte ein „refractäres" Gesicht. Ich sah den in meinem
Geiste zu frühem Tode Verurteilten mit Teilnahme und
Bedauern an, als ich plötzlich, ganz deutlich einen breiten,
roten Strich, einer furchtbaren Wunde ähnlich, auf seiner
Stirn erblickte. Ich konnte meine Angen nicht von ihm
wenden, so lange er in unserm Abteil war, und beobachtete
ihn auf allen Bahnhöfen, wo wir anhielten. Es war
ein hübscher, gewandter junger Mann, der überall unter
den Eisenbahnbeamten Freunde zu haben schien, mit denen
er sich während des Aufenthaltes bis zum letzten Augen=
blicke zu unterhalten pflegte. Er ließ den Zug gewöhnlich
ruhig abfahren, lief daneben her, bis er seinen Wagen
erreicht hatte und sprang dann mit Sicherheit und Leich=
tigkeit auf das Brett, das außerhalb der Wagen zum
Ein= und Aussteigen angebracht ist.

In St. Quentin hatte der Mann sich etwas verspätet.
Ich beobachtete ihn vom Fenster meines Coupés aus.
Nur mit Anstrengung aller Kräfte, in wütendem Laufe
erreichte er noch den letzten, schnell davon eilenden Wagen.
Ich sah ihn springen und das Brett mit den Füßen be=
rühren. Seine Hand griff nach einem Halt, ohne ihn
zu finden. Er taumelte — fiel. Ich hörte einen kurzen
Schrei. Gleich darauf pfiff die Lokomotive und hielt an.
Mehrere Schaffner sprangen aus den Wagen und liefen
einige hundert Schritte zurück — und nach wenigen
Minuten brachten sie ihren toten Kameraden herangeschleppt.
— Er war mit dem Gesichte auf die Schienen gefallen

und hatte sich den Schädel zerschlagen. Auf seiner Stirn
sah ich eine klaffende, blutige Wunde.

Sollte ich dies alles für leere Hirngespinnste halten?
— Ich konnte es nicht mehr, obgleich meine Vernunft
noch nicht ganz unterlegen war, obgleich sie sich noch immer
sträubte, das Übernatürliche, das Unvernünftige als positive
Wahrheit anzunehmen. War es Zufall, daß mir meine
Einbildungskraft, mein geistiger Blick drei Personen,
während sie noch lebend waren, grade so ausgemalt hatte,
wie ich sie bald darauf als Leichen vor mir sehen sollte?
— Ein anderer mochte dies behaupten, mochte über meine
Anschauungen die Achsel zucken und sie als pathologische
Symptome bezeichnen, ein anderer durfte der Meinung
sein, daß meine durch fortwährende Aufregung überreizte
Einbildungskraft Bilder erzeuge, von deren eigentümlichen
Formen sich mein Verstand nicht mehr klare Rechenschaft
ablegte, so daß ich das, was ich sah, bereits früher ge=
sehen zu haben glaubte — ich selbst konnte mir nicht
so beruhigenden Bescheid geben. Nein, ich mußte fest=
stellen, daß es Menschen gab, denen ich unbegreiflicher,
unerklärlicher, schrecklicher Weise den nahe bevorstehenden
Tod ansah, ja, denen ich ansah, wie sie als Leichen aus=
sehen würden. — Ich sah den Mörder Béchouard, in
der Eisenbahn, lebend, mit toten, weißen Augen neben
mir sitzen, ich sah Mofferat, so oft ich ihn mit meinen
inneren Augen beobachtete, mit einer tödlichen Wunde
in der Brust.

Nach dem Duell mit meinem unglücklichen Freunde
glaubte ich zu neuem Leben zu erwachen. Es war bei
mir zur fixen Idee geworden, daß ich ihn töten würde,

wenn ich ihm jemals mit einem Degen in der Hand feindlich gegenüber stehen sollte. — Der Zweikampf hatte stattgefunden. Er hatte mich verwundet; ich segnete ihn in meinem Herzen dafür. Wenn ich mich e i n m a l getäuscht hatte, sagte ich mir, wenn meine geistigen Augen nicht unfehlbar waren, nun, so konnten sie sich hundert Male täuschen, so verlor alles, was ich mit ihnen zu sehen glaubte, seine Wirklichkeit. Traumgebilde waren es, dunkele Erzeugnisse einer kranken Phantasie, die der helle Tag verscheuchte, die die klare Vernunft zu nichte machte. So dachte ich — und ich war glücklich. Ich gab mir Mühe so, und nicht anders zu denken. Ich wollte nun so gern glücklich sein. Das Leben erschien mir wieder so schön! Ich hoffte, es noch lange Jahre in Freuden und Frieden genießen zu können ... So war es gestern, so war es noch vor wenigen Stunden ... Jetzt ist all' mein Glück dahin! — Ich weiß, daß Gaston ermordet worden ist, daß ich mich nicht getäuscht hatte ... und ich weiß, ich weiß mit tödlicher Gewißheit, daß ich selbst bald sterben werde. — Ich darf nichts mehr vom Leben erwarten, nichts mehr verlangen. Alles ist verloren, hoffnungslos verloren."

*　　　*　　　*

Stachowitsch sank auf einen Sessel und bedeckte sich das Gesicht mit beiden Händen. Er weinte laut. Ich versuchte vergeblich, ihn zu beruhigen. Endlich entschloß ich mich, seinen alten Diener zu rufen, der ihm in seiner Muttersprache, die ich nicht verstand, einige sanfte Worte sagte und ihn bewog, zu Bett zu gehen. — Ich verließ

Stachowitsch darauf und fuhr zum Arzte. Glücklicher=
weise fand ich diesen zu Hause, und da er ein alter Be=
kannter von mir war, so folgte er mir, trotz der späten
Stunde, bereitwillig an das Lager meines kranken Freundes.
— Wir fanden ihn schlafend. Er wälzte sich unruhig im
Bette hin und her und murmelte träumend unverständliche
Worte. Der Arzt fühlte ihm den Puls. „Ein starkes
Fieber“, sagte er. Er verschrieb darauf eine Medicin und
sagte, er werde am nächsten Morgen wiederkommen.

Ich wachte noch einen Teil der Nacht bei Stacho=
witsch. Gegen Morgen überfiel mich schwere Müdigkeit,
und da der Kranke ruhiger geworden war und dem An=
scheine nach fest schlief, so begab ich mich nach meiner
Wohnung, nachdem ich dem alten russischen Diener anem=
pfohlen hatte, das Zimmer seines Herrn nicht zu verlassen.

Ich schlief mehrere Stunden und erwachte erst gegen
Mittag. Ich zog mich schnell an und ging zu Stacho=
witsch. Der Pförtner hielt mich unten an der Treppe an.

„Sie finden niemand zu Hause“, sagte er, „der
Herr Graf und der Diener sind heute früh, um sieben
Uhr bereits abgereist.“

„Wohin?“ fragte ich verwundert.

„Das weiß ich nicht. — Der Herr Graf lief an mir
vorüber und setzte sich in den Wagen, ohne mich ange=
sehen zu haben. Der Diener, der einen kleinen Reisekoffer
trug, sagte mir nur: ‚Wir werden einige Tage ab=
wesend sein.‘ — Mehr weiß ich nicht. Es ist nicht viel;
aber Sie verstehen . . .“

Ich hörte das Ende seiner Erzählung nicht und eilte
zur Gräfin Villiers.

„Die gnädige Frau ist nicht zu Hause", hieß es.

Nun blieb mir noch Frau von Mauny übrig. — Von dieser wurde ich sofort empfangen. Sie wartete nicht ab, daß ich Sie anredete.

„Können Sie mir erklären, was dies bedeutet?" fragte sie in großer Aufregung. Sie überreichte mir einige kaum leserliche Zeilen. Ich las:

„Ich muß auf das ganze Glück meines Lebens ver= zichten. Zürnen Sie mir nicht, ich bin unschuldig. Be= klagen Sie mich, ich bin ein unglücklicher Mensch. Trösten Sie Marie! Boris Stachowitsch."

Wozu wäre es gut gewesen, in diesem Augenblick weit= läufige Erklärungen abzugeben? Ich hätte zur Entschul= digung meines Freundes nur sagen können, daß ich ihn für verrückt hielte. Das hätte ihm ebensowenig genützt wie der Frau von Mauny und ihrer Nichte Marie. — Ich wollte nicht alle Schiffe verbrennen; vielleicht konnte sich doch noch alles ordnen. Ich sagte deshalb, Boris habe gestern Abend einen plötzlichen Fieberanfall bekommen und sei heute früh abgereist, der Brief sei augenscheinlich in großer Aufregung, von einem Kranken geschrieben, Frau von Mauny möge dem Schriftstück nicht zu große Wichtigkeit beilegen und den Verfasser desselben nicht verurteilen, ohne ihn, nachdem er wieder hergestellt sei, gehört zu haben. Darauf zog ich mich zurück, um den Klagen der Frau zu entgehen.

Dann hörte ich während langer Zeit nichts mehr von Boris Stachowitsch. Die Gräfin Villiers, bei der ich mich noch mehrere Male vorstellte, ließ sich mit solcher

Beharrlichkeit verleugnen, daß ich endlich den Versuch, sie zu sehen, aufgeben mußte. Ich vermutete, es wäre ihr peinlich, mit mir von dem Gemütszustande ihres Bruders zu sprechen. Ich wollte ihr meinen Besuch nicht aufdrängen; aber ich schrieb ihr und bat sie um Nachricht von Boris. Sie antwortete mir sofort sehr höflich und kurz.

„Mein Bruder ist unwohl, und hat sich auf Befehl der Ärzte nach einem ihm gehörigen Landsitze in Süd= Rußland begeben. Ich werde mir ein Vergnügen daraus machen, Ihnen sobald wie möglich neue, hoffentlich bessere Nachrichten von Boris zu geben."

Jahre sind dahin gegangen. Die Frau Gräfin hat sich das versprochene Vergnügen, mir zu schreiben, nicht wieder bereitet. Sie hatte mir vermutlich keine erfreulichen Mitteilungen zu machen; sie hat es nicht für nötig be= funden, mir traurige zu geben. Ich weiß nicht, was aus dem armen Stachowitsch geworden ist. Wenn er geheilt wäre, so würde ich wohl von ihm gehört haben; wenn er noch lebt, begegnen wir uns vielleicht noch einmal in der „kleinen Welt."

Marie von Massieux hat sich über das Verschwinden ihres Bräutigams nicht zu Tode gegrämt und ist, so meine ich, sehr verständig gewesen, sich schnell zu trösten. Sie hat einen hausbackenen, reichen Gutsbesitzer aus der Normandie geheiratet, und ich vermute, daß ihre Ehe eine glückliche ist. Ich sah sie kürzlich in den Champs= Elysées, wo sie zwei reizende kleine Kinder spazieren führte. Sie lächelte freundlich, stolz, zufrieden. Sie sah aus, als ob nichts ihr Glück trüben könne, als ob sie

als Greisin noch ebenso hübsch und gut aussehen müsse
wie jetzt als junge Mutter. — Eine weise Frau, die sich
um die Zukunft nicht zu viel kümmert und in der Gegenwart
lebt! — Sie blickte mich groß an; aber sie erkannte mich
nicht: sie hatte die traurige Vergangenheit offenbar ver=
gessen. Ich wollte sie nicht in ihr Gedächtnis zurück=
rufen und ging, ohne zu grüßen, an ihr vorüber.

Treu bis in den Tod.

Siebzig schwere Jahre lasteten auf den Schultern des Ratsherrn Wolfram Eggers, der in einem altertümlichen Hause seiner Vaterstadt Frankfurt in patriarchalischer Würde waltete und gebot. Die langen Jahre hatten seinen klaren Sinn nicht getrübt und seinen festen Willen nicht gebeugt. Seine Kinder und Enkel, die ihn immer mehr gefürchtet als geliebt hatten, nahten sich ihm ehrfurchtsvoll, und es bangte ihnen vor dem strengen Blick seiner ernsten, großen Augen, die den Freuden sowohl wie den Drangsalen und Gefahren eines vielbewegten Lebens kalt entgegen geblickt hatten und in denen sich Geradheit und Furchtlosigkeit, ohne Beimischung von Milde und menschlichem Erbarmen, wiederspiegelten.

Die Vergangenheit des alten Wolfram lag vor seinen Mitbürgern wie ein offenes Buch, in dem die meisten von ihnen gelesen hatten und ein jeder lesen konnte. — Er stammte aus einem alten, stolzen Patriziergeschlecht, und war in dem Hause, das er nun seit vierzig Jahren sein eigenes nannte, und in dem sein Vater und sein Großvater das Licht der Welt erblickt hatten, geboren worden. Dort hatte er auch seine ersten Jugendjahre verlebt, bis er als

achtzehnjähriger Jüngling die Univerfitäten von Jena und
Göttingen bezogen hatte, um unter der Leitung welt=
berühmter Gelehrten der Zeit, seine akademische Erziehung
zu vollenden. — Mit der wohlerworbenen Würde eines
Doktors der Rechte kehrte er wenige Jahre später nach
seiner Heimat zurück. — Seine Mutter hatte er früh ver=
loren, Geschwister nie besessen. Der Vater, der ihn zärtlich
liebte, seine Zuneigung aber wie eine Schwäche verbarg,
blickte mit Stolz auf den schönen, wohlgeratenen, zum
Manne gereiften Jüngling, dessen Geburt, Gestalt, Wissen
und Wesen dafür zu bürgen schienen, daß er dereinst eine
Zierde seiner Vaterstadt werden solle.

Um diese Zeit ereignete sich ein Vorfall, der den
einzigen dunklen Punkt in dem klaren Leben Wolfram
Eggers' bildete, und über den auch seine Alters= und
Zeitgenossen niemals ganz befriedigende Auskunft geben
konnten.

Eine entfernte und arme Verwandte der Familie hatte
seit dem Tode der Mutter Wolframs den Eggers'schen
Hausstand geführt. Es war eine ehrbare Witwe, eine
still waltende, milde Frau, die in unbegrenzter Verehrung
des alten Eggers' zu leben schien, und von diesem mit
wohlwollender Herablassung behandelt wurde. Nie hatte
die Verläumdung das Verhältnis zwischen den beiden
anzugreifen gewagt, wennschon Frau Christiana Dexter,
als sie vor fünfzehn Jahren zu ihrem Vetter gekommen,
eine wunderbar schöne Frau gewesen, so daß damals unter
Muhmen und Basen die Vermutung geäußert worden
war, der Vetter Eggers, ein stattlicher Mann in der
Mitte der Vierzig, werde die Haushälterin schließlich als

seine zweite Frau heimführen. — Aber Jahre waren dahin=
gegangen, und die beiden Verwandten hatten sich nie mehr
genähert als in den ersten Tagen ihres Zusammentreffens.
— Frau Christiana hielt sich in den Wirtschaftsräumen
auf und erschien nur dann vor Herrn Eggers, wenn sie von
diesem gerufen wurde. Bei seltenen Gelegenheiten, an
Geburts= und Festtagen, wurde ihr die Ehre zu Teil, die
Mahlzeit am Tische und in Gesellschaft ihres Herrn Vetters
einnehmen zu dürfen. Dann saßen sich die beiden an den
äußersten Enden einer großen, mit altem Silbergeschirr
schwerbeladenen Tafel wortkarg gegenüber, und während
Herr Eggers mächtige Humpen feurigen Weines leerte,
nippte Frau Christiana nur bescheiden an dem ungewohnten
Trank, der ihr sanft das bleiche Antlitz rötete, das, ein=
gerahmt zwischen einer zarten Fräse und der schneeweißen
Witwenhaube, von seltsamer Feinheit und Schönheit erschien.

Zwei Jahre nachdem Wolfram die Universität bezogen
hatte, wurde Frau Christiana von einer schweren Krankheit
befallen. Man glaubte sie dem Tode nahe. Da verlangte
sie nach ihrer einzigen Tochter, die in Marburg in der
Familie ihrer Schwester, der Frau Anna Hadern, erzogen
worden war und dort lebte, und die sie seit dreizehn Jahren
in langen Zwischenräumen und dann immer nur auf kurze
Zeit gesehen hatte.

Der alte Eggers entsandte sofort einen Boten nach
Marburg, um dem Wunsche der Sterbenden zu willfahren,
und dieser kehrte bald darauf mit Frau Christianas Tochter,
der sechszehnjährigen Elisabeth Derter nach Frankfurt
zurück.

Der Anblick des jungen Mädchens schien wie eine

wunderbare Arzenei auf das Herz der todkranken Mutter
zu wirken. Das Uebel, das sie dem Grabe nahe geführt,
schwand mit der Stunde, da sie ihre Tochter umarmt hatte.
Sie genas — aber nicht zu früherer Gesundheit. Kraftlos
schlich sie in dem großen, düstern Hause einher, und wo
früher ihre zarten weißen Hände manches selbst geordnet
hatten, da mußte sie jetzt durch Wort und Blick Befehle
ausführen lassen. Elisabeth war stets an ihrer Seite.
Sie glich ihrer Mutter: wie diese war sie zart und schön,
auch lud ihr Antlitz trotz seiner jugendlichen Frische zum
Mitleid ein, denn es lagerte darauf der rührende Ausdruck,
den man auf den Gesichtern früh verwaister Kinder oder
solcher findet, die von fremden Leuten, ohne die Mutter
um Beistand und Hilfe anrufen zu können, erzogen worden
sind. — Bald konnte das junge Mädchen ihre Mutter
vollständig ersetzen, und in dem Eggers'schen Hausstand
ging wieder alles seinen ruhigen, streng geordneten Gang.

Der alte Eggers fand nicht wieder Gelegenheit, mit
Elisabeth zu sprechen, nachdem er sie am Tage ihrer Ankunft
mit kurzen, höflichen Worten bewillkommt hatte. Sie war
neben ihrer Mutter in einer der zahlreichen Kammern des
geräumigen, alten Hauses untergebracht worden und ver=
mied scheu und ängstlich mit dem Hausherrn zusammen=
zutreffen. Dieser schien ihre Anwesenheit in seiner Nähe
vergessen zu haben. — Frau Christiana war deshalb
nicht wenig überrascht und erschreckt, als Herr Eggers sie
am Vorabend des Weinachtstages zu sich bescheiden ließ
und ihr sagte:

„Ich bitte Sie, Frau Cousine, morgen in üblicher Weise
die Mittagsmahlzeit mit mir einnehmen zu wollen; auch

möchten Sie Ihre Tochter Elisabeth mitbringen, damit das junge Mädchen an diesem hohen Festtage, unter meinem Dache nicht einsam und traurig sei."

Als darauf am nächsten Tage die beiden Frauen im Eßsaale erschienen, begrüßte Herr Eggers sie in freundlicher Weise. Er reichte der Mutter die Hand und küßte das junge Mädchen väterlich auf die Stirn; auch bemühte er sich, das lange Mahl durch Reden und Erzählungen angenehm zu verkürzen. Er sprach von seiner Jugend, von den wilden Kriegen, die damals Deutschland verheert hatten, von fremden, großen Städten, die er besucht, und von den wunderbaren Dingen und Leuten, die er dort gesehen hatte. — Die beiden Frauen lauschten aufmerksam: die Mutter erkühnte sich, von Zeit zu Zeit einige Worte zu sagen, die ihr Interesse an dem Mitgeteilten kundgeben sollten; die Tochter saß stumm da und wagte kaum, an den kostbar zubereiteten Speisen zu rühren, die ihr in langsamer und langer Reihenfolge vorgesetzt wurden. Als die Tafel endlich aufgehoben worden und Elisabeth wieder allein mit ihrer Mutter war, da atmete sie froh auf, als sei sie von einer schweren Last befreit und sagte:

„Ich hoffe, er befiehlt mich nie wieder zu sich. Ich fürchte mich vor ihm. — Weshalb küßte er mich wie eine Verwandte, da er mir doch sonst so fern bleibt? Ich hätte weinen mögen. Es war mir, als schätze er mich nur gering, um so zutraulich zu sein, und dann wieder so fremd".

Die Festmahlzeiten wiederholten sich noch mehrere Male. Die Einladungen dazu erfolgten immer in derselben Form, und die Mahlzeiten verliefen jedes Mal in derselben Weise. Elisabeth gewöhnte sich daran ihrem Oheim ohne Bangen zu nahen. Er war freundlich zu ihr in seiner strengen Art, und seine Augen schienen sogar mit Wohlgefallen auf der hohen Gestalt und dem reinen Antlitz des schönen Mädchens zu ruhen.

Elisabeth wohnte nun seit zwei Jahren bei ihrer Mutter und stand für diese dem Eggers'schen Haushalte vor, als die beiden Frauen eines Tages zu ungewöhnlicher Zeit durch eine Einladung zum Essen überrascht wurden.

„Morgen abend erwarte ich meinen Sohn," sagte Herr Eggers zu Frau Christiana. „Es ziemt sich, seine Rück= kehr in das väterliche Heim, wo er fortan weilen wird, in freudiger Weise zu begehen. Ich wünsche deshalb ein Festmahl zu veranstalten, wie es seit langen Jahren in diesem vereinsamten Hause nicht mehr gefeiert worden ist, und an dem auch Sie, Frau Cousine und Ihre Tochter Elisabeth teilnehmen möchten."

Frau Christiana verbeugte sich dankend, wie sie es bei ähnlichen Gelegenheiten stets zu thun pflegte, und unterhielt sich sodann noch längere Zeit mit dem Hausherrn, um bei den Anordnungen zu dem Feste, die ihr überlassen blieben, überall das Richtige zu treffen.

Das Mahl verlief am nächsten Tage in prachtvoller, würdiger Weise. Man bewunderte den gediegenen Reich= tum der Tafel; die edelsten Weine labten Herz und Gaumen, die Speisen waren auf das schmackhafteste zu= bereitet. — Das Lob, das dem freudestrahlenden Wirte dafür gespendet wurde, bat er, in gravitätischer Weise, seiner werten Cousine, Frau Christiana Dexter zuteilen zu wollen, denn ihr vor allen gebühre die Ehre, die Gäste des Hauses in einer dieser würdigen Weise bewirtet zu haben.

Frau Christiana errötete bei diesem unerwarteten Lobe und sagte leise, so leise, daß nur ihre nächsten Nachbaren es hören konnten:

„Mein Kind hat alles angeordnet, denn ich selbst bin alt und schwach; aber auch ihr Verdienst ist gering, denn sie brauchte nur von dem zu nehmen, was Haus, Garten und Keller im Ueberfluß boten. Meinem verehrten Herrn Vetter allein gebührt die Anerkennung seiner Gäste."

Wolfram, der als Sohn des Hauses von den Ehren=plätzen entfernt, die von alten Ratsherren eingenommen waren, in der Nähe der Frau Christiana saß, hatte deren Worte vernommen, und seine Augen, die seit Beginn des Mahles von Elisabeths Schönheit angezogen worden waren, richteten sich nun wieder auf das junge Mädchen, das, den Blick gesenkt, neben ihrer Mutter saß. Dann beugte er sich zu ihr und sagte leise und innig:

„Nun freue ich mich doppelt des schönen Festes, da Sie es veranstalteten. — Dafür, Elisabeth, will ich Ihnen danken. Ich trinke dies Glas auf Ihr Wohl!"

Und er ergriff einen großen Römer, der mit goldenem Weine bis zum Rande gefüllt war, und leerte ihn zur Neige.

„Du mußt deinem Vetter danken für die Liebe, die er dir erweist," flüsterte Frau Christiana ihrer Tochter zu. Aber diese fand keine Worte. Eine Sekunde hob sie die Augen und blickte Wolfram ängstlich, flehend an. Dann stammelte sie verwirrt: „Meine Mutter . . . meine Mutter . . ." — Weiter konnte sie nicht kommen. Wolfram aber wurde plötzlich ernst und schweigsam

Wenige Monate später erzählte man sich in dem Be=kanntenkreise des Herrn Eggers, Frau Christiana Dexter

habe das Haus, in dem sie fünfzehn Jahre lang die Wirt=
schaft geführt, nunmehr verlassen. Ihre Gesundheit habe
ihr nicht mehr gestattet, den ermüdenden Obliegenheiten
eines großen Hausstandes vorzustehen, und sie sei von
Herrn Eggers reichlich beschenkt, so daß sie aller Sorge
für den Rest ihres Lebens überhoben, nach ihrer Heimat
zurückgekehrt, um dort ihre Tage, von ihrer Tochter ge=
pflegt, in Ruhe zu beschließen.

Niemand wunderte sich über diese Veränderung in dem
Eggers'schen Hausstande. Man wußte, daß Frau Chri=
stiana seit Jahren gekränkelt hatte, und man fand es
natürlich, daß sie in der Stille ihrer Heimat Erholung
suchte. Daß sie reich beschenkt von dannen ziehen durfte,
war eine wohlverdiente Belohnung für die Treue, mit der
sie Herrn Eggers gedient hatte. Man gönnte ihr gern,
was nun ihr eigen geworden war, und pries die Hoch=
herzigkeit des alten Patriziers, der seine Leute wie ein Fürst
entließ und belohnte. Erstaunlich aber war, daß Herr
Eggers um die Zeit der Abreise von Frau Christiana,
wochenlang seinen Freunden und Bekannten unsichtbar
wurde, und sorgenschwer und gealtert erschien, als er sich
endlich wieder bei diesen vorstellte; auffallen mußte es auch,
daß Wolfram, der nach früheren Aussagen seines Vaters
nach Frankfurt zurückgekehrt war, um fortan dort zu leben,
wiederum auf Reisen gegangen war.

„Er weilt in Rom“, erzählte Herr Eggers. „Er
hat gewünscht, die Kunstschätze Italiens kennen zu lernen,
bevor er einen festen Herd gründet, der ihn in der Freiheit
seiner Bewegungen hemmen könnte. Ich billige diesen Wunsch.
Er wird im nächsten Jahre nach Frankfurt zurückkehren.“

Die Neugierigen mußten sich mit dieser Erklärung der unerwarteten und plötzlichen Abreise des jungen Wolfram begnügen, denn Herr Eggers gehörte nicht zu den Leuten, die man auszufragen wagt oder mit Erfolg auszuforschen versucht.

Es vergingen darauf volle zwei Jahre, ehe Wolfram wieder nach Frankfurt kam, und diesmal wurde kein Fest zu Ehren seiner Heimkehr veranstaltet. Er stellte sich bei den Verwandten und Freunden seines Vaters vor und kündigte diesen an, daß er des Reisens müde sei und sich nun in Frankfurt niederlassen werde, um seine Dienste der Vaterstadt zu widmen und sich ihr im Bereich seiner Kräfte nützlich zu machen. Er war nun siebenundzwanzig Jahre alt und hatte den freien und edlen Anstand eines Mannes, der sich viel in fremder, guter Gesellschaft umgethan hat, dazu bereits auch etwas von dem feierlichen Ernst und der Würde des Vaters. — Sechs Monate später hielt er um die Hand einer reichen und vornehmen Bürgerstochter an und bald darauf vermählte er sich mit dieser. — Wenige Wochen nach der Hochzeit verschied der alte Eggers. Wolfram nahm unbestrittenen Besitz von seinem großen Erbteil und bezog mit seiner jungen Frau das altertümliche Haus, in dem er geboren war, und in dem sein Vater das Zeitliche gesegnet hatte.

Im Laufe der Jahre füllte sich das Haus mit Kindern — aber es blieb ein stilles Haus. Frau Katharina Eggers verwies die Kleinen ängstlich zur Ruhe, so oft deren lärmender Übermut losbrechen wollte. — „Ruhig, ruhig! der Vater hört Euch; stört ihn nicht!" beschwichtigte sie mit scheuer Miene und mit einem furchtsamen Blick

nach der Thür, die zu den Gemächern führte, in denen
Herr Wolfram hauste. — Dieser war seinen Kindern gegen=
über nicht gerade unfreundlich: wenigstens schalt er sie nie;
aber er war ihnen fremd, er stand ihnen fern, und wie
eine dunkele, schwere Wolke über einer Frühlingsland=
schaft, so lastete sein schweigsamer Ernst auf der Jugend
seiner Kinder.

Sie wuchsen heran; aber nicht zur Freude und zum
Stolz ihrer Eltern. — Zwei, die geliebtesten und liebens=
würdigsten, starben jung. Gleich Blumen, denen es an
Licht und Wärme gefehlt hat, siechten sie traurig dahin
und vergingen früh verwelkt. — Der älteste Sohn, ein
ungewöhnlich begabter Knabe, der zu den schönsten Hoff=
nungen berechtigte, geriet, als er kaum den Kinderjahren
entwachsen war, in schlechte Gesellschaft. Der Vater wollte
ihn durch Strenge beugen und bessern. Der Sohn entzog
sich seiner Zucht. Er irrte verwahrlost umher, erbettelte
sich von der Mutter Unterstützungen, die diese ihm heimlich
zukommen ließ — bis eines Tages der bleiche Vater in
seinen zitternden Händen den Beweis hielt, daß sein Sohn,
an dem sein Herz gehangen, ein Verbrecher sei, der den
reinen Namen der Eggers entehrt hatte. — Gefälschte
Wechsel wurden vom Vater heimlich eingezogen und be=
zahlt, und dann fand eine Zusammenkunft zwischen den
beiden statt, der kein Zeuge, der selbst die Mutter nicht
beiwohnte und in Folge deren der Sohn aus Frankfurt
verschwand, um dort nie wieder gesehen zu werden. —
Er war seit langen Jahren verschollen, als die Kunde
einlief, er sei in einem fernen Weltteile, im Kampf gegen
wilde Indianer, flüsterte man, elendiglich umgekommen.

Die noch übrig gebliebenen drei Eggers'schen Kinder
entwickelten sich träge und wuchsen zu unbedeutenden
Menschen heran, die nicht einmal die edle Gestalt des
Vaters oder die vornehme kalte Schönheit der Mutter
geerbt hatten. — Zwei von ihnen, Töchter, verheirateten
sich, dank der großen Mitgift, die einer jeden von ihnen
zu Teil wurde; der dritte, der einzig überlebende Erbe
des stolzen Namens Eggers, zeigte sich allen wissenschaft=
lichen Studien abhold und ungeschickt dazu. Er be=
trieb mit Vorliebe und nicht ohne Geschmack und Fertig=
keit, ein Handwerk. — Er hatte als Kind eine Schlosser=
werkstatt geschenkt bekommen und sich unter der Leitung
eines tüchtigen Meisters, den der Vater damals ohne Be=
denken in sein Haus genommen hatte, zum Schlosser aus=
gebildet. Er fertigte nun kunstreiche Arbeiten, die
einem Handwerker Ehre gemacht haben würden, eines
Eggers aber unwürdig erschienen. — Der Vater hatte
ihm seine Werkzeuge fortgenommen, weil der Sohn damit
seine Zeit vergeudete; da war dieser schwermütig geworden
und erkrankt und erst wieder genesen, als man ihm
Hammer, Amboß, Feile, Schraubstock und Schurzfell
zurückgegeben hatte. — Jetzt ließ ihn der Vater gewähren;
aber niemand wußte, wie tief er in seinem gekränkten
Stolze litt.

Wolfram Eggers selbst stieg schnell in der Achtung
seiner Mitbürger. Er that sich als Schöffe und Bürger=
meister hervor, gewann einen großen Einfluß auf die Leitung
der städtischen Angelegenheiten, wurde mit schwierigen
Missionen betraut, die er zu seinen Ehren und zum Vor=
teile seiner Vaterstadt ausführte und schwang sich von der

Achtung aller guten Bürger getragen, zur höchsten städtischen
Würde, zu der des Stadtschultheißen, empor. — In
diesem Amte wirkte er unermüdlich und erfolgreich für
das Gemeinwohl, bis er nach dem Tode seiner Frau, die
seit der Verbannung ihres ältesten Sohnes langsam dahin
gesiecht war, den Wunsch äußerte, sich in das Privatleben
zurückzuziehen. — Er schied unter allgemeinem Bedauern
aus der Oberleitung der städtischen Angelegenheiten; den
Bitten seiner Freunde nachgebend, erklärte er sich jedoch
bereit, auch in Zukunft den Pflichten eines Ratsherrn
obzuliegen, um auf diese Weise eine Stellung einzunehmen,
die zwar verhältnismäßig bescheiden war, ihm aber
dennoch gestattete, bei wichtigen Fragen seinen Einfluß
zur Geltung zu bringen.

Seit diesem letzten Abschnitt in dem erfolgreichen
öffentlichen Leben des Herrn Wolfram Eggers waren
wiederum lange Jahre dahingegangen. Die Kinder mit
Ausnahme des geistesarmen Schlossers, hatten das elterliche
Haus verlassen, in dem es unheimlich öde und still ge=
worden war. — Der Schlosser hielt sich den ganzen Tag
über in seiner Werkstatt auf, die an einem vom Wohn=
hause entfernten Punkte des Gartens errichtet worden
war, damit das Hämmern und Blasen und Feilen des
Handwerkers den Ratsherrn in seinen Betrachtungen und
bei seiner Arbeit nicht störe. — Jener, mit einem rußigen
Schurzfell vor Brust und Schoß, arbeitete von früh bis
spät, als müsse er im Schweiße seines Angesichts ein
schweres Dasein fristen. — Der Ratsherr saß in einem
hohen, mit kunstreichen Holzschnitzereien verzierten Studir=
zimmer, in das durch die schön bemalten Scheiben des

schmalen, gothischen Fensters ein gedämpftes, ruhiges Licht
auf den mit alten Folianten überladenen, großen Arbeits=
tisch fiel. — Der Ratsherr las eifrig in diesen seltenen
Büchern, und dann schrieb er fleißig, denn er wollte der
Nachwelt ein Geschichtswerk, eine Chronik seiner Heimat=
stadt hinterlassen; — aber oftmals kam es vor, daß er
inmitten der Arbeit die Feder müde bei Seite legte und
daß er dann die großen, braunen Augen starr, ohne zu
lesen, auf das heftete, was er soeben geschrieben hatte.
Der Blick war nicht streng und klar, wie der, mit dem er
auf seine Mitmenschen schaute. Tiefes, ohne Klagen ge=
tragenes Weh lag darin. — Worüber er so traurig
grübelte und brütete, das wußte kein Mensch.

Die Mahlzeiten pflegte der Ratsherr mit seinem Sohne
einzunehmen. Sie verliefen schweigsam. Der Anblick des
blöden Erben kränkte den Stolz des Vaters; jener konnte
die Furcht und Scheu vor dem Haupte der Familie, die
ihm von Kindesbeinen eingeprägt waren, nicht überwinden.
Er sehnte sich nach seiner Werkstatt zurück, wo er das
Feuer schürte und lustig pfiff und als Meister waltete.
— Die beiden hatten sich nichts zu sagen: sie waren sich
fremd, trotz der engen Bande, die sie an einander fesselten.

Eines Tages, als Vater und Sohn sich wieder in
gewohnter Weise beim Mittagsmahle gegenüber saßen, trat
die Magd in das Zimmer, die bei Tische zu bedienen
pflegte, und überreichte dem Ratsherrn einen großen,
sorgfältig verschlossenen Brief. — Der Alte betrachtete
die Aufschrift lange und nachdenklich; dann öffnete er den
Brief. Der Schlosser, der über seinen Teller zum
Ratsherrn hinüberschielte, sah, daß der Umschlag einen

langen Brief und eine zweite Einlage ohne Aufschrift
enthielt.

Der Ratsherr entfaltete zunächst das Schriftstück.
Nachdem er wenige Zeilen gelesen hatte, wurde er ganz
bleich, und die Augen schließend lehnte er das Haupt
langsam zurück, dann atmete er tief und schmerzlich auf.
Er ergriff wiederum Messer und Gabel, als wolle er die
unterbrochene Mahlzeit ruhig fortsetzen; aber nach wenigen
Minuten versagte ihm die Kraft, unbewegt zu erscheinen.

„Ich ziehe mich in mein Zimmer zurück, um von
diesen Schriftstücken Kenntnis zu nehmen", sagte er ganz
leise. „Vollende dein Mahl, ohne meiner Abwesenheit
zu achten."

Er erhob sich mühsam, indem er sich, gegen seine Ge=
wohnheit, auf die Lehnen des Sessels stützte, ergriff den
Brief und entfernte sich schweren Schrittes.

Der Brief, der den Ratsherrn so tief bewegt hatte,
war von jenem Kaspar Hadern, dem Schwestersohn der
längst verstorbenen Frau Christiana Dexter, in dessen
Elternhause in Marburg, Elisabeth ihre erste Kindheit ver=
lebt, und wohin sie später, nachdem sie Frankfurt verlassen
hatte, mit ihrer Mutter zurückgekehrt war.

Herr Kaspar Hadern berichtete in schlichten, ernsten
Worten von dem Tode seiner lieben Base, der unverehe=
lichten Elisabeth Dexter, die in ihrem soeben vollendeten
einundsechszigsten Lebensjahre, im Herrn entschlafen sei.
Er erzählte, wie sie in Gottesfurcht und Nächstenliebe über
vierzig Jahre lang in Marburg still und segensreich ge=
wirkt habe, ein leuchtendes Vorbild christlicher Barmherzig=
keit und weiblicher Milde und Güte, den Unglücklichen

Trost und Labung spendend, von allen, die sich ihr näherten, verehrt und geliebt. — Dann fuhr der Brief fort:

„Drei Tage vor ihrem Tode, als sie wohl wissen mochte, daß ihre Lebenskräfte auf Nimmerwiederkehr schnell dahinschwanden, hieß sie alle sich entfernen, die in ihrem Zimmer weilten, und bat nur mich, an ihrer Seite zu bleiben. Als wir allein waren lag sie eine Weile mit über der Brust gefalteten Händen, leise atmend, still da. Dann blickte sie befremdlich, mit großen Augen um sich, als sähe sie weit über das, was sie umgab, in das Unendliche hinaus. Endlich sammelte sie sich und sagte mit sanfter Stimme: ‚Öffnet jenen Schrank, lieber Vetter, und reicht mir ein verschlossenes Kouvert, daß Ihr im obersten Fache finden werdet.‘

„Ich that nach ihrem Geheiß und gab ihr das Gewünschte. Sie hielt es lange in den Händen; mir schien es, als kämpfe sie, ob sie es öffnen sollte oder nicht; dann seufzte sie und sagte: ‚Wenn ich in der Erde ruhen werde, so sollt Ihr dies meinem Vetter, dem Ratsherrn Wolfram Eggers in Frankfurt am Main, durch sichere Gelegenheit zustellen lassen. Eines weiteren bedarf es nicht: er wird wissen, was es bedeutet. Doch dürft Ihr ihm sagen, daß ich in Frieden mit allen Menschen gestorben sei.‘

„Darauf versank sie in tiefe Nachdenklichkeit, und die wenigen Worte, die sie dann bei dieser Gelegenheit noch sprach, richtete sie nicht mehr an mich, sondern sie schien vielmehr, meiner Gegenwart vergessend, ihren innersten Gedanken Ausdruck zu geben, der mir aber unverständlich blieb. — Ein wunderbar feierliches Lächeln, wie die großen

Meister es auf den Gesichtern der Seligen zeigen, lagerte sich über ihr Antlitz, das mir wie verklärt erschien, und sie flüsterte: ‚Ich war treu . . . bis in den Tod.‘

„Bald darauf versank sie in einen sanften Schlaf, während dessen ich das Kouvert, das ihren kraftlosen Händen entglitten war, vorsichtig entfernte und verbarg, um damit in guter Zeit nach dem geheiligten Wunsche der Sterbenden zu verfahren. — Wir haben sie heute früh zur Ruhe bestattet. Sie schlummert auf dem Friedhofe zu Marburg, nicht weit von der letzten Stätte ihrer in Gott verschiedenen Mutter, der seligen Frau Christiana Dexter. — Und ich, wennschon mein Herz blutet in Schmerz über den Heimgang der Unvergeßlichen, erfülle nun ihren Wunsch, indem ich Ihnen, hochzuverehrender Herr Rat, anbei das mir anvertraute Kouvert, wie es mir von Elisabeth Dexter übergeben worden ist, ehrfurchts=voll übersende.“

Nachdem Herr Wolfram Eggers von diesem Briefe Kenntnis genommen hatte, begann er den zweiten Um=schlag behutsam zu öffnen. Es enthielt einen flachen, sorgfältig in Papier eingeschlagenen Gegenstand. Die in=neren Papierumschläge waren vergilbt und augenscheinlich in langjährigem Gebrauch gewesen. Die Ecken waren durchgestoßen, und an den Stellen, wo die Bogen, um als Umschlag zu dienen, eingeknifft worden waren, hatte häufiges Öffnen und Schließen des Kouverts das starke Papier so dünn gescheuert, daß man es sorgfältig hantiren mußte, um es nicht zu zerreißen. — Als der Ratsherr den letzten Umschlag abgenommen hatte und der bis dahin verborgene Gegenstand* nun plötzlich unverhüllt vor ihm lag, da prallte der alte Mann erschrocken zurück und stöhnte laut: „Oh! Herr mein Gott!"

Vor ihm lag sein eigenes Bildnis als Jüngling, das ihn mit strahlenden Augen anblickte. Darunter stand, von seiner Hand geschrieben:

„Seiner geliebten Braut Elisabeth Dexter.
„Treu bis in den Tod!
„Ihr Wolfram Eggers. — Rom, im Monat Mai des Jahres 17 . ."

Die ferne Vergangenheit tauchte plötzlich hell und klar vor seinem Geiste auf. Er erinnerte sich aller Einzel= heiten, als wäre das, was ihn nun wieder so tief be= wegte, gestern geschehen, und als wäre er wieder fünfund= zwanzig Jahre alt. — Damals hatte ein strenger Vater ihm mit unversöhnlichem Zorne gedroht, wenn er seiner Werbung um Elisabeth Dexter nicht gänzlich entsage.. — Der alte Eggers war stolz auf seinen Sohn und hatte hochfliegende Pläne für ihn. Er sollte zum wenigsten eine Ebenbürtige heiraten, eine vornehme reiche Patriziers= tochter, aber nicht das Kind einer Frau, die durch seine Wohlthätigkeit erhalten wurde und die sich nur Dank seiner Güte, nicht wegen ihrer Verdienste, über das übrige Hausgesinde erhob.

Das junge, unschuldige Mädchen und ihre Mutter waren aus dem Hause verstoßen worden, das sie ohne Vorbereitung bei Nacht und Nebel, Verbrechern gleich, die bei einer Schuld ertappt worden sind, verlassen hatten. — Wolfram hatte nicht gewagt, den Willen seines Vaters

zu trotzen, aber er hatte nicht länger in seiner Nähe weilen
wollen; und mit der erbitterten, grimmigen Zustimmung
des Alten, war er nach Italien gezogen. Dort hatte er
von einem jungen deutschen Künstler, mit dem er sich befreundet, das Bild malen lassen, das jetzt vor ihm lag
und das er, zu jener Zeit, mit einem zärtlichen Liebes-
brief an Elisabeth Dexter entsandt hatte. Er hatte sie
in dem Brief, „seine Braut vor Gott" genannt, die er
zu „seinem ehelichen Weibe vor den Menschen" machen
werde, und hatte sie angefleht, in Treue und Vertrauen
zu ihm auszuharren, bis er sie, allen feindlichen Einflüssen zum Trotz, heimführen werde.

Elisabeth hatte ihm sofort geantwortet. Es war der
einzige Brief, den er je von ihr erhalten hatte. Sie
dankte ihm für seine Liebe und Güte, aber sie bat ihn
mit feierlichem Ernste, von seiner Bewerbung um sie abzustehen.

„,Der Herr,'" so schrieb sie, „,will den Vater von
den Kindern geehrt haben; und was eine Mutter den
Kindern heißt, will er gehalten haben.' — Meine Mutter
befiehlt mir, daß der Wille Deines Vaters, ihres Wohl-
thäters von mir geehrt werde. Ich könnte Deine Bewerbung nur hinter ihrem Rücken dulden, Deine Briefe
nur im geheimen empfangen. Ich müßte meine Mutter
und alle Welt täuschen. Lug und Trug würde mein
Leben sein. Darum bitte ich Dich, schreibe mir ferner
nicht mehr und überfülle nicht den bitteren Kelch meines
Elends. — Du bist mir unendlich lieb und nimmer werd'
ich Dein vergessen. Ich muß es Dir noch einmal sagen,
wennschon ich weiß, daß es sündhaft ist; aber ich hoffe

und bete zu Gott, er möge mir meine Schwäche ver=
zeihen."

Wolfram hatte mit sich selbst kämpfen müssen, um
diesen Brief nicht trotz aller Bitten Elisabeths, zu beant=
worten. Es wäre ihm eine Genugthuung gewesen, seiner
Braut, wie er Elisabeth in seinem Herzen nannte, zu
wiederholen, sie könne auf seine unverbrüchliche Treue
bauen. Schließlich hatte er sich gesagt, daß seine erste
Pflicht sei, der armen Verstoßenen neue Kränkungen und
Beunruhigungen zu ersparen, und schweren Herzens hatte
er sich dem von ihr ausgesprochenen Wunsche, ihr nicht
mehr zu schreiben, gefügt. — „Der erste Brief, den sie
wieder von mir empfängt, soll ein Brief sein, den sie
ihrer Mutter zeigen kann. Er wird ihr ankündigen,
daß ich sie abholen will, um sie meinen Verwandten als
meine zukünftige Lebensgefährtin vorzustellen."

Nach diesem Ziele hatte Wolfram darauf noch eine
Zeit lang mit Aufwand aller seiner Kräfte gestrebt. —
Er hatte seinem Vater geschrieben, daß er sein Glück nur
an der Seite Elisabeths finden könne, er hatte erwähnt,
daß Elisabeth an Gesinnung, Herz, Geburt, Anstand und
Erziehung eine Ebenbürtige sei, daß unverschuldete Armut
allein sie hinabzudrücken scheine, daß er nicht glauben
könne, sein ganzes Glück solle dem Besitz von Reichtum
zum Opfer gebracht werden. — Der Vater, ein gewandter
Weltmann, hatte diese Briefe mit großer Saumseligkeit
und ohne auf deren Inhalt ausführlich einzugehen be=
antwortet. Er wolle nur seines Sohnes Glück, hatte er
geschrieben. Dieser möge ihm vertrauen. Alles werde
schließlich zum Besten geordnet werden.

Der alte Eggers war fest entschlossen, seinem Sohne die reiche Katharina Rüdiger zur Frau zu geben. Wolfram sollte sich, so lange er, der Vater, noch seine Autorität ausüben konnte, nicht mit dem ersten besten hübschen Gesicht, daß ihm zufälligerweise in den Weg gelaufen war, verheiraten. Ein Eggers war es sich schuldig, der Größe seiner Familie eine kindische Liebhaberei, wie Wolframs Zuneigung zu Elisabeth eine war, kaltblütig aufzuopfern — Der alte Eggers hatte keine sehr hohe Meinung von der Beständigkeit männlicher Liebe für eine Frau; dagegen wollte er seine Gewalt dem Sohn gegenüber unter allen Umständen aufrecht erhalten wissen. — Wolfram sollte die reiche Katharina Rüdiger heiraten, die arme Elisabeth Texter vergessen. Hoc volo, sic jubeo! Der Sohn hatte sich dem alten Vater zu fügen, nicht dieser dem kaum erwachsenen Jüngling nachzugeben. — Wüste Sittenlosigkeit herrschte in der Welt Es ziemte einem Eggers, zu beweisen, daß in den alten deutschen Bürgerfamilien patriarchalische Tugenden, die den Vater zum starken Oberhaupt der Familie machen, nicht erloschen seien!

Der Schmerz um einen großen Verlust ist etwas Zartes, Heiliges, das sorgfältig gehegt und gepflegt sein will, wenn es nicht schnell vergehen soll. — Wer seinen Schmerz flieht und Trost sucht, der findet bald Betäubung und Vergessen. — Während Elisabeth sich ruhig und gefaßt ihrem Kummer hingab und nur diesem leben wollte, war der starke Wolfram zu schwach, sein schweres Verhängnis zu tragen. Er versuchte, es von sich abzuschütteln — und siehe! ehe er es für möglich gehalten hätte, war er wieder frei. — Mit jedem Tage wurden die Züge der

Entfernten blasser, undeutlicher — und plötzlich waren
sie verwischt. — Es lebte sich leicht mit fünfundzwanzig
Jahren, mit starker Gesundheit, gutem Namen, vornehmem
Aussehen und vollem Säckel inmitten junger, leicht er=
regbarer Männer und schöner, leidenschaftlicher Frauen!
— Ja! das Leben in Rom war berauschend, und Wolfram
genoß es in vollen Zügen.

Als er zwei Jahre später nach Frankfurt zurückkehrte,
fand ihn der Alte seinen Wünschen gefügig. Herr Eggers
war zu klug, um darüber zu triumphiren. Es genügte
ihm, seinen Willen durchgesetzt, seinen Zweck erreicht zu
haben. Seine letzten Worte waren Worte des Segens
für seinen geliebten, pflichttreuen Sohn.

Aber Untreue und Wankelmut rächen sich, und der
Segen des Vaters hatte keine Früchte getragen.

Wolfram hatte die reiche Katharina Rüdiger zu sich
genommen, ohne sie zu lieben; und sie blieb ihm immer
fremd. Er war nicht aus demselben harten Stoff wie
sein Vater, der in der Frau nur die notwendige Vervoll=
ständigung eines wohlgeordneten Hausstandes, die Mutter
der Kinder gesehen hatte. — Wolframs weicheres, deutscheres
Herz sehnte sich nach Liebe, er wollte Liebe geben und
empfangen. — Er konnte der kalten, vornehmen Katharina
nichts bieten, als eine ihr geziemende Stellung an der Spitze
seines Haushaltes und einen geachteten Namen vor der Welt.
— Sie gab zurück, was sie dafür schuldete: Gehorsam, Zucht
und eheliche Treue. Liebe empfing sie nicht, und Liebe
wurde nicht von ihr begehrt. — Traurig und ohne Sonnen=
schein war das eheliche Leben der Eggers dahingeflossen.

Mit den Jahren hatte sich das Herz des Ratsherrn

verhärtet. Er hatte sich daran gewöhnt, ohne Glück zu leben. Kalt und streng war er fortan auf dem harten, geraden Weg seines Lebens dahingewandelt. — Manch= mal in der Einsamkeit, draußen im stillen Walde oder an den Ufern des rauschenden Main, war die Errinnerung an alte, begrabene, längst vergessen gewähnte Hoffnungen in seinem Herzen aufgewacht, und der Jammer über sein stummes Elend hatte ihm das Blut zu Kopfe getrieben und ihm die Kehle zugeschnürt. Dann hatte er die Fäuste geballt und wild um sich geblickt, und es war ihm zu Mute gewesen, als dürfe er seinem schuldlosen Weibe ein Leides thun — aber gleich darauf hatte ihn, mit dem lähmenden Bewußtsein, daß er Verdientes dulde, ein Ge= fühlt der Ohnmacht beschlichen, und still in sich gekehrt, seiner Frau und den Kindern gegenüber zu seltener Sanft= mut geneigt, war er nach solchen Ausbrüchen an seinen freudenlosen Herd zurückgekehrt. — Später hatte er dann die Teilnahme an seinem eigenen Geschick beinahe ganz verloren: sein Unglück war ihm gleichgiltiger und leicht er= träglich — er war alt geworden — ein Greis.

Dies alles zog langsam, unbarmherzig klar vor des gebeugten Mannes Geiste vorüber, der auf sein Bildnis als Jüngling schaute. Die Geliebte, die es ihm von jenseits des Grabes zurückgab und deren hoffnungslose, stumme Treue sich wie eine furchtbare Anklage gegen ihn erhob, — sie deutete ihm an, wie elend und kalt sein Leben ohne Liebe gewesen war, und daß es ein anderes und besseres hätte sein können.

„Sie war treu," flüsterte er. Er nickte bedeutsam mit dem Kopfe; es war ihm, als müsse er weinen, er

wußte, daß, wenn er noch jung gewesen wäre, so hätten
Thränen ihm in diesem Augenblicke Linderung verschafft; —
aber seine harten, alten Augen blieben trocken. — Ein
kaltes, unerträgliches Weh beengte ihm die Brust und
benahm ihm den Atem. Bleichen Hauptes, die Augen
geschlossen, den Mund halb geöffnet, einem Verscheidenden
gleich sank er in den Sessel zurück.

So saß er lange — bewußtlos. In dem altertüm=
lichen Zimmer herrschte Totenstille. Die scheidende Sonne
blickte durch die bemalten Fensterscheiben und warf ein
sanftes Licht auf das bleiche, ruhige Greisenantlitz. —
Jetzt regte es sich wieder in demselben. Ein schwerer
Seufzer hob die Brust, und dann öffneten sich die großen,
ernsten Augen. Der Ratsherr war aus der tiefen Ohn=
macht erwacht, aber, zu seinem Heil, nicht zum unge=
schwächten Gefühl des nagenden Schmerzes, der ihn über=
mannt hatte. Er war ruhig und gefaßt. Was ihn in
diesem Augenblick quälte, war die furchtbare Stille rings
umher. — Stand er denn ganz allein auf der Welt?
Lebte niemand, der sich seiner erbarmen wollte? — Er
hatte geflissentlich Einsamkeit um sich geschaffen; — aber er
konnte sie nicht mehr ertragen. Er erhob sich und zog die
Klingel. Die Magd erschien, um seine Befehle zu em=
pfangen. Er blickte sie einige Sekunden an, als habe er
vergessen, weshalb er sie gerufen habe, und dann sagte er
leise: „Meldet meinem Sohne, ich wünsche ihn zu sehen.‟

Es dauerte lange, ehe dieser erschien, denn die Be=
stellung der Magd hatte ihn überrascht, ja in Bestürzung
versetzt. — Er war sich keiner Schuld bewußt; aber ihm
bangte: Was konnte der Ratsherr von ihm wollen? —

Er warf das Schurzfell ab und wusch sich Hände und
Gesicht, denn der Vater hielt streng darauf, daß er ihm
gegenüber nie als ein Handwerker erschien, dann, nachdem
er standesgemäße, bürgerliche Kleider angethan hatte, eilte
er klopfenden Herzens nach dem Arbeitszimmer des Rats=
herrn. Er öffnete behutsam die Thür und blieb in deren
Nähe stehen.

„Was befehlen Sie, Vater?“ fragte er schüchtern.

Der Ratsherr wandte sich zu ihm und sagte mit großer
Milde:

„Weshalb näherst du dich nicht, mein Sohn? Fürchtest
du dich vor mir? Bin ich nicht dein Vater?“

Der arme verachtete Sohn hatte seit dem Tode seiner
Mutter kein zärtliches Wort mehr vernommen. Er traute
seinen Sinnen nicht und blieb verwirrt, wie am Boden
angewurzelt, stehen.

„Komm' zu mir, mein Sohn,“ wiederholte der Vater,
und es klang wie herzzerreißendes, sehnsüchtiges Flehen
aus dem Munde des alten Mannes.

Da stürzte der Sohn auf ihn los und fiel mit einer
wilden Gebärde vor dem Vater auf die Knie, und, alle
Unbill der grausamen Vergangenheit vergessend, schluchzte
er unter Thränen:

„O Vater, wie soll ich für so viel Güte danken!“

Der Ratsherr richtete den Knieenden in die Höhe und
erhob sich dann selbst; aber die Anstrengung und Auf=
regung der letzten Stunden hatten ihn erschöpft: er schwankte
und lehnte sein Haupt an die Schulter des Sohnes. Dieser
umschlang ihn und sagte mit einem stolzen Lächeln, das
sein, alles Liebreizes baares Gesicht seltsam verschönte:

„Stützt Euch fest auf mich, Vater! Ich bin stärker, als Ihr glaubt."

*   *   *

Das Geschichtswerk, dem der Ratsherr lange Jahre sorgfältigen Studiums gewidmet hatte, blieb unvollendet. Staub lagerte sich über die alten Folianten, in denen er sonst aufmerksam und fleißig zu lesen pflegte, und die Seite, auf der er noch am Morgen des Tages geschrieben hatte, an dem ihm die Botschaft von dem Tode Elisabeth Dexters überbracht worden war, blieb unvollendet.

Es war, als ob der auf ewig verstummte Mund ihn gemahnt hätte, nicht sein ganzes Leben ohne Liebe verfließen zu lassen, und als ob er nun so spät noch gelernt, was ihm gefehlt habe, um glücklich sein zu können. — Er erstaunte die Seinen durch häufige Besuche, durch freundliche Reden und Geschenke; aber am liebsten weilte er in Gesellschaft des Schlossers, der mit rührender Liebe an ihm hing und sich bald daran gewöhnte, den Vater in seiner Werkstatt zu sehen. Dort konnte nun der alte Mann stundenlang sitzen und still und ernsthaft dem arbeitenden Sohne zuschauen.

So lebte der Ratsherr noch ein Jahr, wunderbar zufrieden mit dem wenigen, was das Leben ihm noch bieten konnte, beruhigt in dem Gefühle, sich von seinem Sohn geliebt zu wissen. — Seine Kräfte nahmen ab, auch sein Geist wurde allmählich schwächer. Bald konnte der Gedanke an sein freudloses Leben sein erstarrendes Herz nicht mehr tief bewegen. Elisabeth Dexter schwand leise und schmerzlos aus seiner Erinnerung. Er sprach am liebsten von seiner frühsten Kindheit, von seinen Jugendgespielen. Über das, was diesseits jener Zeit lag, lagerte sich Dämmerung . . Dunkelheit . . und endlich tiefe Nacht. — Unmerklich wurden die Spaziergänge, die er am Arme seines Sohnes zu machen liebte kürzer und kürzer. Eines Tages sagte er, er fühle sich müde, und wünsche, ruhig zu Hause zu bleiben, — und am nächsten Morgen fand man ihn tot in seinem Bette. Seine Züge waren mild und friedlich und sprachen dafür, daß er sanft und schmerzlos aus einem Leben geschieden war, das an Ehren und Jahren reich, ihm alles gegeben, wonach sein Herz gedurstet hatte — nur Eines nicht, Eines, das er übermütig verkannt und mißachtet, als es sich ihm dargeboten und dessen Verlust sein reiches, volles Leben zu einem wertlosen und öden gemacht hatte: — das Glück.

Inhalt.

Druck:
Canon Deutschland Business Services GmbH
im Auftrag der KNV-Gruppe
Ferdinand-Jühlke-Str. 7
99095 Erfurt